U0856604

本书系2020—2022年高校思想政治理论课建设项目“全国高校思政课名师工作室（西南政法大学）”（课题批准号：21SZJS50010652）成果。

当代大学生大众
文化消费行为研究

林峰 著

中国社会科学出版社

图书在版编目（CIP）数据

当代大学生大众文化消费行为研究 / 林峰著. —北京：中国社会科学出版社，2022. 3

ISBN 978 - 7 - 5203 - 9560 - 1

Ⅰ. ①当… Ⅱ. ①林… Ⅲ. ①大学生—群众文化—消费—研究—中国
Ⅳ. ①D669. 3

中国版本图书馆 CIP 数据核字(2022)第 018669 号

出 版 人 赵剑英
责任编辑 田 文 刘 洋
责任校对 季 静
责任印制 王 超

出　　版 中国社会科学出版社
社　　址 北京鼓楼西大街甲 158 号
邮　　编 100720
网　　址 http://www.csspw.cn
发 行 部 010 - 84083685
门 市 部 010 - 84029450
经　　销 新华书店及其他书店

印　　刷 北京君升印刷有限公司
装　　订 廊坊市广阳区广增装订厂
版　　次 2022 年 3 月第 1 版
印　　次 2022 年 3 月第 1 次印刷

开　　本 710 × 1000 1/16
印　　张 16. 5
插　　页 2
字　　数 238 千字
定　　价 88. 00 元

目　　录

绪　言

第一节　选题缘起与研究意义

一　选题缘起

我们生活在一个被大众文化充斥和包围的社会中，人们日常生活的各个场域和空间，无论现实社会还是虚拟网络社会，到处都弥漫着各种各样的大众文化。它们潜在地侵入我们日常生活的各个角落，吸引着我们的眼球和注意，满足着人们不同层次的不同文化需求，并且在全球化、互联网和大众媒介的强势助推下大有发展之势，悄然改变着中国社会的文化体系和文化结构。正如一些人所说的“大众时代”已经来临。我国自实行改革开放、确立社会主义市场经济体制以来，随着经济的迅猛发展，商品开始逐渐充裕，人民物质生活水平不断提高，人们的精神文化消费生活也随之日益丰富多样。这在一定程度上打破了传统文化的固有格局，促使大众文化成为现代社会人们日常生活的一种重要文化形态以及文化消费的主要内容，并且潜移默化地影响、改变、塑造着人们的思维方式、生活态度和行为方式，逐步成为人们进行思想表达和社会交往的主要方式，以及大众进行社会参与的主要渠道。从这个意义上说，中国文化已然进入了一个新的时代——大众文化消费时代。

现代意义上的大众文化是大众消费时代所具有的一种文化形式和商品形式。然而大众文化的产生并不是凭空出现的，而是既要有市场经济运作机制下文化商品化的历史条件，又要有大众传播媒介迅速发展普及的现实基础，它是二者共同作用的结果，这使大众文化具备与生俱来的消费性、娱乐性和流行性。随着我国社会的全面转型，社会的急剧变化、充满竞争压力的人际交往、工作收入的随时变动等现实生存境遇，都使人们面临着巨大的生活和工作压力，而大众文化的娱乐消遣功能恰恰可以满足大众缓解压力、释放情绪和宣泄情感的需求，大众文化已经成为人们日常生活中不可或缺的组成部分，并且发挥着越来越重要的作用。同时，大众文化作为一种文化形式，具有鲜明的意识形态功能，它赋予商品以一定的象征意义和符号价值，因此，人们的大众文化消费行为已经不再仅仅是单纯的经济活动和经济行为，更是一种社会行为和文化行为，它使消费不再仅仅是为了满足生存的物质需要，也不再仅仅是为了获得商品的使用价值和交换价值，而是为了满足精神发展的需要，为了获得商品的符号价值和象征意义，并且不断刺激着人们的消费欲望，于是人们的大众文化消费行为也具有了意识形态的性质和功能，消费成为大众文化意识形态功能发挥的主要形式。

数字化、信息化和网络化浪潮的侵袭，致使网络成为人们消费的主要场所，为人们的消费带来了巨大的便利。商家更是借助各种各样的大众文化来不断刺激人们的消费欲望，尤其大学生群体由于其求知欲旺盛、接受新鲜事物能力强等特点，更加容易受到大众文化的诱导，“剁手”“吃土”“买买买”等行为不仅为了满足自身生存和发展的需要，更充当着大学生释放压力和宣泄情感的重要手段。“买买买”已经成为大学生生活的重要方式，成为大学生消费文化中不可或缺的元素，甚至成为衡量大学生人际关系和身份地位的重要标尺，它深刻影响着当代大学生的审美方式、消费方式和价值取向，改变着大学生的消费理念和消费行为。商家看准高校大学生这一社会先锋群体，借助原有的大众文化或者重新建构一些新的大众文化，通过制造各种各样的商业活动来刺激大学生的消费欲望，淘宝网每年的“双11”购物节就是一个最为显著的例子。据统计，2017 年“双 11”开售仅 20 秒销售额破 10 亿元，3 分 01 秒破 100 亿元，9 点 00 分破

1000 亿元，24 时交易额达 1682 亿元。菜鸟网络提供的数据显示，2017 年“双 11”快递包裹共计 8.12 亿个，能绕地球 1200 圈。可见，淘宝的“双 11”已完全由“光棍的寂寥”变为“剁手的狂欢”。

大学生作为一个比较特殊的社会群体，最富有朝气和青春活力，其消费行为具有先导性、前沿性和时尚性等特点，因而能够在一定程度上引领人们的大众文化消费。近年来，青年大学生对各种大众文化的消费愿望空前高涨，并将大众文化视为表达自身思想观念、利益诉求和个性风格的重要工具。我国大众文化发展犹如一把双刃剑，它在丰富大学生精神文化生活、拓展教育资源的同时，也呈现出一定的纷繁芜杂和无序发展的不良态势。因此，开展对大学生大众文化消费行为及其引导的研究具有重要的现实意义。马克思认为，对社会制度或社会现象的评价主要从两个尺度展开：一个是历史尺度，以是否符合客观规律和历史必然性、是否符合绝大多数人的利益和是否实现全人类的发展为标尺；另一个是道德尺度，以一定的道德规范和道德观念为标准。① 所以，我们既要从历史上肯定大学生大众文化消费行为对我国经济社会发展的积极作用，又不能忽视大众文化自身的娱乐化、世俗化、消费化等特点给大学生消费行为带来的诸如人文缺失、娱乐泛化和认同危机等现实问题。在这样的背景下，社会主义主流文化引导和教化功能的发挥尤为重要。因此，如何在辩证看待大众文化功能的基础上，探讨大学生大众文化消费行为背后的深刻意涵、存在困境以及引导对策，如何看待大众文化与社会主义主流意识形态，主流文化之间的关系显得尤为迫切和重要。

二　研究意义

党的十九大报告指出，我国社会主要矛盾已经转化为人民日益增长的美好生活需要和不平衡不充分的发展之间的矛盾。我国经济发展

---

① 周德清：《社会转型时期文化失范的效应分析——以马克思的道德尺度和历史尺度相结合的原则为评价标准》，《云南社会科学》2011 年第 4 期。

和人民生活水平发生巨大变化，部分经济发达地区已经出现明显的西方消费社会特征。一方面，经济的迅猛发展促进我国大众文化发展的空前勃兴，丰富了人们的精神文化生活；另一方面，诸如消费主义、虚无主义、犬儒主义等意识形态和价值形态又隐匿在铺天盖地的大众文化中，悄然影响和改变着人们的思想观念，颠覆和消解着现实生活的权威，构成主流意识形态认同的现实挑战。在一定程度上消费行为是对生活方式的延伸，是社会和文化共建的产物，有其形成和产生的特定文化和社会机制，因此，从社会学角度开展对消费问题的研究，不仅可以在社会和文化层面加深对消费的理解，还为主流文化的传播提供了社会和文化的操作机制，因此，具有重要的理论意义和实践意义。

（一）理论意义

第一，通过研究，有利于加深对大学生大众文化消费行为所蕴含的社会意义的认识和理解。对大学生消费行为的现有研究，多从经济学、心理学和管理学等角度展开，主要从大学生群体的基本特征出发，对其消费行为的内容结构、表现特征、消费方式和影响要素等进行实证研究，对大学生大众文化消费行为的理论研究还相对薄弱，而且已有相关研究成果多是从经验层面，针对大学生消费行为的外在影响因素或自身心理要素开展研究，从价值引导方面对大学生大众文化消费行为进行研究的成果相对较为匮乏。然而大众文化时代下的消费行为在一定程度上已经具备文化意义和社会意义，承载着一定的意识形态，当代大学生群体的特殊性也决定其消费行为问题是当前我国价值理念、经济社会发展过程中的关键性问题；如何引导当代大学生树立正确的审美观念、消费理念和价值取向，对社会主义核心价值观的传播、中华民族伟大复兴的实现都具有深远的意义。

第二，通过研究，有利于推进社会主义核心价值观的日常化、生活化和青年化。社会全面转型时期，我国社会文化发展呈现出多样化态势，各种社会思潮激荡，精英文化、大众文化与社会主流文化一起构成社会的总体文化，并且彼此之间处于相互交织、交锋、交融的发展态势。大众文化作为社会的先锋文化，在一定程度上体现社会整体文化的发展走向，大学生文化消费对大众消费更具有较强的示范效应和引领功能。因此，实现马克思主义意识形态和社会主义核心价值观指导下的多样文化互构共建，使大众文化能够成为社会主流文化的有益补充，为社会主导文化增添时代色彩和新鲜元素，从而增进社会主流文化由抽象的学术话语表述转变为大众更喜闻乐见的，更具形象化、生活化、青年化和大众化的叙事形式、话语体系、传播方式，对于积极引领我国文化产业健康发展、人们健康消费观念的确立、社会主流文化与大众文化的融合发展和互构共建都具有一定的积极推进作用。

（二）现实意义

第一，拓宽大学生消费行为和大众文化研究的理论视野。消费是人类生活中必不可少的一个重要行为方式，并且贯穿每个人生命的始终，它是我们日常生活中涉及面最广、影响范围最大的一个领域，每个人的生存和发展都离不开消费。当生产在一定程度上能够满足人们日常生活基本需求时，人们的消费就不仅仅限于对物质产品的消费，还包括对精神文化产品的消费。因此，消费过程既是一个经济过程，同时也是一个文化过程。大众文化在一定程度上能够体现大学生群体的生活态度、消费理念、价值取向、社会心态、生存境遇等多个方面，因而其消费行为是对日常生活意识形态和价值观念的鲜明体现。近年来，我国学者对日常生活意识形态的研究也开始广为关注，高校大学生是社会发展的先锋力量，社会不仅教育和塑造大学生的发展，大学生群体也在一定程度上反哺着社会的发展和变革，二者之间体现着“互构共变”的关系。所以，在一定程度上可以说，当代大学生的消费观念和消费行为直接影响整个社会的消费价值导向和消费氛围。因此，对大学生大众文化消费行为的研究为日常生活意识形态的微观化研究提供了一个重要的平台。

第二，为国家治理现代化以及社会制度完善提供科学依据。我国正处于社会全面转型期，面临着传统、现代、后现代三者交织交融的特殊历史背景，普遍存在着较多深层次的社会结构性矛盾，诸如社会阶层固化、贫富差距扩大、文化道德失范、社会心态失衡和精神信仰空虚等。这都在一定程度上使当代青年在上面临着巨大的社会压力和心理压力。青年为了缓解压力、释放情绪、宣泄情感，通过大众文化消费以期在心理层面获得较多的慰藉感、获得感和成就感，以消费的快感消解内心的不快，从而为转型期社会矛盾的缓解和社会的稳定发展提供了暂时性的解决方法。但是人们通过消费满足自身欲望的同时，也会加剧各种不良心态的滋生及蔓延：比如近年来广为流行的“丧文化”“佛系”“躺平”等大众文化都是对社会现实问题的折射与写照。正如美国学者艾伦·杜宁所言：“消费与幸福之间的关系是微乎其微的。糟糕的是，人类满足的两个主要源——社会关系与闲暇，似乎在奔向富有的过程中已经枯竭或停滞。这样在消费者社会中的许多人感觉到我们充足的世界莫名其妙地空虚。”[①] 所以，更加良好的制度保障才是解决社会转型期矛盾和问题的根本，才能真正实现“让人民生活得更加幸福，更有尊严”。那么对大学生大众文化消费行为的研究也为我国政府制定更多民生政策提供了重要参考。

第三，为积极引导大众文化价值取向、制定文化产业发展政策提供依据。中国特色社会主义进入了新时代，新时代意味着不仅经济发展要实现转型升级，相应的文化发展也要实现转型升级。以大众文化为核心的文化产业被称为“21 世纪的朝阳产业”，并且在当前社会经济发展中的作用日益凸显：文化产业发展的正确走向，关系到我国优秀传统文化传承创新、人们美好生活愿景的实现、人们精神文化生活需求的满足；关系到社会主流文化建设和社会主义核心价值观的传播；关系到国家软实力的提升和国家综合国力、国际竞争力的提高。当代大学生对大众文化的消费占据着大学生文化消费的重要比例，并且大众文化消费的主体也是当代大学生。因此，本研究对于正确处理

① ［美］艾伦·杜宁：《多少算够——消费社会与地球的未来》，毕聿译，吉林人民出版社 1997 年版，第 6 页。

文化产业发展和文化产业消费价值取向之间的关系，做到兼顾经济效益与社会效益，使当代大众文化更好地传播社会主流文化具有重要现实意义。

第二节　研究现状与简要述评

一　国内研究现状

改革开放前我国社会居民消费还处于满足基本生存需求的状态，对大众文化消费问题的研究还处于边缘地位，没有上升到理论热点程度。自改革开放确立社会主义市场经济体制以来，我国社会进入全面转型时期，经济得以高速稳定发展，人民生活水平得到大幅度提高，人们对精神文化的消费需求也在不断增加，这促进了20世纪70年代末80年代初我国大众文化现象的出现，并且一经产生其发展就势不可挡，尤其在20世纪80年代末90年代初得以迅猛崛起。在这一背景下，我国学者相继给予大众文化消费问题高度重视，并且对其的研究不再仅限于经济学的范围，还将其纳入社会学和文化学的研究视野，学者们分别从不同视角和学科对大众文化加以关照，并形成了不同的学术路径和研究旨趣。

大众文化消费的主要群体是当代大学生。大众文化潜移默化地影响着大学生的思想观念、价值理念和行为模式，并且当代大学生在很大程度上也能够引领大众文化发展。但是现有研究多是将大众文化与大学生消费行为视为各自独立的研究体系，或是在文艺学和文化学领域将大众文化作为当代文化发展的一个重要文化形式，对其文本、内涵、本质、困境、发展趋势等进行研究；或是单纯研究当代大学生消费行为的特点、结构、问题及引导对策。将二者结合加以关照的研究成果相对较少，还没有形成一个相对完整的理论体系。因此，本书分别以“大众文化”和“大学生消费行为”为关键词，对国内研究现状进行简单的分类梳理。

（一）关于大众文化的研究

我国大众文化的研究可以划分为四个阶段和四种范式。

第一阶段是20世纪80年代末到90年代初，这一时期是我国大众文化研究的兴起和开创阶段，其研究以文化批判范式为主，审视大众文化的审美价值与道德意义。

这一时期的研究主要集中于对西方大众文化理论，尤其是德国法兰克福学派大众文化批判理论的引进、翻译与介绍，主要采用“话语平移”的方法来直接分析当代中国大众文化的现象与问题，站在文化精英主义、审美主义和道德理想主义的立场上，对大众文化抱以悲观主义的否定态度，甚至将大众文化视为一种“精神鸦片”，这种范式在今天仍然是我们对大众文化进行研究不可或缺的理论资源之一，并形成中国大众文化研究中特殊的“法兰克福现象”。这一时期的研究立足于“人文精神”，对我国新兴大众文化现象进行尖锐的审美批判与道德批判，指出大众文化提供给人们的只是一种虚假的满足，其同一性和复制性导致人的个性、主体性和创造性的消失，消解了人们的主体意识、批判精神和反思能力，并且认为中国大众文化发展必须由人文知识分子进行批评与引导。其中最有代表性和影响力的文章是尹鸿先生的《大众文化时代的批判意识》《为人文精神守望：当代大众文化批评导论》、陶东风的《欲望与沉沦：当代大众文化批判》、张汝伦的《论大众文化》等。然而中国是一个正在走向工业化的后发的、外生型的发展中国家，其理论的时代背景、发展状况与西方社会存在明显的差距，因此，西方大众文化理论所产生的大众社会在现实的中国并不具备生成条件，因而在分析引用过程中表现出明显的“水土不服”问题，照搬生套西方大众文化理论导致对中国大众文化的误读以及研究的时空错位，并且漠视中国大众文化的特殊政治功能和政治意义，这在一定程度上体现出当时我国大众文化研究中历史眼光的缺失，以及文化自觉与文化自信的缺乏。

第二阶段始于20世纪90年代中后期，这一时期开始出现对中国大众文化研究的分歧与分野：一部分学者继续批判大众文化的负面效应，而另一部分学者则立足于中国社会、历史转型的现实国情与整体框架，审视与分析当代中国大众文化问题，并开始为大众文化辩护，认为大众文化既有消极作用，同时又具有积极价值。这种范式主要站在历史主义的角度，从世俗化、现代化的视角对中国大众文化的进步政治意义给予肯定，其主要代表人物有王蒙、陶东风、金元浦等，其研究以历史主义范式为主。

这一时期的研究认为，大众文化在一定程度上可以满足现代人们日常生活丰富多样的精神文化需求、释放转移人们的内心焦虑、压力及不满，能够改善人们的生活质量、生活方式，塑造现代大众人格，能够促进文化的多元化发展，改变当代中国文化发展的格局，推动传统社会的世俗化转型，并且作为一种产业文化成为中国市场经济的支柱性产业和持续的经济增长点，为市场经济的发展提供精神动力与人文支撑。随着市场化和媒介化的发展，以精英旨趣为主导的高雅文化日益丧失文化主导地位，随之出现新的文化裂变：大众文化逐渐从中国当代文化坐标的边缘走向中心，成为中国当代文化的一个重要形态，形成大众文化、主导文化与精英文化三位一体、共生共存的新的文化格局。这一时期部分学者认识到不能再套用精英主义的理论框架来研究大众文化，因而对大众文化研究的视野开始逐渐开阔，其研究深度和广度也开始逐渐扩展，相继出现了对中国大众文化概念本质、形成原因、理论特点、价值取向、意义功能的探讨，以及对大众文化与传统文化、通俗文化、民间文化之间关系的研究，其研究呈现蓬勃发展之势，形成大众文化研究的热潮。但是其研究过于将大众文化理想化，而相对忽略了大众文化存在的消费主义、享乐主义和去主流意识形态的倾向。

第三阶段是 1997 年到 20 世纪末，1997 年《读书》发表以“大众、文化、大众文化”为主题的系列笔谈，标志着大众文化研究“新左派”范式的出现，其主要代表人物是甘阳、汪晖、孔庆东等。

这一时期的学者们以西方“新左派”的理论为思想资源，从阶级与政治经济学的立场出发，认为大众文化具有鲜明的意识形态性质，因而成为意识形态和价值观念建构的主要载体与重要动力。他们认为大众文化是中产阶级的文化、而非大众的文化，体现了资产阶级意识形态，代表了资本主义文化，具有阶级属性，因而对大众文化抱以强烈的批判态度。他们的研究摆脱了过去抽象的审美与道德批判，主要以阶级分化、贫富悬殊等为立足点，认为大众文化裹挟着一种“新的意识形态”并以“隐形书写”的方式进行着社会实践，与主流文化相互渗透共存，意在研究通过大众文化所折射出来的“意识形态政治”：即消费主义将政治的大众改造为消费的大众、将政治的身体改造为消费的身体、将政治叙事改造为品位时尚叙事，从而引导大众走向非政治化的立场，使大众沉浸在娱乐化、享乐化的大众文化消费中。但是其理论研究没有关注到大众文化公共性的发挥，而是对大众文化抱以完全否定的态度，并且将大众视为铁板一块，忽视了大众在大众文化生产过程中的主动性和积极性。

第四阶段是21世纪以来，随着国家对文化产业的高度重视以及相关文化产业政策的陆续出台，学界对大众文化的研究呈现井喷之状，这一时期的大众文化研究吸收了以上三种研究范式的经验与不足，对大众文化持以辩证性和语境化的理解与分析，他们不是站在二元对立的立场，而是将大众文化看作一个矛盾的混合体，因而形成大众文化研究的公共批评范式。

这一时期对大众文化的研究更具多样性，具体表现为对西方大众文化理论继续大规模地翻译介绍，比如阿多诺、葛兰西、霍尔、鲍德里亚、费斯克、汤普森、斯道雷等西方著名大众文化理论家的经典著作，以及文化工业、文化霸权、消费社会等名词频繁出现在各种期刊著作中，从而开阔了人们的理论视野，丰富了研究的理论资源。并且这一时期学者们在对这些西方大众文化理论积极借鉴的同时开始进行深刻反思，并结合中国语境下的大众文化现象对其产生背景、内容本质和适用性等问题进行分析。这一时期的研究重心集中于以下几个问题：大众文化的中国语境化问题，大众文化与精英文化、主流文化三者之间关系的问题，大众文化的审美问题，大众文化与消费社会的问题，消费文化问题等。近年来，对大众文化个案的研究也占据相当的比重，比如青少年的大众文化现象、中产阶级的大众文化现象、女性大众文化现象等，同时还涉及许多关于大众文化具体表现形式的研究以及对大众文化微观领域的考察，如粉丝文化、视觉文化、网红文化、各类青年亚文化现象等，这都极大扩展了我国大众文化研究的视域及范围。

（二）关于大学生消费行为的研究

我国学者对大学生消费行为的现有研究主要从消费现状、表现特点、影响因素和引导措施四个方面展开。

1. 对大学生消费误区的研究

张永胜认为，当前大学生精神文化消费中存在娱乐性消费多于发展性消费、非理性消费、盲目消费以及超低层次消费现象等明显的问题。[①] 王亚南认为当前大学生消费是介于“消费”和“消费主义”之间的一种状态，这一现状导致大学生的消费与实际需求不符，自我建构遭遇“生态断裂”，符号消费取代价值消费，引发大学生的价值冲突，同时碎片化导致大学生认同也出现“底线危机”。[②] 陈金松认为当代大学生消费缺乏理性、盲目从众，消费心理和消费行为均不够成熟；大学生的消费过高，过度追求时尚和相互攀比，存在一定的浪费现象；消费结构不合理，过度强调个人享受，消费随心所欲，“财商”相对匮乏，缺乏一定的计划性。[③]

2. 对大学生消费行为特点的研究

学术界对大学生消费行为特点已经达成共识，普遍认为，大学生消费既是一种经济行为又是一种文化行为，大学生消费具有明显的个性化、时尚化、符号化的心理特征和文化特征。

付晓丽认为大学生消费具有感性化、符号化、超前化和网络化的特点，因此容易产生依赖型和情感型消费，容易导致盲目攀比消费的

---

① 张永胜：《大学生精神文化消费现状及对策研究》，《河南师范大学学报》（哲学社会科学版）2009 年第 4 期。

② 王亚南：《消费主义视域中大学生认同危机分析》，《思想理论教育》2014 年第 8 期。

③ 陈金松：《青年学生消费现状及对策分析》，《中国青年研究》2009 年第 5 期。

现象。[①] 宋晓荣、甘露认为大学生消费行为具有情感化、符号化和形象化的特点，因而容易导致大学生产生追求新潮、时尚、情趣，互相攀比、标新立异、表现自我、彰显个性等消费行为。[②] 郭建锋、卢新明认为当前大学生消费行为中理性消费仍是主流，非理性消费所占比例不大，同时消费结构多元化、攀比心理相对比较普遍，通过追求时尚消费来体现品位追求的人大有人在。[③] 张玉华认为“90 后”大学生希望通过消费来展现自我能力和价值，体现文化品位以及实现对时尚、潮流及风格等意义的自我满足。他们通过消费塑造自我，继而建构人际关系和社会关系，获得自我认同和群体认同。[④] 林梅、琚迎通过对上海若干高校共 1000 名大学生调查数据的 ELES 模型建构发现，大学生消费趋势具有协同化、结构多元化和层次二元化的特征。[⑤]

3. 大学生消费行为的影响要素研究

对大学生消费行为的影响要素，现有研究基本集中于家庭、学校、大众媒介和同辈群体四个方面。

家庭对大学生消费行为的影响。朱迪通过数据分析认为，消费文化对大学生消费价值取向以及经济地位的获取具有重要影响，家庭经济资本和文化资本与大学生消费行为的产生具有一定的相关性；[⑥] 家庭背景对大学生物质欲望的影响的差异并不显著，家庭背景越好的大学生对物质依赖的程度越大。[⑦] 赵菡、程毅对上海四所院校进行的调

---

① 付晓丽：《大学生消费行为的社会学研究》，《中国青年研究》2009 年第 9 期。

② 宋晓荣、甘露：《对当代大学生消费行为及心理的理性分析》，《中国成人教育》2007 年第 10 期。

③ 郭建锋、卢新明：《消费社会形态下的大学生消费行为研究》，《思想教育研究》2011 年第 4 期。

④ 张玉华：《“90 后”大学生消费行为误区及其疏导路径探析》，《中州学刊》2012 年第 3 期。

⑤ 林梅、琚迎：《“90 后”大学生消费结构的调查分析》，《思想理论教育》2014 年第 2 期。

⑥ 朱迪：《经济资本还是文化资本更重要？——家庭背景对大学生消费文化的影响》，《黑龙江社会科学》2015 年第 1 期。

⑦ 朱迪：《大学生消费不平等的实证研究：从消费文化的维度》，《兰州大学学报》（社会科学版）2014 年第 6 期。

查研究认为，家庭经济资本影响大学生总体消费水平和消费结构，但是对消费分层没有显著影响；[①] 同时，不同年级的大学生消费受家庭经济水平和家庭文化的影响呈递减趋势，年级越高，家庭经济和文化对其消费行为的作用越小，这其中起关键作用的一个因素是大学生通过身份紧张感与身份符合感而建构的消费认同，大学生的消费与认同存在一个由分化到一致的过程。[②]

网络和媒介对大学生消费行为的影响。肖小平对广东地区大学生进行“移动互联网平台和手机 APP 客户端对大学生消费意愿的影响”的调查研究表明，由于移动消费平台的便捷性和高性价比，大学生在移动消费平台的消费意愿强烈，大学生使用率最高的消费移动平台分别是 B2B、C2C 和 O2O，使用率分别为 82.7%、77.3% 和 72%。[③] 宋雁慧认为，大学生网贷消费是出于满足即时需求、对重要他人评价的感知以及行为功效感的心态所产生的一种“活在当下”“小确幸”的人生观和价值观；[④] 魏星认为，校园新媒体去中心化、去权威化、去私人化和去客观化的特点，能够导致信息发布主体的泛化、受众价值取向的混淆、消费示范效应的强化和消费虚幻空间的深陷，新媒体的这些特点都对大学生的消费价值观产生了深刻影响。[⑤] 逄索、赵菡认为大众媒介为人们制造了一个超真实的拟象世界，人们的消费行为受大众媒介的影响，大学生消费行为误区的产生与大众媒介的误导、虚拟广告的轰炸和神话式生活的引领密切相关，并且导致大学生崇尚金钱、社会感缺失、攀比消费、虚荣心盛行以及个人主义膨胀、集体主

---

① 赵菡、程毅：《家庭经济、文化资本与大学生消费分层——基于上海四所高校的实证分析》，《云南民族大学学报》（哲学社会科学版）2016 年第 1 期。

② 程毅、赵菡：《大学生的消费与认同构建——基于家庭收入水平差异的比较分析》，《云南民族大学学报》（哲学社会科学版）2015 年第 1 期。

③ 肖小平：《移动消费平台对大学生消费意愿的影响》，《当代青年研究》2016 年第 5 期。

④ 宋雁慧：《大学生网贷行为的社会心理分析》，《中国青年社会科学》2016 年第 5 期。

⑤ 魏星：《校园新媒体在大学生消费观教育中的作用探究》，《思想教育研究》2016 年第 4 期。

义缺位等现象的出现。[①]

同辈群体对大学生消费行为的影响。程诚通过调查研究认为，大学生消费水平的同群效应非常显著，并且同群效应的强弱与同辈关系网络的紧密程度呈正相关。[②] 刘喜怀认为，大学生群居的特点决定他们的消费行为容易受到舍友、同学和朋友的影响。大学生为了能够融入某一群体，更倾向于与群体内成员形成一致的消费行为，这种情况尤其体现在对某一品牌或者某一商品的推崇上。[③]

4. 引导大学生消费行为的对策

张学敏、陈星认为当前的教育与消费是一种相互疏离的状态，必须通过教育来拉动消费，通过教育提升人们消费的层次和消费品位，依靠教育对消费观念和方式进行矫正。[④] 付晓丽认为要使大学生树立正确的消费价值观，必须利用参照群体的示范作用，引导大学生进行自我正确定位；发挥大众传媒的舆论引导功能，加强大学生消费文化建设；倡导社会、学校和家庭三方协同共建，优化大学生消费环境。[⑤] 陈金松认为要对青年学生的合理消费行为进行引导，培养大学生的自立意识，使其养成勤俭节约的良好习惯和合理的消费观念；倡导绿色消费，营造良好的消费舆论环境和氛围。[⑥] 孟静雅认为要对大学生消费行为进行德育重建，即强化大学生成长成才的理想信念，使他们坚定信念信心，树立正确的消费观；倡导节俭，构建节约型校园文化；加强大学生世界观、人生观和价值观教育，使大学生真正理解幸福的含义，提高大学生的思想觉悟和认知程度，树立良好的消费倾向。[⑦]

---

① 逢索、赵菡：《拟像理论下大学生消费道德教育探究》，《学校党建与思想教育》2015 年第 24 期。

② 程诚：《大学生消费的同群效应》，《青年研究》2015 年第 2 期。

③ 刘喜怀：《当代大学生消费行为特征及市场开发》，《学术交流》2013 年第 3 期。

④ 张学敏、陈星：《教育：为何与消费疏离》，《教育研究》2016 年第 5 期。

⑤ 付晓丽：《全球化背景下我国大学生消费价值观研究》，《中国青年研究》2009 年第 12 期。

⑥ 陈金松：《青年学生消费现状及对策分析》，《中国青年研究》2009 年第 5 期。

⑦ 孟静雅：《消费文化场域中大学生消费行为的道德反思与重建》，《道德与文明》2014 年第 5 期。

二　国内研究述评

总体上看，我国关于当代大学生大众文化消费的研究是于 20 世纪 90 年代后期兴起的，各个学科以及各个方面的研究成果相对颇丰，为后期的研究奠定了理论和实践基础，但是仍存在一些不足和缺陷。

（一）理论深度有待于进一步加深

现有研究多半是从实证角度入手，根据一手数据或者二手数据对显著现象进行简单的描述性分析，大多停留在经验层面。还需在理论层次上，尤其是从隐性的大众文化层面开展深入的理论研究。在大众文化背景下该如何正确引导大学生的消费行为，如何将大众文化与高校思想政治教育有机结合，以大学生消费为中介实现高校思想政治教育日常化、生活化和青年化的研究更是较少。并且现有调查研究后的结果总是给人“千篇一律”和“重复”“相似”的感觉，研究的特殊性和个性相对匮乏，理论性研究内容相对空洞，并且带有浓厚的说教意味。

（二）研究方法缺乏综合性与多样性

现有研究多是采取概率抽样方法对大学生消费个体进行样本选取，虽然可以对大学生的基本消费情况大致掌握和了解，但是由于多是采取描述性分析和双变量分析，导致结果或停留于现象表面，或缺乏理论深度，而且由于缺乏对典型个案的分析，导致这些研究普遍存在变量上有错位或者不全面的问题。

（三）研究领域的延展性不够

对大学生消费的整体性状况的研究居多，研究的主题过于陈旧，多是对同一问题的反复性研究，缺乏研究新意。而且研究者多是把大学生消费观念和消费行为的影响要素归因于社会、学校、家庭和个人四个因素，但是较少对于其中任一具体要素进行针对性和具体性的研究，对大学生大众文化消费行为的分析和研究就更少。然而大学生是一个较为特殊的消费群体，其大众文化消费行为的产生既受传统文化和现代文化的影响，也受社会风俗和家庭环境的制约，同时大学生的成长和发展也是一个不断进行自身社会化的进程，大学生的世界观、人生观、价值观也是一个不断变化、发展的动态过程，所以必须对大学生大众文化消费行为的产生根源进行探究与分析。

三　国外研究现状

西方学者对大众文化消费的研究始于20世纪初，当时西方资本主义国家在政治、经济、文化和技术等各个领域均发生前所未有的变化，相继步入消费社会。随着福特主义和后福特主义生产方式的相继诞生，消费在社会经济和文化生活中发挥的作用日益显著，导致以生产为主导的社会转向以消费为主导的社会，西方社会进入大众消费时代。但是这种转变不仅是社会结构和经济形式的变化，还是社会文化的全面转型，消费范围在不断扩大的同时，文化观念在商品价值中的地位也在日趋上升，人们对审美和意义的需求支配着大众的消费实践；同时符号体系和视觉形象开始逐渐左右人们的消费品位和消费时尚，并且常常以大众文化的形式表现出来。它使人们的生活方式、思维方式和价值理念都发生了深刻的变化，消费成为经济生活、社会生活和文化生活的连接点，也是资本与日常生活相结合的领域。在这样的背景下，西方学者主要在现代性、日常生活和后现代性三个语境中开展了大量的研究，并且研究的焦点主要集中于意识形态批判方面。

（一）法兰克福学派对大众文化的开创性研究

在大众文化理论研究中，法兰克福学派占有非常重要的地位，其大众文化批判理论是当代大众文化研究的理论源头。20世纪40年代至50年代，法兰克福学派从资本运行的逻辑出发，以大众文化（mass culture）为立足点，遵循“从生产到消费”的思路，认为大众消费的本质是生产领域的异化向社会生活和文化领域渗透的结果。他们采取“精英主义”（elitism）的批判立场，将大众文化、技术理性和意识形态的批判紧密结合，从宏观上深刻分析当下社会的文化与经济、政治体制之间的互动关系，揭露大众文化的意识形态功能，以及消费社会对大众的欺骗与控制，着重反思并批判人的主体性在以大众文化为媒介的消费社会中的丧失，提出“虚假需求”与“异化消费”的重要批判命题。

大众文化概念最初是由霍克海默在 1942 年与洛文塔尔的通信中提出来的，他认为大众文化是借助大众媒介在大众中所流行的各种通俗文化的娱乐工业体系。之后霍克海默和阿多诺在合著的《启蒙辩证法》中认为，真正的艺术应该体现人的本质、主体性和创造性，并且具有鲜明的个性和风格，然而在消费社会中，文化艺术却沦为凭借现代科学技术、采用标准化流程进行批量生产的“文化工业”，变为用来进行消费的大众化商品，因而文化工业赋予大众文化以商品属性，并且将大众文化纳入消费体系，使之成为获取商业利润的工具，导致大众文化的个性风格以及人的主体性、批判性的丧失。因此，霍克海默和阿多诺用“文化工业”概念替代“大众文化”概念，并将大众文化形象地比喻为“社会水泥”。

法兰克福学派站在精英主义的立场上指出，在消费社会中大众文化并不体现人们的真实需求和利益，而是以“大众”的名义将统治阶级的价值观念和思想意识以大众文化作品的形式表达出来，从而沦为统治阶级意识形态操控的工具，是一种“作为大众欺骗的启蒙”。它以消遣、娱乐和舒适的生活为手段掩饰现存社会内在的冲突和矛盾，具有隐蔽性、欺骗性和虚假性等特点，因而，统治阶级通过操控人们对大众文化商品的消费行为实现意识形态控制功能。

既然统治阶级的意识形态是通过大众文化作品所承载和传播的，那么统治阶级的意识形态是如何转化为大众消费意识的？个人又是如何被整合进大众文化、意识形态和广告的呢？马尔库塞指出，科学技术是决定社会生产和社会需要的主导因素，并且成为操纵个人欲望的工具。具体来说，科学技术的运用不是利用警察、军队等暴力机器和强制手段，而是利用消遣、娱乐、休闲等现代消费的手段和途径，使人们于无意识中心甘情愿地被纳入现代社会体系中，是一种意识形态控制的新形式。消费社会主要通过科学技术尤其是广告，制造各种需求实现需要与商品的一体化，然而这种需求并非来自人的真正意愿，而是由社会这一外部力量所控制和决定，是一种“虚假需求”。消费社会不断制造和强加给人们各种需求，并且不断刺激人们的消费欲望和消费行为，进而在满足人们需求的同时，完成其意识形态的教化和欺骗功能。它制造一种“消费面前人人平等”的假象，让人们误以为，只要通过消费占有某种商品，就可以实现“自由”“平等”和“幸福”。导致个人逐渐丧失对社会的超越精神和批判意识，沦为“单向度的人”，成为“商品的奴隶，消费的机器”，社会沦为“单向度的社会”。

弗洛姆认为，消费社会中的个人用来确认自己身份的途径并不是自身拥有的价值，而是社会声望的高低以及个人在市场上的成功与否。消费社会中的个人不但出售商品，甚至还把自己当作商品来出卖。个人消费行为的目的本应是维持自身基本生存和发展的需要，而在消费社会中，消费行为本身却成为人的需要，这导致消费由手段变成目的，并且发生严重的异化——消费异化。异化消费的兴起建立在人们“占有”的生存方式上，人们消费并不是为了获得商品的使用价值，而是通过“占有”来获得身份、地位和财富的象征，也就是说人们消费的真实感觉被排除在外，而是在消费一种假象和幻觉，这是现代资本主义社会逃避心理机制作用的产物。

（二）日常生活视域下的大众文化消费研究

继法兰克福学派宏大的“经济基础——上层建筑”研究思路之后，列斐伏尔将研究从宏观转向大众日常生活的微观领域，在日常生活中揭示消费社会意识形态渗透与控制的方式和手段。列斐伏尔指出，整个社会已经被消费控制，大众将自己的情感投入到具有符号意义的物品上，导致自我认同变为符号认同，最终变为消费意识形态的认同。他在日常生活的语境中，开启消费社会研究方法论的重大转向，正如我国学者所说：列斐伏尔“指认了当代资本主义社会统治和奴役机构从‘物质生产—经济域向消费—符码域’的转换……他的观点直接影响或促生了鲍德里亚的后马克思转向”①。因此，列斐伏尔

① 张一兵：《文本的深度耕犁——西方马克思主义经典文本解读》第1卷，中国人民大学出版社2004年版，“序言”第5页。

的理论在整个西方马克思主义消费社会研究中处于由宏观向微观、现代向后现代转化的位置上。

列斐伏尔将第二次世界大战后的新资本主义社会定义为“消费受控制的官僚社会”，由此奠定他以消费为核心对现代社会进行批判的基点。他将日常生活看作一个符号经济占主导形态的消费—文化领域，即被商品、市场、欲望、满足等具有社会区分意义的符号逻辑操纵与控制着的消费世界。消费已经取代生产，深深渗透并影响着人们日常生活的方方面面，成为资本主义社会发展与统治的中心，致使整个世界变为一个被操控的消费世界。并且官僚主义以日常生活为独立的运行平台建构着意识形态结构，对人们的日常生活和思想意识实施控制，而且这种控制是通过不断制造虚假需求和满足，进而用消费逻辑引导人们进入文化心理世界来实现的。也就是说，消费社会将以前政治经济的控制方式，转向对人的精神文化和心理欲望的控制，利用以广告为主要代表的大众文化制造消费意识和象征意象，通过将能指与新的所指相联系而成为意识形态的载体，发挥意识形态的作用，实现对人的日常生活层面的引导与规训，成为统治阶级和官僚体制控制人们日常生活的有效工具，是一种隐蔽化、微观化的意识形态控制方式，这使大众日常生活不再是一个独立的领域，而是被消费控制与操纵的过程，而广告之所以能够发挥巨大意识形态作用的根源在于对资本利润的追求以及强制性的官僚体制。

（三）后现代视域下的大众文化消费研究

20 世纪 60 年代随着后现代主义思潮的兴起与发展，西方学术界认为，消费社会的出现是后现代社会到来的主要标志。后现代主义的碎片化、去中心化和不确定性，使学者们观察到了消费与符号、视觉影像、大众媒介之间的密切关系，他们认为世界就是由这些符号所构成的，资本主义社会已经进入一个新的符号世界，对于这些符号的消费成为当代社会生活的核心，它们正在日益控制着人们的思想和行为，这使符号消费具有了意识形态功能和社会区分意义，从而形成后现代视域下对大众文化消费研究的理路。

鲍德里亚主要从生产逻辑和符号逻辑两个方面对消费社会进行分析，他从索绪尔符号学的角度出发，构建了后现代视域中的消费社会理论形态，使对消费社会的研究由政治经济学批判转为符号政治经济学批判。他认为在消费社会中，“要想成为消费的对象，物品必须变成符号”①，即消费物最终必须只能是一种符号物，“消费者们消费的并不是商品本身，而是商品所包含的意义和所代表的符号”②。消费社会中人们服从于物的统治，并通过消费符号与他人和社会发生联系，也就是说消费是主体构建自己身份和地位的主要手段，人们对某种物品进行消费时，就是向他人传递某种信息的过程。消费的过程就是对符号价值追逐的过程，消费社会的核心要素就是符号消费和符号价值，其运行逻辑是使用价值与符号价值以及交换价值与符号价值的相互转化。符号价值是指物品被作为符号进行消费时，依据它所代表的象征意义和社会地位等因素而产生的价值。符号消费的实质是社会差异和社会关系的主动建构，是消费社会新的驯化手段。鲍德里亚进一步指出，资本主义社会是一个被大众媒介主宰的社会，大众传媒尤其是广告成为消费制造假象、欺骗社会大众的主要途径和手段。大众文化成为充满各种象征意义的符号文化体系，它通过符号消费将资本主义意识形态渗透到社会体制当中，成为人们的一种潜意识，使人们自觉地通过消费融入社会结构体系中来，从而左右并控制人们的思想行为。

詹姆逊指出晚期资本主义社会是一个消费社会，它的主导文化形式是后现代主义大众文化，并且大众传媒在其中发挥着重要的作用。也就是说在晚期资本主义之前的文化形式——现实主义和现代主义并不是完全消失，而只是后现代主义元素占据主导文化的地位，并且后现代主义文化作品是被审美消费所包围的商品，它作为晚期资本主义社会特有的文化现象，支配和引导人们在无意识中顺从现实生活，这

① ［法］尚·布希亚：《物体系》，林志明译，上海人民出版社2001年版，第223页。

② ［法］让·波德里亚：《消费社会》，刘成富、全志钢译，南京大学出版社2000年版，第48页。

就使后现代大众文化作品具有意识形态性。后现代主义是消费社会的主导文化逻辑，后现代主义文化作品是纯粹用来进行消费的商品，并且消费社会具有两个新的特征：视觉影像消费和空间消费。他认为消费的目的在于追求快感和满足，即人们消费的不仅是商品的使用价值，更是消费商品的形象价值。因此，他将晚期资本主义的文化特征总结为“现实转化为影像、时间割裂为一连串永恒的当下”①。后现代主义大众文化作为经济全球化过程中的一个方面，已经渗透到人们日常生活的各个领域，并且作为一种意识形态解构和消解人们的精神诉求，因此，对待消费主义文化不能仅从文化方面去理解，还要从经济角度去思考，要在全球化的视域下去理解。他指出经济利益和文化影响相结合的、美国式生活方式的输出就是消费主义，它促进了社会的经济发展，并成为人们的日常生活方式。

布尔迪厄将消费文化看作对既定社会现实与社会秩序的消极和直接的反映，他将社会实践作为连接主观存在与社会结构、符号体系与社会空间的重要桥梁。② 他通过符号空间和社会空间的结构性关系来研究鉴赏趣味标志社会等级的观点，并提出“惯习”“场域”“文化资本”“趣味”等概念。他从分析日常生活的各种形式入手，将这些概念运用到日常生活消费的审美研究当中。他把资本分为社会资本、文化资本和经济资本三种形式，认为它们分别存在于不同的场域，并在一定条件下可以相互转化。拥有不同资本的人在不同的社会实践场域会形成不同的“惯习”，即人们在集体和个人社会实践基础上所获得的一种依照规律进行行动的“无意识”。每个人拥有文化资本的不同决定其审美趣味和文化消费的差异，这与个人在社会中的地位和等级相对应，也就是消费是社会进行“区分”的主要标志和手段。因此，在消费领域中一直存在各个群体间为争夺“地位性商品”，即对文化商品和文化符号的占有而展开的竞争，从而不断刺激人们的消费

① ［美］詹明信：《晚期资本主义的文化逻辑：詹明信批评理论文集》，陈清侨等译，生活·读书·新知三联书店1997年版，第419页。

② 罗钢、王中枕：《消费文化读本》，中国社会科学出版社2003年版，“序言”第40页。

欲望，推动消费模式和消费趣味的革新。这使消费领域中的文化实践本质上就是一场争夺符号权力的斗争，同时符号消费不仅是确立社会群体之间差异的一种方式，还是进行权力斗争的重要手段。

费瑟斯通在《老年与不平等：消费文化与中年的重新定义》中第一次将“消费”与“文化”联系在一起提出“消费文化”一词，用来指称消费社会中的文化。他认为“消费文化今后的趋势就是将文化推至社会生活的中心”[①]，因此对消费文化的研究要从后现代的视角并结合日常生活实践开展，而不能仅仅从哲学理论层面进行分析。消费文化的核心是对新的生活方式的建构以及对新的品位与体验的追求，不同的生活方式代表不同的文化趣味和审美品位，不同阶层之间的利益角逐推动消费文化的发展，同时消费文化也推动阶层逐渐分化，不同的消费文化决定人们在社会中的不同地位。同时，他将日常生活放在全球化和后现代的语境中进行分析，认为艺术与日常生活之间的界限正在日益消解，高雅艺术与大众艺术之间的明确分野正在逐步消失，总体性的风格与戏谑性的符码愈加混合，并提出“日常生活审美化”的概念：即艺术生活化、生活艺术化和现实影像化，三者之间相互影响彼此交融，构成后现代消费文化的形成机制，即消费的符号性导致符号和意义的无限扩张，使现实呈现出影像化、符号化的特点，它带来的是人们对快感和感官的追求。同时物又必须以符号化的方式展现自己，成为后现代消费文化得以实现的方式与手段。

（四）伯明翰学派的大众文化消费理论

20 世纪 80 年代以来，伯明翰学派以符号学为工具，采用民族志的实证研究方法，重点对大众文化消费，尤其是青少年亚文化消费现象进行考察与解读。伯明翰学派对大众文化的研究正处于后福特主义时期，他们采取一种自下而上的平民主义和经验主义路线，早期更加关注对处于社会底层的工人阶级的通俗文化（popular culture）的研

---

① ［英］迈克·费瑟斯通：《消费文化与后现代主义》，刘精明译，译林出版社 2000 年版，第 166 页。

究，肯定平民思想和边缘意识，以及大众在文化商品生产与消费过程中的能动作用。他们非常注重消费与意识形态之间关系的研究，并且把消费行为与社会阶级、阶层联系起来，将消费视为意识形态斗争的场域，强调必须从日常消费活动中发掘消费者的主体性和创造性，从而探索变革社会的机会与动力。比如消费主义文化对传统工人阶级文化的冲击、青年亚文化对主流文化的象征性仪式抵抗等。尤为突出的是，伯明翰学派注意到大众文化商品对大众主体性、社会权力以及性别的建构意义与功能。

斯图亚特·霍尔最具影响力的研究成果是关于文化霸权和媒体的理论。他借鉴阿尔都塞的结构主义意识形态理论、葛兰西的文化霸权理论以及民族志、符号学、语言学等多种研究方法，主张从文化与权力的关系出发研究传播现象。他将大众文化视作主流意识形态实施霸权以及青年亚文化群体抵抗霸权而进行权力斗争的场所，从而形成伯明翰学派“抵抗—收编”的大众文化研究传统，开启了伯明翰学派大众文化研究由“行为”向“意识形态”的转向。他认为符号具有某种物质实在性，因而可以通过感官来体验，但是其主要的魅力并不在于符号本身，而在于其内在意义。霍尔认为事物本身并没有意义，而是存在一些表征系统，通过符号和概念才形成意义，并且意义的生产依赖于诠释，而诠释的产生一方面依赖于我们对符码的积极使用，即通过将事物进行编码从而进入符码；另一方面则依靠于大众对事物意义的解码。也就是意义不是在传递过程中产生的，而是由受众生产出来的，受众解码的过程就是对其隐含的主流意识形态进行抗争的过程。受众对意义的解码主要有三种解读方式：倾向式解读、协商式解读和反抗式解读。读者具体采取哪种解读方式，主要取决于读者的社会地位和文化观念。并且霍尔认为，大众媒介不仅是传递信息和提供消遣娱乐的工具，还是意识形态斗争的场所，它在生产强化主流意识形态的同时，还接受并编辑着其他群体的意识形态。

迪克·赫伯迪格将亚文化的风格做出最为理论化、系统化的阐释，他的主要思想集中体现在其经典著作《亚文化：风格的意义》

中。他通过对各种具体的青年亚文化形式的分析，阐释各个亚文化群体建构风格的过程与意义。他借用列维斯特劳斯的“拼贴”概念，指出亚文化群体主要就是采用拼贴的手法，对一些具体物品进行挪用和改造，从而颠覆、解构并改写物品原有的意义和象征，建构与其他群体相区别并属于自己群体标识的“风格”表征，正如赫迪伯格所言：“一种具有重要意义的差异的传达（同样的是一种群体认同的传达）是所有亚文化风格背后的要点。”[①] 同时他又借用威利斯的“同构”概念并指出，亚文化用来建构风格的物品与其日常生活体验中所关注的焦点、集体的自我形象都有同构关系，通过这些物品可以保持并反映其群体的核心价值。这使受众对青年亚文化的消费成为一种对“风格”的消费，并且在消费的过程中传达“差异”并实现一种“另类”的认同。

约翰·费斯克对大众日常生活和消费现象非常感兴趣，他的思想集中体现在《理解大众文化》和《解读电视》中，他对待大众文化的观点正与法兰克福学派相反，认为消费者对大众文化商品的消费并不是一味顺从地、被动地接受，而是积极地利用它们进行再创造，甚至用来建构自我意义、社会关系及生活方式，即消费者是具有一定的创造性、主动性和选择性的。“大众文化是大众在文化工业的产品与日常生活的交界面上创造出来的。大众文化是大众创造的，而不是强加在大众身上的；它产生于内部或底层，而不是来自上方。”[②] 他认为大众文化的消费并不意味着统治阶级的意识形态能够发挥作用，其最终能否生效取决于大众消费者对文化工业产品的解读过程，消费者既可以以自己的方式解读大众文化的文本意义，创造符合自己利益的体验、快感和意义；也可以主动地逃离统治阶级的意识形态控制，瓦解统治阶级的支配性意识形态，引领社会进步。也就是说受众对大众

① ［英］迪克·赫伯迪格：《亚文化：风格的意义》，陆道夫、胡疆锋译，北京大学出版社 2009 年版，第 127 页。

② ［美］约翰·费斯克：《理解大众文化》，王晓珏、宋伟杰译，中央编译出版社 2006 年版，第 25 页。

文化文本阅读的过程实质上是一个对话协商的过程，正是在这一过程中大众运用自己的文化能力对大众文化商品进行解读从而产生一定的意义和快乐。

四　国外研究述评

法兰克福学派在继承马克思商品拜物教和异化理论的基础上，针对资本主义商品形式在大众文化领域的渗透所带来的意识形态控制和异化现象，进行了深刻的反思与批判，认为消费是统治阶级通过大众文化对被统治阶级进行思想意识严格控制的结果。整体来说，他们将大众文化消费视为商品、工具理性和异化逻辑在消费领域推演的结果，遵循“从生产到消费”的研究思路，从资本运行的逻辑出发剖析消费问题，并且在“异化”的思维模式和系统视角下对消费社会展开了激烈的批判，着重分析消费在维护资本主义体系中的作用。但是他们对大众本身的批判意识和主体意识采取完全否定的态度，并且他们的理论不是建构在对资本主义社会生产经济关系的分析上，而是建立在人本主义的逻辑基础上，这使他们的批判过于抽象并且缺乏现实历史性。

列斐伏尔开启了对消费问题研究的日常转向，他认为异化消费已经渗透到人们日常生活的方方面面，并且开始利用大量符号对日常生活和消费进行双重控制。这种控制的手段主要是通过一些诸如服装、住宅、汽车等社会识别系统，即“次体系”来实现，而对“次体系”的消费，能够体现出一定的社会地位和阶级地位，从而使商品拜物教转向符号拜物教。但是他否定生产的决定性作用，将消费置于独立和主导地位，以至于其理论只能是一种脱离经济基础的空中楼阁。鲍德里亚在列斐伏尔研究的基础上，从符号学维度出发，构建了后现代视域下的消费文化理论。他将物品看作符号物，即商品不仅具有使用价值和交换价值，还具有一定的符号价值，人们在消费商品使用价值的同时，还对这个商品所代表的文化意义、文化内涵、社会地位、权力等符号价值进行消费，即符号在消费中是至高无上的，是体现差异和区分的主导逻辑。但是鲍德里亚对消费社会的批判过于依赖符号学方法，片面夸大符号消费的作用，并试图以符号批判代替对现实的批判，从而表现出较强的虚无主义和犬儒主义倾向。

伯明翰学派对大众文化的研究主要遵循一条从下到上的思路，走的是一条平民主义的路线，他们的研究摆脱了法兰克福学派的精英主义研究模式，主要针对工人阶级展开。他们认为消费社会中的大众不是被动的接受者，而是有着强烈主体意识和批判精神的主体，尤其是青年工人阶级可以借助青年亚文化来表达对社会主流文化的抵抗和解构，从而突出自身的主体地位和个性风格。但是他们过度夸大民众的主动性和能动性，并且对于消费行为的解读过于单一和狭窄，致使其研究陷入文化民粹主义的泥潭。

整体来看，西方学者对消费社会中的大众文化消费行为主要是运用哲学和社会学方法进行理论分析，并且主要集中于意识形态领域，这为我们提供了一定的理论借鉴，但是他们回避马克思关于资本主义社会内在矛盾及历史趋势的分析，放弃无产阶级的主体地位，因而无法为我们的具体实践提供有力、有效的支撑。

第三节　相关概念界定

一　中国大众文化的概念

大众文化是当前社会中最广泛、最普及和最丰富的一种文化形式，它与精英文化、主导文化一起构成当代中国的文化坐标体系。“大众文化”这一来自西方的概念体系繁杂，它与当代社会的政治、经济、媒介、技术、消费等都有着密切的联系，成为当代社会发展的重要表征，这使当代大众文化不仅是一种文化现象，还是一种政治现象、经济现象、消费现象。因而，人们在不同时期、不同文化背景及不同的文化观念下都会对大众文化做出不同的定义。

整体来看，我国对大众文化的译介最初主要分为 mass culture（否定意义）和 popular culture（肯定意义）两种。后经我国学术界探讨，将其与中国语境相结合译作“大众文化”这样一个较为中性、客观、全面的翻译。但是对大众文化的具体定义及本质还没有形成一个统一的定论，这是由大众文化自身所具有的强烈的争议性和复杂性所决定的。本书的“大众文化”是指在我国现代化进程中产生的，以大众为主要消费对象，以获取商业利润为主要目的，有意迎合大众口味并按照市场规律批量生产，并主要由现代大众媒介进行传播，能够满足大众日常生活娱乐需要的文化形态与文化产品。

具体来说，大众文化是工业时代和信息时代特有的一种文化现象和文化过程，主要通过大众日常生活中的生活方式、文化心理、价值取向和消费行为体现出来。大众文化自产生之日起就与消费活动密不可分，它是用来供大众直接消费的商品，其本身就是一种消费现象和消费行为。从发生学角度来看，在中国，大众文化更是首先作为一种商品和消费品而出场，它以市场原则为主导，以消费为目的。因此，从生产性质来看，大众文化就是一种大众文化消费现象和消费行为；从文化形式来看，大众文化属于一种消费文化。

二　大众文化的特点

大众文化是现代工业社会和大众社会特有的产物，作为一种特殊的文化形态，它具有以下几个基本特点。

第一，大众文化是大众社会的产物。大众文化产生的一个基本前提就是市场化和城市化共同推动下的大众社会的出现。而大众社会是与传统社会相对而言的，是一种高度发达的工业化社会，具有现代化、城市化和大众化的特征。在大众社会，大众既是文化产品的接受者，又是大众文化的制造者和参与者，那么大众社会中的大众文化就是市场经济体制、现代科学技术和现代大众传媒共同作用下的产物，是市场经济发展到一定阶段的结果。

第二，大众文化是商品化、标准化和时尚化的文化。大众文化最典型的特点就是文化商品化和文化产业化，这使商业逻辑贯穿文化产品生产和消费的始终，导致文化产品变为消费的商品，也就是说大众文化的生产要遵循市场经济原则，目的在于获取经济利益，这使大众文化采用一种批量生产、重复模拟的生产方式，并以市场需求为导向，为迎合大众口味而不断创造新的流行、时尚，因而大众文化具有鲜明的消费性、商品性和流行性。

第三，大众文化属于一种消费文化、网络文化和娱乐文化。大众文化是大众消费时代的产物，因此，大众文化不可避免地以消费为主题，而成为一种消费文化。同时，大众文化以现代大众媒介为技术支撑，以满足人们感性愉悦和感官刺激需要为主要目的，它在为人们提供情感宣泄和压力释放渠道的同时，也改变了文化传播的方式，使大众文化传播时空同步，并且使印刷文化逐渐转向视觉文化。

三　大众文化的功能

“大众文化关注的是意义、快感、身份认同，而不是功效”①，这意味着大众文化不仅能够建构大众的生活经验和认知图式，还能同时造就现实和建构事物，在这个意义上，大众文化本身就承载着强大的意识形态功能，并且它以文化消费为主体形式反映大众的意识形态，它所发挥的意识形态功能主要体现在以下三个方面。

第一，大众文化的意识形态控制功能。任何一个阶级和政党都要面临对社会和国家采取何种统治手段的问题，当政权得以确立后，权力控制成为维护国家稳定的主要方式。统治阶级一般采取显性的国家机器震慑和隐性的意识形态教化两种权力模式，但是随着全球化时代的不断深化，大众对意识形态的认可和接受就需要采取一种非强制性的、非对抗性的、隐蔽性的控制方式，这就要求统治阶级必须在牢牢掌握意识形态领导权的基础上，不断强化主流意识形态的控制力，唯有如此，才能实现统治制度的合法化，增强社会领导的影响力。也正因此，阿尔都塞将其称为“意识形态国家机器”。一套成功的意识形

---

① ［美］约翰·费斯克：《理解大众文化》，王晓珏、宋伟杰译，中央编译出版社2006年版，第5页。

态，必须经过意识形态的“符号化”使人民群众对其认同，并且通过意识形态的“非符号化”排除与其观念相左的思想观点，最后经过意识形态的“经典化”使其成为大众的思想观念、行为方式和价值准则。[①] 而这一系列作用的实现，必须以大众的心理机制和文化结构为主要依据，大众文化本身所具有的意识形态特性，成为统治阶级实现意识形态控制功能的主要工具和有效手段。

第二，大众文化的意识形态渗透功能。大众文化与生俱来的商业性和消费性，要求大众文化必须根植于消费社会和消费实践才能得以存在发展。消费已成为现代社会生活的主题之一，以消费为主线和核心的大众文化也不可避免地弥漫于社会生活的各个角落。现代社会中，大众文化的意识形态渗透功能主要通过人们的“集体无意识”和意识形态“询唤”功能来实现。“集体无意识”是由于文化传统、民族习惯和社会心理等因素作用而长期积淀形成的一个民族社会深层的思想感情和思维习惯。阿尔都塞在《意识形态与意识形态国家机器》中认为，意识形态是一种表象，在这种表象下，个体与其实际生活状况之间是一种想象性关系，这种关系支配着人们的意志和思维。人们认同的只是这些由技术制造出来的种种“幻象”，并且这种认同主要是通过意识形态的“询唤”机制来实现的，即意识形态将个人询唤并建构为主体。而以娱乐为主要方式的大众文化文本，为人们提供的只是一种文化想象，它并不与人们的现实生活发生直接关联，它以无意识的方式使大众在潜移默化中接受大众文化所承载和传达的思想感情，通过意识形态的询唤机制实现集体无意识的情感认同。

第三，大众文化的意识形态逃离功能。大众对大众文化所灌输的意识形态，并不是完全被动地接受和认同，而是有选择地进行接收、抵制或改造，并且在发挥自身主动性、能动性和创造性的基础上，对其进行文本和意义的再次加工与二次创作，从而消解大众文化施加的压力。也就是说在大众文化面前，大众绝不是毫无思想的“乌合之

① 李英明：《哈伯马斯》，东大图书股份有限公司1986年版，第79页。

众”，而是具有一定思考力和判断力的群体，是具有一定的积极性和生产性的力量。但是个体对大众文化意识形态的这种抵制或反抗并非是对社会制度的一种威胁，而只是在文化场域内处于弱势地位的群体对于自身思想观念和既有价值体系的一种精神上的保护，它不是疾风暴雨般的，而是温和协商式的抵抗，因而在这个意义上大众文化也被称为是一种“弱者的武器”。

四　大众文化与其他文化形态的关系

大众文化经常与民间文化、通俗文化、消费文化、青年亚文化等概念混杂在一起，造成当前我们在理论和实践上对大众文化概念使用的混乱与错位。因此，为了更加清晰地对大众文化概念进行准确的理解和把握，必须对大众文化与以上几种文化形态之间的关系进行清晰界定。

通俗文化是在人类历史的特定时期内（尤其是前工业时代），与高雅文化相对立的一种文化形态，它自古以来就是一种自下而上的、由民众自发产生的、体现并反映人民群众生产和生活经验的、供民众自己消费并能够满足自身需要的一种文化形式；而大众文化是现代文化工业和市场经济的产物，是只有在消费社会形态下才会出现的一种文化形态。

民间文化具有口头传播性、内容传承性、集体创作性等特点，它是在一定区域范围内拥有相同的语言文字、共同生活经验和情感体验的社会群体间传播、流行的一种文化形式；而大众文化是伴随工业化和都市化进程，并运用大众传播媒介力量进行生产的，具有商品消费特点的文化形态，它具有自上而下和自下而上两种不同形式，主要有商品性、消费性、娱乐性等特点，是用来反映现代社会大众日常生活的文化形式。

消费文化具有截然不同的两种含义：一般意义上的消费文化是指人们在消费过程中所体现出来的各种思想观念和价值理念的总和，是一个相对中性化的概念，其中既包含积极意义方面的文化，又包括消极意义方面的文化；而从特殊意义上说，消费文化特指消费社会中的文化，即消费主义文化，是指一种消极的生活方式、意识形态和价值观念。从一般意义上讲，当代中国大众文化属于消费文化的一种，而从特殊意义上说，消费主义文化隶属于大众文化，并以大众文化为载体宣扬自己的思想观点和核心价值，尤其当代大众文化发展过程中所表现出的各种问题，就是大众文化与消费主义合谋的结果。

青年亚文化是主要由青年群体所创造和生产出来的、在青年群体中广为传播而对青年产生重要影响，并明显区别于社会主流文化的一种文化产品和文化形态，其受众以青年为主体；而大众文化则以“大众”为主要传播群体，青年亚文化是大众文化的一种，隶属于大众文化，但是大众文化却不仅仅包括青年亚文化。

第四节 研究思路与方法

一 研究思路

本研究采取理论研究与实证研究相结合的思路，通过对典型区域和典型学校的大学生大众文化消费行为基本状况的抽样调查，利用SPSS、EXECL等数据统计软件对调研数据进行分析，根据马克思主义文化消费理论、西方大众文化理论并结合新时代我国社会主要矛盾的转化，在肯定当代大学生大众文化消费行为积极意义的前提下，主要针对其存在的问题及其引导措施进行分析。本研究主要从理论和实践两方面，分析当代中国大众文化蓬勃发展的时代背景下，当代大学生大众文化消费的现状、特征及发展趋势，探索影响大学生文化消费行为的大众文化主要类型，以及它们对大学生消费行为产生的深刻影响，并探究大众文化消费行为所隐含的深刻意涵、现实困境、逻辑悖论及认识误区，反思当代大学生大众文化消费行为所折射出的思想价值内涵以及今后中国大众文化发展的价值走向，从而为推进社会主义主流文化传播的生活化、大众化和青年化，以及更为有效地开展社会主义核心价值观教育提供一定的启示与思路。

二　主要内容

基于上述思路，本书以当代大学生大众文化消费行为分析为主线，将理论分析与实证分析穿插于各个章节中，其主要内容分为以下几个部分。

（一）当代大学生大众文化消费行为研究的社会背景及学理依据

消费问题是人类生存的基本问题，并且消费早已不仅是一种单纯的经济行为，更是一种文化行为和社会行为。同时，当代大学生作为一个较为特殊的社会群体，正处于社会角色转换时期，其思想观念和消费行为都表现出一定的特殊性，因而在当前人们更加追求精神发展和心理满足的背景下，研究大学生大众文化消费行为，有着更为重要的意义。因此在消费社会、大众媒介和大众文化迅猛发展，并日益成为大众日常生活不可或缺的一部分，甚至已经成为人们的日常生活方式和行为方式的背景下，坚持以马克思主义消费文化理论为指导，同时借鉴西方学者对大众文化研究的相关理论成果，是我们能够顺利开展研究的前提与基础。

（二）当代大学生大众文化消费的基本状况

第二章以调查问卷为主要依据，使用 EXECL、SPSS 等数据分析软件对收集的数据资料进行统计分析，总结归纳出当代大学生大众文化消费行为的总体状况、发展趋势，以及当代大学生思想、行为及消费行为的基本特点。

（三）影响当代大学生消费行为的大众文化主要类型

根据第二章的数据分析，主要通过文本和现象分析的方式，对影响大学生消费行为的最主要的三种大众文化形式——粉丝文化、ACG 文化和弹幕文化对大学生的消费观念、审美观念和消费方式的影响进行具体论述。

（四）当代大学生大众文化消费行为的困境与根源

本部分探究当代大学生消费行为背后的大众文化意蕴，即意在通过大众文化消费体现自我认同和群体认同，反映当代大学生在自身发展和社会发展过程中的审美转向、主体境遇和生存困境。主要分析大众文化之所以能够对当代大学生消费行为产生重大影响的主要原因，其根源在于大众文化与资本逻辑、技术逻辑及消费逻辑的深度结合，并深深嵌入、融合在大学生群体日常生活中，成为大学生的生活方式、思维方式、认知方式与行为方式，因而导致当前大众文化发展过程中人文性的缺失、娱乐性的泛化以及认同性的危机等逻辑悖论、发展症结与认识误区。

（五）当代大学生大众文化消费行为的引导

大众文化本身具有鲜明的意识形态功能和教化育人功能，并且它是一种带有消费性和商业性的文化形式，其意识形态功能的实现必须借助大众消费来完成。当代大学生因其自身的生理和心理特点，成为大众文化最主要的消费群体和受众群体，这使当代大学生的大众文化消费行为具有深刻的意识形态意味，但是大众文化发展本身的逻辑悖论及价值困境，要求必须对其进行积极引导。这就要求我们必须以社会先进文化的前进方向引领大众文化发展，以社会主义核心价值观引领大学生文化认同，并且不断提升大学生大众文化消费的人文精神内涵。

三　研究方法

（一）文献研究法

本研究涉及大学生消费行为与大众文化之间的关系，需要借助经济学、心理学、消费社会学、教育学、文化学等多种学科的相关研究文献，在对其进行搜集、筛选和整理的基础上，对大学生大众文化消费行为的产生、现状、发展、变化的原则性、规律性和科学性进行论证。

（二）调查研究法

本研究主要以定量研究、解释性调查为主，采取个案访谈和结构式访问问卷两种方式，采取概率抽样方法中的分层抽样方法，按照地区、学校层次、年级、专业、性别等标准选取调查样本，对收集的资料和现象进行科学研究。通过系统、严谨的步骤采集数据，并借助EXCEL、SPSS等数据统计软件进行定量分析，从而保证研究过程的科学性和可信度。

（三）统计分析法

主要采用回归分析法和趋势分析法，对影响大学生消费行为的多个大众文化要素，以及多个结果进行数据分析。在回归分析和趋势分析中得出相关结果的图示，以便能够更为清晰、明了地对研究结果进行论证与展示。我们通过这一方法对大学生消费行为的大众文化影响要素进行验证，同时也可以使各个要素与特定消费行为结果之间的相互影响关系更为清晰化，并对其进行分析、反思和批判，最后提出相应的解决对策。

四　研究重难点

本研究主要采取定量分析的方法，依据抽样调查问卷的相关数据进行理论分析，研究的重点在于设计科学合理、信度和效度均较高的调查问卷，并且探寻影响大学生消费行为的大众文化主要类型，探究当代大学生大众文化消费行为背后的内涵、困境与根源，即大学生的大众文化消费行为是大学生确立自我认同和群体认同、表达个性风格和自身利益、彰显自我意识的重要途径与主要手段。

研究的难点在于：其一，如何设计科学、合理的调查问卷，从而准确把握大学生大众文化消费行为的现状和方式；其二，如何通过统计学方法，正确分析大学生大众文化消费行为的相关影响要素、发展趋势及产生根源。

五　研究创新点

本研究的创新之处主要有三个方面。

（1）本研究突破了以往主要以定量分析为主的研究方法，而采用实证研究和理论研究相结合的方法，通过调查问卷获取一手数据，并立足于马克思主义文化消费理论，对当代大学生大众文化消费行为的现状、趋势、特点和动因进行理论和数据上的双重分析，使其论据更加充分有力、论证过程更加科学合理，从而提出更有针对性的对策。

（2）现有对大学生消费行为的研究，大多集中于经验层面，针对现象研究现象，致使其研究停留于表面，缺乏深入的学理性分析。而本研究致力于从大众文化与消费行为之间的关系入手，探究大学生大众文化消费行为背后的根源，在于大学生试图通过大众文化消费来确立自我认同和群体认同，其实质是大学生对自身主体境遇危机及自我发展的一种表达和诉求，因而大众文化具有鲜明的意识形态性质，可以作为一种思想政治教育资源。这就既克服了经济学对大学生消费行为研究固有模型的局限，又能够反映当代大学生大众文化消费行为的现实，还打破了人们对“90后”和“00后”大学生固有的“标签化”“污名化”的认知偏见。大众文化消费不仅是大学生群体精神需求和消费偏好的体现，还是其确立认同、张扬个性、彰显自我的符号性活动，具有深刻的意识形态内涵。

（3）立足于当代大学生日常生活实际，审视当代大学生大众文化消费行为的内涵与价值。根据调查数据，对当前大学生影响力和渗透力最广泛的三种大众文化形式——ACG文化、粉丝文化和弹幕文化进行深入地理论分析，具有较强的实效性和现实性，开拓了一个从大学生日常生活角度进行高校思想政治工作的新视域。

第一章　大众文化消费行为研究的社会背景及学理依据

大众文化是一个舶来品，它是现代工业社会特有的产物，是市场经济发展到一定程度的必然结果。大众文化自产生起就是一种商品，因而它必须按照商业逻辑及市场经济的一般规律运行和发展。我国经济的发展促进了大众文化的繁荣，大众文化对现代大众的影响是以往任何文化形态都无法比拟的。因此，对大众文化消费行为的研究必须理顺其社会背景与学理依据，才能以此为基础建构合理有效的研究框架。

第一节　大众文化消费行为研究的社会背景

大众文化消费行为的产生与我国社会整体发展状况密不可分。随着我国社会主义市场经济体制的确立、改革开放进程以及全球化趋势的日益加快，我国社会经济得以迅速发展，并日益呈现出与西方消费社会的相似特征，这对我国大众的生活方式、消费观念和价值理念都产生了重要影响，以至于中国的城市社会正由“生产者社会”逐步转化为“消费者社会”。消费不仅在经济领域成为促进社会经济发展的主要动力，还在社会领域全面影响着人们的日常生活，而起到中介和桥梁作用的两个主要因素就是消费社会与大众媒介，正是借助于二者大众文化才得以产生，并且在潜移默化中塑造着人们的兴趣爱好，变革着人们的消费观念与行为选择，最终影响人们的思想观念、生活方式和审美趣味。

一 我国消费社会特征的凸显

鲍曼曾将人类社会的发展分为“生产者社会”和“消费者社会”两种基本类型，“现代社会奠基的工业阶段，从深远的意义上来说，曾经是一个‘生产者社会’”[①]，而生产社会是消费社会的前提和基础。伴随现代科学技术的不断进步，传统社会的物质匮乏时代已经结束，人类面临的一个重要问题已经不是如何“生产”，而是如何“消费”，人们的消费欲望在媒体广告的刺激下不断高涨，学者们把这种社会发展阶段冠以“消费社会”“技术社会”“后工业社会”“后现代社会”等各种称谓。

（一）消费社会的萌芽

消费社会的萌芽出现在18世纪的英国。17—18世纪欧洲封建统治末期，统治阶级和新兴资产阶级疯狂奢侈消费，为消费社会的早期萌芽创造了条件。资本主义资本原始积累时期，社会所提倡的消费观念主要是勤俭意识和节约精神，也就是倡导对商品的消费仅仅限于满足人们的基本生存和发展需要，由于社会商品的相对匮乏，生产成为整个社会活动的中心，这是传统的生产社会。而18世纪中后期开始的工业革命，推动了消费社会的初步形成。工业革命提高了劳动生产率，使商品逐渐丰裕，从而推动了消费观念的变革，引起了第一次消费革命，这个消费热潮从英国开始向资本主义世界和殖民地社会逐渐扩张。19世纪的第二次工业革命使社会财富进一步增加，大量消费品进入市场，消费享乐主义开始由上流社会阶层逐渐蔓延至中产阶级和小资产阶级中。大量工业产品的出现，推动了现代商业的形成，并促进了消费社会的初步发展。但是限于当时消费品的种类和数量还没有达到完全丰裕的程度，消费的主要模式仍然是有限的，还不能达到随心所欲的程度。

---

① ［英］齐格蒙特·鲍曼：《全球化——人类的后果》，郭国良、徐建华译，商务印书馆2004年版，第77页。

（二）消费社会的形成

20 世纪的美国社会已然步入一个崭新的发展阶段，其在政治、经济、文化和技术等领域都发生了前所未有的变化，并推动第二次消费革命的产生，由此现代消费社会形成并开始向整个世界蔓延。这使资本主义从以生产为主导的社会逐渐转向以消费为主导的社会，现代资本主义社会进入大众消费时代并形成大众消费模式，这种转向的发生与福特主义生产方式的出现密不可分。

福特主义的产生是为解决资本主义发展中始终存在的一对矛盾：一方面，资本家为了攫取最大利润、加快资本积累，必须把生产成本降到最低；另一方面，工人要想获得足够的生活保障、形成一定的购买力，必须获得足够的工资并具有一定的闲暇时间，从而才能保证剩余价值的实现及资本再生产的顺利进行。19 世纪末 20 世纪初，资本积累逐渐由依靠生产资料消费向依赖生活资料消费转向时，工人由于长期的低工资导致购买力下降，在一定程度上制约了资本主义经济的发展，因此，必须通过刺激大规模的商品消费带动经济的复苏。福特主义正是为解决这样的矛盾而生，这种生产方式源于美国的实业家亨利·福特，他改进“泰勒制”、革新生产技术，采用大规模的标准化、机械化、自动化的流水线作业，从而有效地降低了生产成本，提高了劳动生产率，促进了工人工资的提高及休闲时间的增加；同时他还把之前属于上层阶级的奢侈品变为廉价的大众消费品，并且由于工人工资的普遍提高，从而形成一个由普通大众构成的、具有极大消费需求的公众消费市场。这在一定程度上使人们的生活方式和消费观念发生结构性变革，人们越来越沉湎于消费所带来的心理的满足和精神的快感，因而逐渐丧失主体意识并认同当时的社会统治秩序。同时科技的进步、大众传媒的发展和信用消费的出现，也在一定程度上推动了消费社会的发展。

（三）消费社会的发展

20 世纪 60 年代后期以来，福特主义由于缺乏生产的灵活性，难以适应日趋多样化和个性化的消费需求，不能适应消费社会的新发展而出现衰落。同时，源于日本的后福特主义生产方式应运而生。它采用“弹性的积累”和“弹性的劳动”方式，也就是产品销售由大众市场的标准化、批量化生产转为“目标消费群体”的小规模生产。一方面，它缩短了生产周期，减少了对标准化设备的依赖，从生产针对大众市场的大批量、标准化产品转向生产针对“目标消费群体”的小规模、小批量产品，能够灵活满足市场的需求；另一方面，它要求企业利用新的信息技术，同时注重工人在劳动中的个性和创造性，注意与销售商、广告商、开发商、消费者都保持密切的联系。由于弹性劳动制度的实施，工人的劳动时间不再机械固定，这使他们拥有较多的闲暇时间，消费在人们的日常生活中发挥着越来越重要的作用；而且消费的内容也不再仅限于实在的商品，还增加了服务、教育、信息、娱乐、休闲等消费需求；消费者也不再满足于大众化的商品，而是逐渐渴望个性消费，越来越多地关注商品的包装、设计等非物质性因素；现代传媒尤其是广告的全面渗透，强烈刺激着人们的消费需求，并且改变了过去被动适应社会需求的状况，开始积极地制造消费需求、引领消费潮流。服务业和文化产业取代传统制造业成为社会新的经济增长点，西方资本主义社会由工业社会向后工业社会逐渐转变，由此消费社会进入了一个新的发展阶段。

（四）消费社会的特征

鲍德里亚曾对消费社会进行过这样的描述，“今天，在我们周围，存在着一种由不断增长的物、服务和物质财富所构成的惊人的消费和丰盛现象。它构成了人类自然环境中的一种根本变化。恰当地说，富裕的人们不再像过去那样受到人的包围，而是受到物的包围”①，这样的社会就是消费社会，它是社会发展过程中的一个新的发展形态和发展阶段。消费社会以商品的大规模消费为主要特征，并以消费作为社会生产和社会生活的主导动力与主要目的，它使消费渗透到大众日

① ［法］让·鲍德里亚：《消费社会》，刘成富、全志钢译，南京大学出版社 2006 年版，第 1 页。

常生活的方方面面，并成为人们社会交往过程中的一种建构性行动。

消费社会的兴起使以生产为主导的社会转向以消费为主导的社会，消费在现代社会经济和文化生活中发挥着日益显著的作用，并且人们消费的不仅是物的使用价值，而且更加关注商品的符号价值和意义象征的建构，它使人们的生活方式和价值观念发生较大的变化。消费社会中的商品对人们形成重重围困，消费已经成为人们日常生活的基本方式，大众的消费观念和消费方式也表现出明显的消费主义倾向，消费逐渐成为个人身份地位、金钱财富和声望名誉的评判准则。具体来说，消费社会是指这样一种生活方式和价值理念：人们进行消费的目的不仅仅是为了实际需要（needs）的满足，而是追求被社会、经济和文化等不断刺激出来的欲望（wants）的满足。正如鲍德里亚所言："消费社会也是进行消费培训、进行面向消费的社会驯化的社会——也就是与新型生产力的出现以及一种生产力高度发达的经济体系的垄断性调整相适应的一种新的特定社会化模式。"[①] 这意味着大众消费已经成为一种促进社会发展的新的生产力的象征与标志。

"生活在消费社会的人们和他们的前辈的根本差异，并不在于物质需要以及满足这种需要的方式发生了改变，而在于人们的生活目的、愿望、抱负和梦想发生了改变，他们的世界观和价值观发生了改变，最终是作为人的本体的存在方式发生了改变。"[②] 消费社会改变了人们的生活方式和消费方式，并重新塑造了一种理想化、现代化、虚幻化的幸福生活景观，致使大众深深沉迷于此，将商品作为生活的中心，为了商品而生活。

（五）中国消费社会特征的凸显

随着我国市场经济的不断发展，人们的物质生活资料得以极大丰富，进入了中国特色社会主义新时代。人们的生活被丰裕的物质商品

---

① ［美］杰姆逊：《后现代主义与文化理论》，唐小兵译，北京大学出版社 1997 年版，第 162 页。

② 罗钢、王中枕：《消费文化读本》，中国社会科学出版社 2003 年版，"前言"第 1—2 页。

和服务紧紧包围，消费的欲望被大众媒介和明星广告强烈刺激，经济结构的重心已经由生产转移到消费，产品结构性过剩成为当前社会经济发展的显著特点。

我国社会开始弥漫出诸如享乐主义、快乐至上、精致利己主义以及炫耀性消费、奢侈性消费、攀比性消费等一些非理性消费思想与消费行为，致使人们的消费不再仅仅满足于对商品使用价值的消耗，而是意图通过消费品所蕴含的符号价值和象征意义确立并表征自己的身份地位、金钱财富和审美趣味。人们的日常生活到处充斥着消费品的身影，消费成为人们消遣娱乐、释放压力、宣泄情绪的重要方式和手段。总之，消费已经成为当前人们的主要生活方式和生活形态，并且消费文化成为社会伦理与价值观念变迁的主导动力。因此，我国社会已经凸显出消费社会的基本特征。

二 大众媒介的发展

大众媒介的出现促进了人们思想观念、价值理念及生活态度的更新与变化，而大众媒介的发展和普遍使用，对大众文化的产生、发展和传播也起到至关重要的推动作用，甚至可以说如果没有大众媒介就不会有大众文化的产生。在当前由各种传统媒体和各类新兴媒体交织而成的全媒体时代，大众文化越来越多地成为大众表达思想观念和利益诉求的平台与渠道。

（一）大众媒介的概念及特点

消费社会的形成与发展在一定程度上是大众媒介催发的产物。大众媒介（mass media）是大众传播媒介（mass media of communication）的简称，具体来说是指通过各种电子媒介和纸质媒介支撑的，由一定的媒体组织来运营、以大众为主要受众群体而进行传播的媒体，既包括传统媒介，也包括各类新媒介。大众媒介的发展为大众文化的传播提供了便利条件，并且深深嵌入大众日常生活的方方面面。人们通过各种大众媒介获取、分享信息，进行娱乐休闲。它不仅深刻改变了人们获取信息的方式，而且潜移默化地影响着人们的思想观念、思维方式、价值理念及行为模式。人们对大众媒介的依赖程度日益加深，甚至可以说，大众媒介已经成为大众日常生活本身。

新媒介（new media）是相对于旧媒介而言的一个概念，它是 20 世纪 60 年代由美国传媒界提出的，主要是指以各类信息技术和数字技术为依托，以参与、交互和创新为基本运营宗旨，以个性化、碎片化的形式生产和传播信息的移动终端平台、流媒体与数字媒体等。自媒体（we media）这一概念最早于 2003 年提出，是指“传播者通过互联网这一信息技术平台，以点对点或点对面的形式，将自主采集或把关过滤的内容传递给他人的个性化传播渠道，又称个人媒体或私媒体”①，具有个体化、自主化、多样化和圈群化的特点。现代社会各类新媒体和自媒体的普及，提高了人们获取知识信息的速度，同时也为人们思想观念的自由平等表达提供了更为广阔的平台和空间。并且各类自媒体的出现将过去由点到面、自上而下的单线式信息传播模式，变为立体式、交互式、扁平化的传播体系，这对人们的行为选择和交往方式，尤其是消费行为的选择产生了重要的影响。大众媒介和互联网的发展为人们提供了一个网络信息爆炸、物质极大丰裕、价值观念多元的世界，使处于现代社会的人们进入了一种新的生存状态——网络化、数字化、媒介化的生存方式，并且它使私人生活越来越趋于公共化，将每个人都置于媒介的开放环境中。

当前传统媒介和新媒介、自媒体的发展相互交融，呈现出“媒介融合”的发展趋势。时下以微博、微信、博客等为代表的各类社交媒体平台已经成为人们进行日常沟通和人际交流的主要工具。由于高新科学技术的不断发展，各类新兴媒介形式不断催生，因此大众媒介也是一个不断发展和丰富的过程，并且在消费社会中表现出与大众文化相互融合的态势，它的出现使消费与文化之间的关系更为紧密，使大众文化的生产与传播呈现了一幅新的景观。也正因此，凯尔纳提出“媒介文化”（media culture）的概念。他指出，媒介文化是一种图像文化、工业文化、商业文化和高科技文化，通过高科技的技术支撑、

---

① 申金霞：《自媒体的信息传播特点探析》，《今传媒》2012 年第 9 期。

工业化的生产和商业化的运作，使文化形式能够诉诸人的视听感官，因而导致大众在日常生活中会潜移默化地、于无意识中对其蕴含的思想观念和价值理念自觉接受并认同。因此，媒介文化是当前对大众日常生活影响最广泛、最深刻的一种大众文化形式。

（二）大众媒介的功能

大众媒介是一个整体庞大、功能复杂的系统，在现代消费社会，大众媒介在整个社会的政治、经济、文化、军事、社会变革与社会舆论等多个方面具有非常重要的意义和作用。西方社会甚至将大众媒介视为与立法、司法、行政并驾齐驱的第四大权力机构，麦克卢汉也曾指出大众媒介的重要意义："一切媒介都是人的延伸，它们对人及其环境都产生了深刻而持久的影响。这样的延伸是器官、感官或是功能的强大和放大。"①

第一，大众媒介的消遣娱乐功能。大众媒介在本质上是为满足人们的某种需求而生的。随着消费社会的不断发展和深化，在竞争意识和个体意识基础上建立起来的原子社会，使人们面临的社会压力越来越大，人们排挤负面情绪并释放压力的最好方式就是各种娱乐休闲活动，而大众媒介恰好满足人们在这一方面的强烈需求，从而导致当代社会大众媒介消遣娱乐功能的不断强化，而其他功能却一直被忽视和削弱，甚至出现"泛娱乐化"的倾向。

第二，大众媒介的意识形态功能。大众媒介的发展打破了原有的意识形态壁垒和固有文化格局，使各种非主流意识形态的传播拥有更为便利的条件，因此大众媒介在一定程度上也是现代权力的象征。根据大众媒介的这一特点，尼尔·波兹曼提出"媒介即隐喻"的思想："和语言一样，每一种媒介都为思考、表达思想和抒发情感的方式提供了新的定位，从而创造出独特的话语符号"②，大众媒介"更像是

---

① ［加］埃里克·麦克卢汉、弗兰克·秦格龙：《麦克卢汉精粹》，何道宽译，南京大学出版社 2000 年版，第 360 页。

② ［美］尼尔·波兹曼：《娱乐至死》，章艳译，广西师范大学出版社 2004 年版，第 12 页。

一种隐喻，用一种隐蔽但有力的暗示来定义现实世界”①，“媒介的独特之处在于，虽然它指导我们看待和了解事物的方式，但是它的这种介入却往往不为人所注意”②。波兹曼指出，媒介的主要力量在于它改变了人们的思维方式，从而改变人们的行为模式，进而提出“我们的隐喻创造了我们文化的内容”的观点。

第三，大众媒介的舆论引导功能。大众媒体承载了海量的知识和信息，并且拥有数量庞大的受众群体，其信息传播范围广、速度快，并且民众由于对某些具体知识和媒介素养的相对缺乏，容易被一些不良信息所迷惑，导致对一些非主流意识形态接受并认同。因此，大众媒介能够对社会舆论起到一定的引导作用。马克思主义意识形态的传播必须高度重视并利用大众媒介的舆论引导功能，牢牢把握意识形态管理权、话语权和领导权，使大众媒介更好地成为主流意识形态的传声器。

（三）大众媒介与消费

大卫·理斯曼曾说：“大众媒介是引导消费的导师，如果要了解消费规模，就应该从研究传媒开始。”③ 可见大众媒介与消费自从进入消费社会起，就形成了天然的联姻关系，一起为大众文化和消费意识的传播发挥各自的力量。大众传播的发展在一定程度上也促进了消费的发展，它为符号消费理念的传播提供了更为广阔的空间。今天任何一种商品要想进入人们的消费视野和领域，必须借助于现代大众媒介的力量，将其转化为一种符号和影像，才能引起大众的注意和关注。正是各类大众媒介的兴起与广泛使用，使商品的销售和运营越来越注重使用媒介制造各种视觉形象，为大众塑造一幅理想、美好的生活图像，甚至在大众媒介的有力助推下，视觉文化超越了印刷文化，

---

① ［美］尼尔·波兹曼：《娱乐至死》，章艳译，广西师范大学出版社 2004 年版，第 12 页。

② ［美］尼尔·波兹曼：《娱乐至死》，章艳译，广西师范大学出版社 2004 年版，第 13 页。

③ ［美］大卫·理斯曼等：《孤独的人群》，王崑、朱虹译，南京大学出版社 2002 年版，第 292 页。

并且在大众日常生活中占据霸权地位。

三　大众文化的繁荣

党的十四大以来，大众文化在我国得到了突飞猛进的发展，并已经渗透到我国大众社会日常生活的方方面面，成为影响和建构人们世界观、人生观和价值观的重要影响因素。当前大众文化与商业资本的融合日益紧密，这使大众文化无不打上商业和消费的烙印，消费也越来越具有浓厚的大众文化色彩，这催生了我国大众消费文化的产生，并使我国的大众文化具有鲜明的中国特色。青年群体，尤其是大学生群体，一直以来都是大众文化的主要受众对象，这是由二者之间天然的一致性所决定的，因此，大众文化在一定程度上对青年文化性格的塑造发挥着重要的作用。

（一）中国大众文化生成的社会条件

促进我国大众文化生成的社会条件主要有四个。

一是我国大众消费社会特征的日益凸显。改革开放以来，随着我国工业化和城镇化进程的不断加快，促进了我国“大众社会”的形成。这导致我国社会文化形态发生前所未有的变化和演进，促使以大众为主体的大众文化的产生和迅速发展。并且世界全球化的进程也促使我国的政治、经济和文化发生深刻改变，人们的思维方式、行为方式、生产方式、消费方式和交换方式都随之发生相应的变化，这促使西方的大众文化理论传入我国，并对我国固有的文化格局产生了一定影响，因而我国大众文化自产生时起就带有浓厚的消费色彩。

二是社会主义市场经济体制的确立。市场经济和竞争原则在资源配置中起基础性、核心性作用，因此大众文化的生产与消费也必须遵循资本逻辑与市场规则。大众文化作为一种典型的文化商品，其主要目的在于获取最大的商业利润，文化产品商品化和文化产业市场化是市场经济发展的必然要求，促进了我国文化产业的形成和发展。并且从生产角度来说大众文化就是文化产业，这使商品与文化不再泾渭分明，而是彼此交叉渗透。

三是大众闲暇时间的显著增多和文化需求的大幅提高。生产力和劳动生产率的提高，以及人们经济收入和生活条件的明显改善，使人们在精神文化生活领域的娱乐需求不断增多。而且与中国社会全面转型相伴而来的诸多社会问题也给人们的生存和发展带来巨大的心理压力及工作压力，人们意在通过各种文化产品的消费进行娱乐休闲，这使大众的生活方式和休闲方式发生了改变。

四是现代大众传媒的不断发展。现代大众传媒的出现，为大众文化的产生提供了发展空间和传播渠道，在一定程度上大众文化的发展与大众媒介的发展是一个同步的过程，没有大众媒介就没有大众文化。

总之，中国大众文化是商业文化、媒介文化与消费文化的一种复合体，这使中国大众文化在多元文化融合发展背景下具有一种天然的亲和力与粘合力。

（二）中国大众文化与青年群体文化性格的塑造

大众文化是一种日常生活化、世俗化、消费化的文化形式，对大众日常生活的生活态度、价值观念、生存方式、行为方式等均会产生一定的影响。它在提升人们主体意识、自我意识、个性意识、民主意识和创新精神的同时，也会在一定程度上诱导人们关注实际生活和现世享乐，并在潜移默化中渗透、传递新的生活观念和价值追求，这会导致人们陷入物质主义、享乐主义、消费主义等生存观念和价值理念的泥沼中，致使当前中国大众文化的发展表现出泛娱乐化和泛审美化的倾向，也导致当代大学生不再对主流意识形态的宏大叙事、终极价值和崇高理想抱有兴趣，而是转为对切近世俗日常生活的消费问题给予密切关注，强调快乐、宣泄和放松的自我状态与自我满足，这使创新性、消费性和娱乐性的大众文化与青年群体好奇心和包容心强、追求自主意识、创新意识、开放意识等性格特质有着天然的一致性；同时大众文化也将青年作为最主要的受众群体，并且不断以消费文化的形式塑造和影响着青年的消费观念和消费行为。

自 20 世纪下半叶以来，大众文化与青年群体之间建立了异常密切的联系。20 世纪五六十年代，西方的青年运动使大众文化开始拥有自身鲜明且独特的标志——摇滚和牛仔裤；城市化和工业化的浪潮推动消费社会的形成以及国民素质教育的普及，这使处于社会边缘与附属角色的青年逐渐变为具有鲜明性格特征的文化群体，并使大众文化与青年文化的发展具有“异质同构”的特点。大众媒介的发展也进一步加快了社会文化结构的重构与青年社会化的进程。因此，大众文化开始格外青睐青年群体，并在价值取向上对其逐渐贴近、亲近；反之青年群体也对大众文化产生非常深刻的影响，在一定程度上主要表现为对主流文化价值体系的叛逆与抵抗。①

当代青年的文化性格主要体现在三个方面：先锋性格、叛逆性格与消费性格。先锋性格是指青年文化因与主流文化对话遇到挫折而产生不满，从而否定主流文化并消极逃避的机制；叛逆性格是对主流文化持鲜明的反抗态度，并以此来创造新的文化的过程；消费性格是不愿意被主流文化干预，在主流文化默认下合法地存在，对社会矛盾起到一定缓解作用的一种净化机制，它与大众消费联系紧密，主要表现为休闲、享乐、消费和娱乐。② 大众文化的出现对当代青年的三种性格产生了重要的影响和改变：它使青年的文化性格与商业平台、消费体系联系在一起，并主要通过个性和时尚的方式表现出来，具体化为服饰、小说、杂志、音乐等各种具体的大众文化形态或者幻象化为种种理想的生活景观，从而诱导青年通过消费实现自己的理想生活和角色预期，从中强化并扩展青年的文化性格，而青年的文化性格也会促使大众文化朝着更加多元和开放的方向发展。

大众文化与消费活动的结合使大众消费不再是一个静态的物质消耗过程，而是变为一种文化语言的创造、精神世界的表达和生活风格的主动展现，这使消费行为成为一种多样性、开放性和自主性的表达方式。大众文化建构了消费领域的符号话语，强调消费领域中个性的

---

① 陈灵强：《多维视野中的大众文化》，浙江大学出版社 2007 年版，第 56 页。

② 陈灵强：《多维视野中的大众文化》，浙江大学出版社 2007 年版，第 56—57 页。

自我表达和自我塑造，这与当代青年自我意识的觉醒不谋而合，为青年群体主体意识的增强和自我利益的表达提供了途径与手段。并且当代青年群体非常乐于接受大众文化的符号语言与传播方式，他们是大众文化传播的先锋力量和主力军，大众文化不断根据青年的审美趣味和个性风格生产制作新的文化形式，以博得青年关注，从而获取更大的经济利益。

（三）大众文化时代我国大学生消费观念的演变

改革开放初期，我国的物质生活资料还相对匮乏，人们在生产、消费中对“个性”“美观”“时尚”等因素考虑较少，消费分层化趋势并不明显。并且这一时期的消费具有鲜明的政治化色彩，人们的消费观念和消费行为具有鲜明的传统社会烙印，节俭型消费仍然是我国倡导的主流消费价值观念。

1984 年党的十二届三中全会通过《中共中央关于经济体制改革的决定》，随着各式各样的商品开始涌入市场，青年大学生的日常物质消费生活开始逐渐丰富，并成为引领社会时尚的群体。喇叭裤、花衬衫、披肩发、“阿飞头”、“比基尼”等开始进入青年大学生的生活视野并引起他们争先模仿，“从众消费”和“时尚崇拜”成为当时的一股消费热潮，青年大学生希望通过外在穿着打扮的“一致性”来获得所向往的那个阶层群体的认可和认同。并且随着地区经济发展速度和个人收入水平差距的逐渐拉大，大学生之间的消费水平也开始表现出强烈的差异。随着物质消费水平的提高，大学生群体在精神消费方面也相应表现出丰富多样性，集中表现为对文学作品、西方哲学、文化作品的消费。

1992 年党的十四大明确提出建立社会主义市场经济体制，市场开始全面进入人们的经济生活、政治生活和社会生活，成为衡量人们思想观念、道德标准和行为范式的一个重要杠杆，青年大学生也开始有了“市场意识”。随着人们生活水平的提高，大学生的消费观念和消费行为也开始趋向“现代化”。20 世纪 90 年代中后期，受后现代主义思潮的影响，兴起了一股“大话式”“恶搞式”“无厘头式”的青年流行文化，《大话西游》《一个馒头引发的血案》被奉为后现代解构主义和“恶搞”的经典作品。它们的出现符合当时青年大学生游戏人生和戏谑逆反的社会心态，因此受到大学生的极力热捧并引起强烈的情感共鸣，这使青年的大众文化消费行为开始出现泛娱乐化和过度功利化的趋势。

21 世纪以来，随着改革开放进程的不断深化和全球化趋势的不断增强，人们的价值观念和思想文化也越来越呈现多元化、多样化的发展趋势，并且愈加希望通过消费体现个性和风格。这时人们的消费已不再仅仅是为了满足生存和生理的基本需要，而是将消费看作一种社会选择性行为，消费什么和怎么消费不再以“社会”为导向，而主要以“自我”为导向。这一时期的消费更加具有符号意义和创造活力，青年大学生的消费致力于将已有的商品与青年亚文化相结合，创造出青年群体独有的消费文化和消费风格，“时尚”“潮流”“个性”是这一时期青年大学生消费的代名词。并且青年大学生的生活方式越来越“西方化”，主要体现在他们的生活价值观和精神格调方面。这一时期由于“自我”概念的突出，青年大学生的消费出现分化和分层，而划分不同生活方式的依据已经不再完全是物质条件和经济条件，而是倾向于依照消费方式和行为方式的文化特质或精神导向进行划分。

第二节　以马克思主义文化消费思想为理论指导

西方学者对大众文化的研究虽然给予我们重要的理论借鉴，但是其思想存在一定的局限性：他们没有站在历史唯物主义的立场和角度，揭示资本主义生产方式的内在矛盾——生产社会化与生产资料私有制之间的矛盾，而消费社会中的各种矛盾都隶属于这对基本矛盾。我国大众文化产生的独特社会背景和历史条件，决定对我国大众文化消费行为的研究，决不能照搬套用西方理论，因此，必须以马克思主义文化消费思想作为我们研究的基本立场和理论指导，只有在这一理论框架和视域内，大众文化消费行为的内在本质才可能被充分地揭示出来。

一　马克思主义经典作家关于文化消费研究的主要思想

马克思主义经典作家对文化消费的研究并没有一个专门性、系统性的论述，而是散见于《1844 年经济学哲学手稿》《德意志意识形态批判》《哲学的贫困》《雇佣劳动与资本》《1857—1858 年经济学手稿》《1861—1863 年经济学手稿》《资本论》等重要著作中。马克思文化消费研究以历史唯物主义为基本立场，以需要为逻辑起点。然而他并不是孤立静止地，而是将消费现象放在资本主义大生产过程中进行整体动态的研究，并提出人的全面自由发展是消费的终极目标。因此，马克思对文化消费所进行的是一种引导性的论述。

（一）马克思主义精神生产理论是马克思主义文化消费研究的基本立场

“生产”是马克思主义社会理论的一个核心概念，马克思从历史唯物主义角度定义了社会生产系统是包括物质生活生产、社会关系生产、人的生产、精神生产等要素在内的全面的、有机的整体。其中物质生产是其他一切生产的基础和前提，精神生产是指社会意识形式的生产，是具体的、现实的人的活动，受生产力和交往形式的制约，主要包括宗教、政治、科技、艺术、意识等内容形态，这些都是人类认知的最为典型的文化形态。也就是说这里的“生产”绝不仅仅指物质生产，其中还包括以文化生产为主的精神生产。并且在现代消费社会，精神生产以大量的大众文化和文化工业的形式迅速扩张，文化成为消费社会自身的基本要素，拥有着无比巨大的生产力和创造力。

“从直接生活的物质生产出发阐述现实的生产过程，把同这种生产方式相联系的、它所产生的交往形式即各个不同阶段上的市民社会理解为整个历史的基础，从市民社会作为国家的活动描述市民社会，同时从市民社会出发阐明意识的所有各种不同的理论产物和形式，如宗教、哲学、道德等等，而且追溯它们产生的过程。”① 从马克思的论述中可见物质生产和人类自身生产是“基础层面”，生产关系的生产是“中间层面”，而精神生产是“最高层面”并从属于“整个思想上层建筑”，因而文化要素是决定社会关系重组进而决定历史发展的主要因素，但是基于当时社会经济发展和生产资料相对匮乏状况的限制，相较于物质生产而言，马克思恩格斯对精神生产的论述显得相对薄弱和不足，也正因此，在消费社会得以迅速发展的背景下，西方马克思主义、新马克思主义和后马克思主义的各个思想家都针对精神生产从各个方面展开论述。

（二）马克思主义对消费概念的基本界定及逻辑起点

1. 马克思主义对消费概念的界定

对于消费概念的界定是马克思研究消费思想的前提。马克思的消费概念既是对英国古典政治经济学的借鉴，同时又超越了他们站在资产阶级利益立场上对消费所做的判断。消费具有狭义和广义之分，狭义的消费是指生活资料的使用和消耗；而广义的消费是人们为了满足生产和生活的需要，而对物质资料进行使用和消耗的过程，包括个人消费和生产消费两部分。马克思对于消费的阐述主要是从广义上展开的，他指出：“工人的消费有两种。在生产本身中他通过自己的劳动消费生产资料，并把生产资料转化为价值高于预付资本价值的产品。这是他的生产消费。同时这也是购买他的劳动力的资本家对他的劳动力的消费。另一方面，工人把购买他的劳动力而支付给他的货币用于生活资料：这是他的个人消费。”②

马克思指出，生产消费是生产过程对生产资料和劳动力的损耗，并将其转化为产品的过程，从这个角度来说，生产过程也就是消费过程。个人消费或直接生活消费是指工人用货币购买生活资料而进行的消费。二者的区别在于个人消费是“把产品当做活的个人的生活资料

① 《马克思恩格斯选集》第1卷，人民出版社2012年版，第171页。

② 《马克思恩格斯选集》第2卷，人民出版社2012年版，第257—258页。

来消费”，而生产消费是“把产品当做劳动即活的个人发挥作用的劳动力的生活资料来消费。因此，个人消费的产物是消费者本身，生产消费的结果是与消费者不同的产品”①。

资本主义社会历史条件下，资本能够控制一切，一切生产都是为了实现资本增值和扩张的目的。在资本逻辑的驱使下，消费从属于资本生产，并以实现交换价值的生产和服务为目的，即成为为资本生产剩余价值并获得利润而进行的消费。

2. *需要是马克思主义文化消费思想的逻辑起点*

马克思认为需要是人的生存状态，人在人的需要支配下所进行的生产是人的本质力量的体现。马克思根据不同的划分依据，将需要分为不同的类别。根据需要产生的根源，他将需要分为物质需要、精神需要和社会需要三个类别：物质需要是指人们对衣、食、住、行等物质方面的需要；精神需要是指人们对思想、观念和意识等精神方面的需要；社会需要是指人们参与社会活动和社会生活的需要。根据需要的性质，将需要分为消费需要与占有需要：消费需要是满足人们自身生存和发展的基本需要；占有需要是资本主义制度赋予人们利己的需要。根据需要的分层，将需要分为生存需要、享受需要和发展需要，并且三者呈现递进的趋势，这是最有影响、后人使用最多的一种分类方式。生存需要是人最基本的需要，是人类赖以生存的物质基础，又被马克思称为“必要的需要”“必须的需要”；享受需要是人的生存需要得到满足后为了提高生活质量的需要；发展需要是人提升自己本质力量的需要。

马克思认为需要与人的本质具有内在的、本质的、必然的联系，需要具有重要的意义。第一，需要是人的发展的必要环节。马克思指出，在现实性上人的本质是一切社会关系的总和，只要社会关系发生变化，人的本质就会发生相应的变化，即人的本质并不是凝固不变的，而是一个不断发展变化的过程。而人的社会关系的变化，本质上

① 《马克思恩格斯选集》第 2 卷，人民出版社 2012 年版，第 173—174 页。

来说是由人的需要的变化引起并由实践所决定的，人的需要得到满足后会产生新的需要，新的需要推动新的实践的发展，促进社会关系的变化，从而实现人的本质的变化。第二，需要的满足即价值实现是人的根本目的。价值是客体满足主体需要的属性，人既是价值的主体，也是价值的客体，人的需要的满足是人的价值实现的根本力量。人的需要的满足是通过人的社会实践完成的，而人的实践具有一定的能动性和创造性，它能够在一定程度上改造客观世界和社会关系的力量就是人的体力、智力、创造力等人的本质力量，因此人的价值实现的过程也就是人的本质力量得到确证的过程，即自我实现或自我确证的过程。第三，个性通过需要被满足的方式体现出来。相同需要和相同社会条件下的人们，由于个体不同其欲望也会有所不同，欲望不同会支配人产生不同的行动，其需要满足的具体方式也不同。

（三）马克思主义经典作家对文化消费的引导性论述

1. 从生产与消费之间关系角度进行的论述

马克思的文化消费思想主要体现在他对生产与消费关系的研究中。马克思从生产关系的角度考察消费问题，认为消费不仅是一个经济现象，还是一种历史现象和社会文化现象，即消费具有经济意义和文化意义双重属性。

一方面，马克思认为生产对消费具有决定作用，具体表现在三个层面，第一，生产创造着消费的对象，生产是消费的基础和前提，为消费提供原材料和消耗品，没有生产就没有消费。第二，生产决定消费得以实现的方式。生产的方式、结构和水平决定人们消费的水平、结构和方式，生产决定着消费的性质，并促进消费过程的完成。同时，消费水平的提高取决于生产的发展和生产水平的提高，因而对消费文化的研究必须以当时社会生产发展的水平为基本前提和依据。第三，生产为消费创造动力。“生产通过它起初当做对象生产出来的产品在消费者身上引起需要”①，生产不仅创造了消费的对象，同时也

① 《马克思恩格斯选集》第2卷，人民出版社2012年版，第692页。

规定和规范了相关的消费活动，因此生产决定消费行为的产生。

另一方面，消费是生产的基本条件，生产出来的商品只有在消费过程中才能成为现实的产品，正是因为消费的存在，才使产品和再生产过程得以最终完成。同时，消费过程也是人的劳动力的再生产过程，人在进行消费的同时也在生产着自己。在物质资料生产的“物化”过程中，人们将一种物的价值转移到另一种物上，而同时人自身的生产也是一种“人化”的过程，物的价值转变为以人的劳动力的形式而存在。并且消费情况直接决定劳动者的素质，直接影响生产的规模和速度。适度的消费能够促进劳动者物质生活和精神生活水平的提高，使劳动者的体力、智力得到恢复和发展，从而促进社会生产力的发展，也就是说消费是生产得以延续发展的主要目的和重要动力。

2. 从生活方式角度进行的论述

马克思认为生活方式具有多样性和丰富性。第一，他将生活方式作为阶级划分的主要标准。马克思论述道：“数百万家庭的经济生活条件使他们的生活方式、利益和教育程度与其他阶级的生活方式、利益和教育程度各不相同并互相敌对，就这一点而言，他们是一个阶级。”① 第二，马克思认为生存是生活的前提和基础，“人们为了能够‘创造历史’，必须能够生活。但是为了生活，首先就需要吃喝住穿以及其他一些东西。因此第一个历史活动就是生产满足这些需要的资料，即生产物质生活本身”②，这是人类历史能够发展的基本前提和基本机制，社会发展的原初动力就是由人们的生存需要所推动的，社会发展的基本内容就是个人与社会围绕人的生活消费而进行的生产和消费。具体来说：一方面，衣食住行等基本生活消费是需要的满足，生产是满足这种需要的途径。而需要的满足及人口的增长会引起新的需要的产生，从而促进生产的发展；另一方面，消费是人与生俱来的内在规定性，人类的历史就是需要不断被满足的历史，需要的多元性

---

① 《马克思恩格斯选集》第1卷，人民出版社2012年版，第762页。

② 《马克思恩格斯选集》第1卷，人民出版社2012年版，第158页。

决定消费的多样性，消费影响需要。第三，生活方式是由生产方式所决定的：“它是这些个人的一定的活动方式，是他们表现自己生命的一定方式、他们的一定的生活方式。个人怎样表现自己的生命，他们自己就是怎样。因此，他们是什么样的，这同他们的生产是一致的——既和他们生产什么一致，又和他们怎样生产一致。因而，个人是什么样的，这取决于他们进行生产的物质条件。”①

3. 从商品拜物教角度进行的论述

马克思以资本为核心对资本生产进行剖析的过程中，对资本主义社会的拜物教现象也进行了深刻的分析与批判。马克思认为，劳动支配人，人的劳动产品越多自己拥有的越少，人的劳动越多，人受到的剥削也就越多，工人阶级就越与资产阶级相对立。异化劳动导致物对人的奴役，人受到生产资料和生活资料的双重控制，最终导致消费的异化；而消费的异化导致人受到物的围困，人为消费所奴役。

消费作为人们社会生产和社会生活的重要组成部分和必要环节，不仅是人类赖以生存的必要条件，还是实现人的全面解放和发展的基础条件。作为满足人们需要而被人们消费的商品，本应该是被人需要的物品，但是由于私有制的存在，却成为维持人生存需要并奴役人的工具。马克思在《资本论》中指出，商品拜物教并不是凭空出现的产物，而是社会经济发展到一定程度和阶段的结果，如果没有商品生产就不会有商品拜物教的出现，它是所有拜物教中的一个最特殊的表现形式，随着社会的发展，逐渐产生货币拜物教和资本拜物教两种衍生形式。并且马克思在对社会存在与社会意识的关系的论述中认为，商品拜物教属于社会意识的一种形式，它的出现建立在特定的社会存在基础之上，即商品社会中的经济关系条件，这个关系在人们的思想中得到反映，最终使商品拜物教思想得以形成，即商品拜物教是人类社会发展到特定历史阶段的产物。

马克思认为商品拜物教“是来源于生产商品的劳动所特有的社会

---

① 《马克思恩格斯选集》第 1 卷，人民出版社 2012 年版，第 147 页。

性质”①。商品具有使用价值和价值两种基本属性，并且具有自然形式和价值形式两种基本形式，那么商品拜物教就主要来源于商品的价值形式，价值形式是对价值内容的反应，而这种反映既有积极正面的反映，又有消极歪曲的反映。商品拜物教正是对价值内容的歪曲的反映形式，它将人与人之间的社会关系扭曲成人与商品之间物的关系，这就使商品具有一定的社会属性，并能在一定程度上支配与统治人；而人的属性变为物的属性，人与人之间的关系则变为物与物之间的关系，马克思将其称为“物的人格化”和“人格的物化”。也正因此，商品被蒙上一层神秘的面纱。物化关系“使人和人之间除了赤裸裸的利害关系，除了冷酷无情的‘现金交易’，就再也没有任何别的联系了。它把宗教虔诚、骑士热忱、小市民伤感这些情感的神圣发作，淹没在利己主义打算的冰水之中。它把人的尊严变成了交换价值”②。商品生产者的生产关系被商品形式全面物化，同时成为商品拜物教的直接来源。

商品拜物教使人为物所奴役，人与物之间的关系由于社会的异化而被颠倒和歪曲，社会分工的出现既可以使劳动生产率和社会生产力得到极大的提高，也会导致社会剩余产品的出现，产生社会不平等分配现象，随之导致人与人之间的利益矛盾。拜物教得以存在的基本条件是资本主义私有制的存在，只有在私有制的条件下，资本才能实现增值，并对人进行控制与奴役。随着生产力的发展，私有制水平不断提高，人们的生活水平得到不断改善，但是工人阶级被剥削和被压迫的地位与状况始终没有发生任何变化，无产阶级仍然处于资产阶级的统治和控制之下，仍然受到物的奴役。而“共产主义是对私有财产即人的自我异化的积极的扬弃”③，只有消灭私有制，才能消除异化，才能实现无产阶级的真正解放，实现每个人真正自由的发展，最终实现一切人的自由发展。

---

① 《马克思恩格斯选集》第2卷，人民出版社2012年版，第124页。

② 《马克思恩格斯选集》第1卷，人民出版社2012年版，第403页。

③ 《马克思恩格斯文集》第1卷，人民出版社2009年版，第185页。

二　新时代中国化马克思主义者关于文化消费问题的基本观点

中国特色社会主义进入了新时代，这是今后我国发展的新的历史方位。新时代条件下，我国人民对大众文化消费和精神文化生活的需求显著提高，大众文化的发展显得更为迫切和重要，也正因此，中国化马克思主义者对文化消费问题也做了许多相关阐述。

（一）关于“美好生活”的相关阐述

2017 年 10 月，党的十九大报告明确指出，中国特色社会主义进入新时代，我国社会主要矛盾已经由“人民日益增长的物质文化需要同落后的社会生产之间的矛盾”转化为“人民日益增长的美好生活需要和不平衡不充分的发展之间的矛盾”。也就是说在新时代条件下，我国人民的生活需要发生了变化：由“人民不断增长的物质文化需要”转化为“人民日益增长的美好生活需要”。这是数十年来中国特色社会主义建设取得伟大成果的必然结果，也是对我国今后社会经济文化发展形势的一个新的重大研判。消费是满足人民生活需要的主要手段，在这一社会主要矛盾转化的主导和驱动下，我国社会消费发展的方向、思路、理念以及路径都要相应地发生一定的变化并做出一定的调整，从而适应新时代人们的美好生活需要，完成新时代的使命。

党的十九大报告中一共 13 次提到“美好生活”，那么，到底什么是“美好生活”呢？新时代条件下的“美好生活”有着深刻的内涵和意义。首先，它标志着现代社会人们生活水平的提升。现代社会人们已经不再仅仅局限于满足基本的物质文化生活的需要，而是追求更高层次和更精细化的精神文化，其中最为重要的是人们的需求开始逐渐向“尊重”“认同”“审美”“品位”“风格”等更高层次的需求转移和发展。人们的消费已经由注重数量的物质文化转变为注重质量的美好生活需要，这使人们的生活需求呈现阶梯型上升发展的态势，人们对于多层次、多元化的生活需要尤其是精神文化生活的追求，成为新时代“美好生活”的基本内涵和时代意蕴。其次，它标志着现代社会人们生活理念和生活态度的转变。当前社会大众力图追求更加精致化、个性化、品质化、多元化和差异化的生活理念与生活态度，这就会使人们开始追求更加丰富的精神文化生活和消遣娱乐生活，用以充实精神世界。获得更多的满足感、归属感、获得感、安全感和幸福感，从而不断提升自身的文化素养和审美品位。

新时代条件下，人们的物质生活需要在一定意义上就是消费需要，并且消费需要已经变为主导需要，消费代替生产成为推动社会发展的主要力量，而精神文化需要变为主流需要，享受和发展成为人们美好生活的核心概念。但是“美好生活”并不等同于“幸福生活”，它是人们对生活的一种期盼，是未来希望达到和实现的某种状态，而并非是单个个体当下的生活体验和幸福感觉。也就是说幸福的未必是美好的，而美好的也未必是幸福的。美好生活是一种更加立体化、全方位的生活状态与发展模式，是超越物质需求而形成的对自我意识、民主意识、权利意识、价值诉求、思想表达的追求和体现，是能够适应人的全面发展的要求，并体现人们对民主、公平、法治、正义等多方面的需要。美好生活是有价值指向和价值判断的，它绝对不是对奢侈与享乐生活的追求，也不是对单纯审美生活的追求，而是在社会互动与合作的基础上所形成的人们文化理念和思想观念的一种共识，它所推崇的是一种文明、健康、绿色、科学的大众日常生活方式，是一种更高层次、更高质量、可期盼、可持续的生活。

（二）关于“文化自信”的相关阐述

改革开放以来，随着社会主义市场经济的逐步确立，我国社会经济迅猛发展并取得突出的成绩，人们的物质生活水平得到极大的提高，进入到期盼过上更加美好生活的阶段。同时，西方各种社会思潮和文化思潮借助大众媒介的力量传入我国，导致思想文化领域出现较为激烈的碰撞甚至冲突，进而导致我国人民的精神世界出现了一系列的问题，其中最为突出的就是价值观的缺失，具体表现为集体观念的消失、理想信仰的迷茫、是非真假不分、善恶美丑混淆……这些现象的出现导致了许多社会问题，集中体现在两个方面：一是个人与社会关系方面的问题，表现为将个人凌驾于国家、民族、集体、他人之上，极端个人主义、利己主义膨胀；二是物质与精神关系方面的问题，表现为物质、金钱、权力、享乐至上，信仰、理想、审美、精神等维度在人的观念体系中逐渐消失，而拜金主义、物质主义、消费主义思潮蔓延。文化之争在本质上是价值观之争，文化自信是对人民价值取向和价值判断标准的反映，那么我国社会精神问题的解决和文化疾病的消除，就需要凸显中国特色社会主义先进文化的精神导向和价值旨向，强调文化自信。

党的十九大报告也强调指出：文化自信是一个国家、一个民族发展中更基本、更深沉、更持久的力量；没有高度的文化自信，没有文化的繁荣兴盛，就没有中华民族的伟大复兴。可见，文化自信是新时代我国文化建设的总纲领。而当前为了满足人民日益增长的美好生活需要，必须注重加强文化建设，增加社会的精神文化财富，为人们提供丰富多元、更高质量、更高品位的大众文化产品，从而引导人们的精神世界和价值观念。只有人民有信仰，国家才有力量，民族才有希望。而民族的伟大复兴、人民美好生活的实现，都不仅需要强大的物质生活作为保障，还必须有先进文化进行积极引领，才能抵制腐朽落后文化及西方资本主义文化的侵袭，牢牢掌握意识形态的领导权、管理权和话语权。而社会主义核心价值观是中国特色社会主义先进文化和当代中国精神的集中体现，大众文化作品的创作、生产、传播必须以社会主义核心价值观为引领，实现社会主义核心价值观的时代化、大众化和日常生活化，使大众文化作品能够成为传播好中国声音、讲好中国故事的有效载体和中介，成为人民精神生活和文化生活的有效指引。

中国特色社会主义中的“中国特色”，最主要的内涵指的就是“价值观的中国特色”，也就是我们不能按照西方的价值观办事。西方的普世价值论、历史终结论等也在披着大众文化的外衣，借助各种文化产品影响着中国人的思想观念和社会心态，推行着文化霸权主义和文化帝国主义，冲击并消解着人们的文化认同和文化自信。这就要求我们必须充分地肯定和真正地认同自身的先进文化，而文化认同首先来源于文化自信，文化自信是文化认同的前提和基础，它是一种更持久、更广泛的认同，渗透在人们日常生活的方方面面，是中华民族最深层的文化心理结构，能够对社会行为起到道德引领和示范作用。社会主义核心价值观是社会主义先进文化的本质体现，规定了先进文化的性质、内容和发展方向，并且主要以文化事业、文化产业等形式来体现，这就要求我们必须高度重视文化产业的发展，并在其发展过程中不断体现并提升文化自信。文化自信主要涉及优秀传统文化、革命文化和社会主义先进文化三个维度，其中中华优秀传统文化根植于人们的内心，蕴含着大众日用而不觉的价值观，革命文化和社会主义先进文化则孕育着中华文化发展的蓬勃生机。因此，我国大众文化的发展必须坚持“二为”方向、“双百”方针和“双创”原则，对优秀传统文化进行传承、创新与发展，同时熔铸于革命文化和社会主义先进文化。

（三）关于我国文化产业发展的阐述

当前，我国社会发展已经进入前所未有的新的重要历史时期。近年来，我国经济发展表现出内需疲软、资本市场冷淡、产能生产过剩以及与之形成鲜明对比的各类新型消费业态的兴起和文化消费市场的活跃的特点。国家统计局相关统计数据显示，我国文化产业发展平均指数从2010年的69.12上升到2017年的74.10，呈正向上升趋势，年平均增长速度保持在1.29%；2016年全国文化及相关产业增加值达30254亿元，首次突破3万亿元，其比重占全国GDP总量的4.07%。可见，文化产业已经成为我国GDP增长和国民经济增长的主要动力和支柱产业，并且已经成为国家治理现代化的主要标志和重要手段。新时代人民日益增长的美好生活需要，也包括对文化的需求、精神的享受、情感的熏陶及审美的提升。党的十九大报告也强调：“文化是一个国家、一个民族的灵魂。文化兴国运兴，文化强民族强”，“满足人民过上美好生活的新期待，必须提供丰富的精神食粮”。这就要求我们继续推动文化事业和文化产业的深化发展，使其不仅追求经济利益，更要追求社会效益；既能满足大众的消费需求，又能引领大众的精神导向。这是新时代我国文化发展的战略格局，也是我国文化强国建设战略的指导原则与根本方针。

联合国教科文组织认为，文化产业就是按照工业标准生产、再生产、储存以及分配文化产品和服务的一系列活动。我国文化产业的发展集中表现为当代大众文化的发展，二者在概念和内涵上是相互交叉、相互重合的，从生产意义上讲，文化产业几乎是大众文化的同义词。而中国的大众文化主要由文化事业和文化产业两个主要部分组成，对文化产业的理解要从它本身具有的特殊性以及它与文化事业的区别性两个方面来进行。一方面，文化产业由多个要素构成，其中既有文化企业又有文化资源，具有文化性和产业化的双重特点——文化性是文化产业的本质与目的，而产业化是文化产业的手段与工具。另一方面，文化事业是为保证人民群众的基本文化权益、满足他们的基本文化需求而发展，而发展文化产业的目的是为满足人们日益增长的、多样化和多层次的精神文化需求。文化产业与文化事业相较而言，能够使文化与经济融合发展，采用市场化和产业化的方式实现文化的意识形态功能和经济功能，体现经济的文化化与文化的经济化。因此，文化产业成为当前我们满足人民美好生活愿景的重要手段，同时也是推进社会主义主流意识形态教育的重要途径。

美国政治学家约瑟夫·奈曾将文化产业比喻为一种无须投入过多，相当有价值的软力量资源，并将文化看作一种国家软实力的代表。新时代条件下我国也应将文化发展作为今后社会发展的重要战略，具体来说：要坚持发展中国特色社会主义文化，坚持文化自信，加强对中华民族优秀传统文化的创新性发展和创造性转化，以我为主、兼收并蓄，不断提高国家文化软实力；深化文化体制改革，完善文化管理体制和公共文化服务体系，健全现代文化产业体系和市场体系，培育新型文化业态；同时必须坚持以人民为中心进行大众文化作品创作和生产，扎根于人们的日常生活、体现时代精神，倡导“三讲”、抵制“三俗”；以社会主义核心价值观引领文化产业发展，使社会主义核心价值观融入社会发展的各个方面，转化为人们的情感认同与行为习惯。以上各项措施都致力于实现满足人民“美好生活”需要的奋斗目标，这是新时代中国特色社会主义文化发展的主要内涵，也是新时代我国社会主义主流意识形态建设的核心内容。

第三节 以西方大众文化研究为理论借鉴

20 世纪 60 年代，西方思想家开始对大众文化进行深入研究，并取得丰硕的成果。他们站在不同的立场和视角得出不同的结论，本书主要借鉴法兰克福学派的大众文化批判理论、鲍德里亚的符号消费理论和约翰·费斯克的大众文化抵抗霸权理论，探寻大众文化消费行为的社会意义。法兰克福学派通过对文化工业的批判，深刻揭露了西方统治阶级通过消费对大众进行意识形态欺骗和统治，并导致消费及人的本质的异化现象；鲍德里亚则认为消费成为大众日常生活的核心，并且消费主要是通过各种符号体系对大众进行全面控制；而约翰·费斯克则认为受众在对大众文化进行消费时，并不是被动地全盘接受，而是根据自身的情况将大众文化作为资源进行再次生产与创造，即大众具有一定的能动性和主动性。

一 大众文化批判理论

法兰克福学派是西方大众文化研究的始祖，他们在马克思的商品拜物教理论和卢卡奇的物化理论的基础上，提出大众文化批判理论。他们指出消费社会的大众文化是被异化的一种文化，并且已经完全沦为消费品，成为大批量生产的、毫无独创性和批判性的、同一化和复制化的文化工业。大众文化不再是真正意义上的文化，而是具有鲜明的商品拜物教性质，这不仅导致大众文化精神性和人文性的丧失，而且严重抑制了大众的想象力和创造力，也导致人的主体性和批判性的丧失，这使大众文化由一种对现实世界的否定性力量，变为对现实世界的同质性力量，文化产品的审美价值不再发挥作用，而其交换价值居于核心地位。

法兰克福学派对大众文化的批判是站在作为资本主义社会体制一部分的“文化工业”的角度，在对“现代性”进行反思的基础上，并与科学技术批判和意识形态批判紧密结合在一起，主要从意识形态和异化两个角度展开，立足于对资本主义社会制度的批判、对人性的解放以及人的本质的实现，揭露了资本主义社会秩序的不合理性以及消费社会中人性的扭曲，揭示了消费社会中物的极大丰富并不能给人带来真正的自由、民主与幸福。

（一）文化工业批判理论

“文化工业”一词最早是由阿多诺和霍克海默在《启蒙辩证法》一书中提出。在该书的草稿中，最初使用的是“大众文化”（mass culture）的概念，意指由人民大众创造的文化。但是随着科学技术的发展，技术所发挥的作用越来越大，甚至可以支配一切，文化在社会中的教化和启蒙作用越来越弱，逐渐变为资产阶级操控下的支配和欺骗大众的工具，成为统治阶级对大众进行意识形态控制的手段，因此他们用“文化工业”替代了“大众文化”一词。

整体来说，法兰克福学派对文化工业的批判主要集中在两个方面。一方面，大众文化开始被纳入工业化和标准化的生产体系，并遵循市场竞争原则和利润最大化原则进行生产，完全成为被批量复制生产的、同一化和标准化的大众消费品。文化产品一味地追求经济效益，这导致其本身所应具有的艺术性和独创性被完全抹杀，艺术的审美价值让位于交换价值，交换价值高于一切，文化产品变为趋同化、单一化的消费品。但令人惊奇的是，文化产品沦落为商品后并没有因此而感到懊恼，相反却引以为豪，“文化工业引以为自豪的是，它凭借自己的力量，把先前笨拙的艺术转换成为消费领域以内的东西，并使其成为一项原则，文化工业抛弃了艺术原来那种粗鲁而又天真的特征，把艺术提升为一种商品类型”①，这表明文化产品已经被高度异

① ［德］马克斯·霍克海默、西奥多·阿道尔诺：《启蒙辩证法——哲学断片》，渠敬东、曹卫东译，上海人民出版社2003年版，第151页。

化了。在文化工业中，起关键性和决定性作用的要素是资本与利润，它不仅导致大众文化的商品化和消费化，同时还导致大众审美能力的衰退及判断能力的丧失，使大众深深沉迷于文化工业所创造的各种虚拟幻象，以获得“满足”和“希望”，这是大众文化虚假性和欺骗性的鲜明体现。

另一方面，法兰克福学派认为文化工业已经成为资本主义社会统治阶级进行意识形态传播的载体和工具。在发达的资本主义国家，意识形态并没有消失，反而以更加隐蔽的方式发挥着更为强大的控制功能，并主要通过大众媒介、科学技术和文化工业等形式实现并维护统治阶级的利益。高度同质化的大众产品使大众逐渐丧失个性及抵抗欲望，这使大众文化产品的人文精神逐渐丧失，而变为国家意识形态说教和灌输的工具。文化工业维护资产阶级意识形态的功能主要是通过其虚假承诺和编造幻象的方式实现。具体来说，首先，文化工业制造了许多成功的神话，试图让人们相信只要通过消费大众文化产品就能得到成功，并最终实现所谓的“幸福”“民主”“平等”的美好生活，而实质上大众对蕴含意识形态的文化产品的选择，并不是主动和自由的，而是在大众文化精神控制下的被动选择。其次，“文化工业对消费者的影响是通过娱乐建立起来的”[①]。文化工业利用娱乐的方式来麻痹大众，从而为大众提供逃避现实世界的场所。文化工业成为人们获得快乐和消遣的工具，消费则成为这种快乐工业的意识形态。大众文化借助科学技术编造出一幅现实生活与虚拟理想之间界限模糊不清的幻象来迷惑大众，导致大众思考力、判断力和批判力的丧失，从而接受并认同现行社会秩序，这是大众文化操纵性和强制性的体现，并且这种操控已经不再仅仅局限于商品经济领域，更扩展到社会文化生活和个体心理活动的范围。正如阿多诺所言：“文化工业的威力是如

① ［德］马克斯·霍克海默、西奥多·阿道尔诺：《启蒙辩证法——哲学断片》，渠敬东、曹卫东译，上海人民出版社 2003 年版，第 152 页。

此之大，以致循规蹈矩已经取代了自觉的思考。”①

（二）弗洛姆异化消费理论

弗洛姆强调，异化不仅存在于社会生产领域，还存在于人们的日常消费领域，但是消费领域的异化并不像生产领域的异化那样是显而易见地，而是潜移默化地、隐蔽地发挥作用。人们不再以自身的方式来彰显存在，而是通过商品的内涵、品牌、价格和包装来展示自己，从而满足心理需求和情感需要。商品的使用价值退居幕后，展现价值位于台前，这就是商品的异化，也就是商品对人的异化。人们的生存离不开消费，但是人们进行消费的目的却不是因为生理和生存的需要，不是为了获取商品的使用价值，而是借助货币通过对商品的占有和消耗来体现自己的金钱财富及身份地位，获得快乐与享受。科学技术的进步以及劳动水平的提高，增加了人们的闲暇时间，但是人们不是自由自在地支配和使用自己的闲暇时间，而是为资本所控制并决定他的兴趣爱好与消遣方式，这导致人们的闲暇和消费已经失去了原有的意义，闲暇被商家纳入到巨大的消费网络中，以至于人们将闲暇等同于消费，并且天真地以为只要进行消费就等于获得了休闲，闲暇也因此被异化。然而并不只有商品能够在市场上进行买卖和交易，人自身也同样被作为商品在市场上进行交易，这使人与商品之间的差别消失，即人与自身的关系被物化，而这正是人类的悲剧，导致本来是生产目的的消费，现在却变为了目的本身，这是人类最严重的异化。

弗洛姆从心理学的角度对消费异化现象进行了深入的挖掘，他认为消费所满足的只是一种幻象，而不是真实的满足，人们的心理匮乏感还依然存在。人们为了自己心理上的满足，不断地陷入消费当中，抹杀自己的个性和主体性，并失去自我。异化不仅仅是一种非正常的社会状态和人的生存状态，还是人的一种非正常心理状态，并且随着社会财富的不断增加，异化的状态也越加严重。消费社会中人的性格

---

① Theodor W Adorno, *The Culture Industry: Selected Essays on Mass Culture*, London: Rutledge, 2001, p. 104.

也发生了改变，形成异化的消费人格，并且发生心理的扭曲：人的基本需求可以得到满足，但是人的欲望却无穷，一种需求被满足后，又会产生新的更深层次的欲望，这会导致人们始终处于一种匮乏的状态，并且导致人们精神上的贫穷。因此，人们很难获得真正的幸福感，包围他的永远是竞争、匮乏、焦虑与挫折。“在这个社会中，人已经使自己成为一种消费人，人是贪婪的、被动的，且企图通过不间断的、日益增多的消费来填补他内心的空虚”①，消费并没有使人的个性得到充分的发挥，而是将其个性完全抹杀、人失去并毁灭了自我。正如弗洛姆所言：“十九世纪的问题是上帝死了，二十世纪的问题是人死了。”②

弗洛姆认为消费是对自由的一种极大限制和制约。社会的发展和生产力的巨大提高，使人不再仅仅受到自然力量的支配，还要受到自己行为的制约。他指出，“消费本质上是人为刺激起来的唤醒的满足，是一种与我们真实自我异化的虚幻活动”③，也就是人们对商品的需要并不是出于维持生命和促进发展的真实需要，而是被欲望刺激起来的虚假需要，虚假需要使人们能够自由地处理人与人之间的关系，并且不断去追求物质财富和经济利益。但是这种自由只是人被商品世界所包围下的自由，也就是说人的消费只是从表面上看是自由的、主动的消费，但实质上是在商品和机器奴役下身不由己的、被动的消费。弗洛姆将消费分为善的消费和恶的消费两种基本类型：善的消费就是人的基本生理需求的消费；恶的消费是由人的欲望所造成的，属于非理性的享乐消费，主要表现为欲望的不断扩张，这是由资本主义的高消费和高生产状况所造成的。在这种情况下人沦为消费的机器和工具，人们不是为了生存进行消费，而是为了消费维持生存；不是商品

---

① ［德］埃里希·弗罗姆：《逃避自由》，陈学明译，工人出版社 1987 年版，第 222 页。

② ［德］埃利希·弗洛姆：《健全的社会》，欧阳谦译，中国文联出版公司 1988 年版，第 370 页。

③ ［美］埃利希·弗洛姆：《健全的社会》，欧阳谦译，中国文联出版公司 1988 年版，第 132 页。

为了人而存在，而是人为了进行商品消费而存在；消费不是人们进行生产和发展的手段，而成为人们的目的。消费异化问题实质是人的异化问题，这是资本主义社会发展的必然结果。

二　大众文化符号消费理论

鲍德里亚符号性消费概念的提出是其消费社会理论的核心，在大众文化发展历史中承担着重要的承上启下的作用与功能。当代资本主义理论已经由生产性主导社会转变为消费性主导社会，消费已经代替生产成为推动资本主义社会发展的主导动因。传统社会中的物只具有物质的属性，仅仅是一种物品，其价值主要体现在它的品质和功能上，而现代社会中的物品想要成为商品，必须首先成为一种符号，其价值主要体现在它的文化和社会意义上。这种符号消费系统比以往任何社会中的消费系统对人的思维方式和行为模式的控制操纵都更为隐蔽有效，以至于现代社会的整个消费领域都被异化。鲍德里亚认为，后现代社会的消费具有不同于现代社会消费的特殊性：即从需求到欲求的转变、从物的消费到符号消费、从功能消费到意义消费，他用符号消费理论来阐述消费社会中的这种现象。

（一）“物”的符号化

鲍德里亚指出，现代社会的消费品呈现出极大丰盛的样态，这使人们不仅可以消费物质商品，还可以消费诸如知识、情感、文化等被抽象化和符号化的精神商品，并且这些物品很少是单独出现的，而是以全套或整套组合体系的形式所出现，“消费者与物的关系因而出现了变化：他不会再从特别用途上去看这个物，而是从它的全部意义上去看全套的物”[①]，也就是说消费社会中的一切物品都可以是消费品，甚至人们的身体、思想观念和心理状态都可以作为商品进行交易，只有能够被消费，物品才有存在的价值与意义。

---

①［法］让·鲍德里亚：《消费社会》，刘成富、全志钢译，南京大学出版社2000年版，第3页。

消费是一种社会行为和文化行为，它能够表达人类的一定意义，是一种主动的关系建构模式，因而人们通过消费来建构人与人、人与社会以及人与物质世界之间的关系。消费具有一定的社会文化性质，消费的类型、方式等都是在特定的社会文化中所形成的，因此，消费品从产生开始就总是带有一定的文化意义和社会意义，只不过在现代社会中，商品的这种社会意义和象征意义更加突出。鲍德里亚指出，现代社会中的物品“要成为消费的对象，那么，物品必须成为符号，也就是外在于一个它只作意义指涉的关系”① 当中，也就是物品不再是单纯功能意义上的物，而是被纳入到物体系并具有特定文化意义的符号物。这使物品具有功能层面和符号层面的双重属性，并且其功能性与符号性是相互分离的状态。有意义的消费就是一种系统化的符号操纵行为，它以符号和差异为基础，是一种集体性和主动性的行为，是一种道德约束和行为制度。人们消费的不是商品的物质性，而是它的差异性。“消费的目的不是为了实际需求的满足，而是不断追求被制造出来、被刺激起来的欲望的满足。换句话说，人们所消费的，不是商品和服务的使用价值，而是它们的符号象征意义。”② 这使物品的符号价值受到空前的重视，而其功能意义退居其后，但是褪去了功能性质的物品，只能作为一种符号而存在，仅仅通过符号生产来发挥其在文化意义方面的作用，因此，可以通过操纵符号来支配消费，人们可以通过符号的消费来彰显自己的个性与价值，展现自己的地位与财富。

（二）消费社会的运行逻辑

在消费社会中，消费的社会地位得以提升，并逐渐取代生产成为社会的主导力量，使得消费方式、消费规模和消费水平都发生了较大变化，并且商品、大众传媒与资本形成合力，共同操纵与支配这个社会的消费逻辑。鲍德里亚认为，消费社会中社会财富的标志不在于人们消费了多少东西，而是在于人们浪费了多少东西，以浪费的东西来

---

① ［法］尚·布希亚：《物体系》，林志明译，上海人民出版社 2001 年版，第 223 页。

② 陈昕：《救赎与消费：当代中国日常生活中的消费主义》，江苏人民出版社 2003 年版，第 7 页。

维持人与人之间的差异和悬殊，这构成消费社会的新的社会区分机制。也就是说物品成为符号本身是没有任何价值和意义的，只有将它置于其他“符号—物”之间的比较中才能被赋予差异、凸显价值。符号消费“绝不仅仅是为了简单的吃饱穿暖而已，它其实是消费者的一种‘自我实现’，或是为了体现‘自我价值’的消费，也包括‘炫耀’因素在内。如此，消费不仅仅是物或商品的消耗或使用，而且是为了‘标新立异’‘与众不同’”①。只有在不同“符号—物”的等级关系中确立的“差异”，才使消费社会中的物品不仅具有使用价值和交换价值，还具有符号价值，即符号被消费时，根据其所代表的金钱财富、身份地位甚至社会权力等要素而产生的价值。而消费社会的核心要素就是符号消费，这标志着消费社会不仅是一个物和商品的世界，还是一个符号充斥的世界。

过去人们以拥有世代相传的物品而骄傲，但是现代社会中商家故意缩短商品的使用年限，不断更新商品的型号和功能，而且为了人们生活的便捷，还生产出许多一次性用品和产品，原本属于少数人的奢侈品，现在却在炫耀和攀比心态的驱使下变成生活的必需品。而消费社会中的人们则由过去为物所包围变为现在为符号所围困，我们日常生活的方方面面都受到符号的操纵与支配。人们消费的不是某一实物，而是在资本逻辑控制下由消费符号所体现的社会地位与社会身份之间的差异，社会身份地位的编码过程就是消费者被操控的过程。消费作为一种文化系统成为一种新的社会整合机制，它帮助资本主义社会实现统治策略的改变，完成对大众意识形态的控制。即消费符号已经被蕴含和赋予一定统治阶级的意识形态，人们通过消费所认同的也并非是共同的价值观和审美情趣，而只是共同的社会符号编码而已。由此符号消费和符号价值构成消费社会的本质，消费成为社会运行结构的核心要素。

---

① 孔明安：《从物的消费到符号消费——鲍德里亚的消费文化理论研究》，《哲学研究》2002年第11期。

鲍德里亚非常认同麦克卢汉“媒介即信息”——媒介作为一个新的衡量标准和尺度改变了人们的思维方式及认知方式的观点。消费社会中的大众媒介和商业广告迅猛发展，建构了一个看似理想的生活图景，消费者通过大众媒介所消费的也正是这种经过媒介重新编码的虚拟符号世界。随着电视等大众媒体在普通家庭中的迅速普及，广告铺天盖地地蔓延到人们日常生活的方方面面，大众媒体和商业广告传达给人们的是一种形象符号，刺激着人们的购买欲望，并使人们通过消费广告中的商品而获得自我尊重和人文关怀，标识自身的社会地位和品位个性，从而获得认同感与归属感。人们消费的不是商品的物质性，而是人与人之间的社会关系，它提供给人们进行身份区隔与社会认同的主要依据，消费品成为人们表达社会意义和自我利益的新方式。并且大众的“身体”本身也被编码进符号消费系统当中，生理上的身体被赋予一定的社会文化意义，这使身体成为“最美丽的消费品”。大众媒介直接参与了商品符号价值的生产过程，但是其符号价值的实现却是在消费过程中完成的，此时消费者既消费了媒介所生产的符号价值，又消费了其所标明的社会关系。人们的身份地位和社会关系的确立与他“消费什么”和“怎样消费”相一致，这是消费社会的编码机制和运作体系。

这一切使消费成为社会的中心和新的社会生产力，并在一定程度上促进了商品的生产和社会的发展。但是广告给人们展现的并不是真实的世界，而是虚幻的世界，人们误以为通过消费广告宣传的商品就可以实现所谓的“自由”“平等”“幸福”和“民主”。但是这只是对物的使用价值以及需求与愿望被满足面前的“平等”，它并没有真正改变人们的社会地位、身份阶层以及社会的运行状态，因此所谓“消费平等”和“消费民主”只不过是一种虚幻的谎言和福利的神话，实际上根本无法实现，甚至还会加剧不平等现象的发生。与此相对，消费的“平等”幻象只不过印证了现有社会制度以及增长的合法性，消费社会使人们自然而然地对商品的充裕丰盛现象产生认同，认为这是一种自然现象，并且也潜移默化地认同了消费社会中所谓的

“平等”和“民主”。即符号消费成为一种集体无意识而全面渗透在大众的生活方式中，上升为消费社会的意识形态，并且控制和左右着人们的思想与行为。这导致人们不是为了自己进行消费，而是为了区分他人进行消费；不是为了自己的需求而消费，而是为了追求商品的符号意义而消费，最终导致“商品拜物教”向“符号拜物教”的转换。这样消费就转化为消费文化，它的出现标志着消费时代的全面到来。

三　大众文化抵抗霸权理论

伯明翰学派是20世纪60年代在英国创始的，他们提出大众文化抵抗霸权理论，开创了大众文化研究的新的转向。约翰·费斯克是伯明翰学派的主要代表人物，他在当代英美大众文化研究中占有举足轻重的地位和重要的影响力。他立足于德赛图的抵制理论、罗兰·巴特的符号学研究以及葛兰西的“文化领导权”理论，站在法兰克福学派的对立面，指出大众并非是消极被动的，而是具有能动性和主动性的主体。他从大众文化消费的角度指出大众文化并不意味着统治阶级意识形态的生效，而主要在于大众如何解读大众文化文本。他对大众文化抵抗霸权的论述，为大众文化研究开辟了一条新的路径。

（一）积极的受众理论

费斯克反对将大众看作同质化、原子化和单向度的群体，认为大众是具有自觉性、主动性和创造性的主体，并且有着强烈的抵抗能力，对于蕴含统治阶级意识形态的文化工业，大众既可能顺从接受，也可能批判抵抗。在菲斯克看来，“‘大众’并不是一个固定的社会学范畴；它无法成为经验研究的对象，因为它并不以客观实体的形式存在”①。具体来说，他认为作为大众文化消费者的大众具有主动性，“大众文化是大众在文化工业的产品与日常生活的交界面上创造出来

---

① ［美］约翰·费斯克：《理解大众文化》，王晓珏、宋伟杰译，中央编译出版社2006年版，第23页。

的。大众文化是大众创造的，而不是强加在大众身上的；它产生于内部和底层，而不是来自上方”①。也就是说大众文化并不是外在强加给大众的，而是大众在自我意识逐渐觉醒中创造出来的，因而大众有能力抵抗来自统治阶级文化工业的意识形态灌输，并从中获得快乐。

大众文化是由大众所创造的，这种观点建立在费斯克提出的“金融经济”和“文化经济”理论的基础之上。费斯克以电视节目为例说明文化产品的生产和消费过程与两种经济的生产和销售过程之间的关系：制片公司将节目作为商品卖给广播公司或电视台并从中获得利润，而电视台在免费播放这些节目时，以广告的形式将受众作为商品又卖给广告公司，这就是金融经济的全部运作过程。但这一过程中并不能体现受众的主动性和能动性，关键在于大众在观看节目时如何以现有的文化工业商品为资源而再生产出意义和快感，即大众如何对电视节目进行符号解码、意义阐释以及符号的再利用，这就是文化经济的运作过程。费斯克指出，“在文化经济中，交换和流通的不是财富，而是意义、快乐和社会身份”②。因此，大众进行大众文化产品消费的过程，就是消费者生产“自己的”快乐和意义的过程，并且在这个过程中对主导文化进行抵抗和规避，从而使消费者变为积极的主体。

（二）生产者式文本解读

费斯克认为，并不是所有的大众文化文本一生产出来都会受到消费者的青睐，要想得到消费者的欢迎和认可，文本必须能够让消费者在消费过程中获得意义建构的快感，费斯克将这种文本称为“生产者式文本”。他对文本的这一概念主要受罗兰·巴特的启发，巴特认为，文本具有“读者式文本”和“作者式文本”两种不同的形式：“读者式文本”是一种相对封闭的文本形式，它引导读者按照作者预想的方

① ［美］约翰·费斯克：《理解大众文化》，王晓珏、宋伟杰译，中央编译出版社2006年版，第47页。

② ［美］约翰·菲斯克：《电视文化》，祁阿红、张鲲译，商务印书馆2005年版，第449页。

式进行阅读，而读者处于相对被动的、被规训和被接受的状态中；而“作者式文本”则具有一定的开放性，它为读者留下了参与的空间，读者可以根据自己的意愿对文本进行建构和解读。

费斯克综合了罗兰·巴特关于两种文本的特点，指出大众文化文本是一种“大众性的作者式文本”，这种文本“为大众生产提供可能，且暴露了不论是多不情愿，它原本偏向的意义所具有的种种脆弱性、限制性和弱点；它自身就已经包含了与它的偏好相悖的声音，尽管它试图压抑它们”①。大众文化就是这样一种“生产者式文本”，它既有“读者式文本”通俗易懂的优点，又有“作者式文本”开放性的优势。它本身具有松散且自身无法控制的特点，这就为大众对文本的加工和选择提供了可能性，因而大众可以根据自己的感受对文本霸权进行对抗性的解读与理解。

（三）大众文化的微观政治

费斯克大众文化的微观政治学观点贯穿《理解大众文化》的始终。他认为，大众文化是受众对资本主义文化工业资源“权且利用”，从而在资本主义体制内制造出来的具有意义流通和快感生成的实践过程。在这个过程中，大众不是被动的、被规训的、受控制的接受者，而是具有一定对抗性和创造性的主体。然而大众的这种“对抗”和“抵制”并不是宏观的、激进式的社会革命模式，而是一种微观的、渐进式的、温和的大众模式，费斯克将大众在消费过程中的这种抵抗称为“微观政治”。大众文化“在合适的社会条件下，它能赋予大众以力量，使他们有能力去行动，特别是在微观政治的层面，而且大众可以通过这种行动，来扩展他们的社会文化空间，以他们自己的喜好，来影响权力的（在微观层面上的）再分配”②，即大众文化是大众对社会权力进行微观抵制的“场域”，它能够缓解现有矛盾

① ［美］约翰·费斯克：《理解大众文化》，王晓珏、宋伟杰译，中央编译出版社2006年版，第112页。

② ［美］约翰·费斯克：《理解大众文化》，王晓珏、宋伟杰译，中央编译出版社2006年版，第196页。

双方的极端对立状态，大众在创造快感和意义的过程中捍卫着自己的权力，同时在权力抵抗中实现着自我身份的认同。并且微观政治能够在一定程度上影响宏观政治，进而影响整个人类社会，因此，必须重视微观政治的社会变革潜能。

本章小结

本书的大众文化是指在我国现代化进程中产生的，以大众为主要消费对象，以获取商业利润为主要目的，有意迎合大众口味并按照市场规律批量生产，并主要由现代大众媒介进行传播的，能够满足大众日常生活娱乐需要的文化形态与文化商品。大众文化虽然是一个西方舶来品，但是我国大众文化的产生与发展却具有特殊的社会背景和历史条件，它的产生和发展与我国社会消费特征的凸显、大众媒介的繁荣、市场经济的发展及大众闲暇时间的增多等要素紧密相关，是其共同作用的产物和结果。

大众文化的发展理念与青年大学生群体有着高度的契合性和亲和性，并在文化性格维度上对青年进行了一定的塑造，因而对当代大学生的生活理念、消费模式、认知模式和行为方式均产生了一定程度的影响，其中既有正面的积极价值，同时又存在一定的风险困境。因此，对大众文化消费行为的研究，必须结合我国大众文化产生的社会条件和新时代社会主要矛盾转化的现实背景，以马克思主义文化消费理论为指导，积极借鉴西方大众文化研究的理论成果，这是本研究的基础与前提。

第二章　当代大学生大众文化消费行为的基本状况

本书对当代大学生大众文化消费行为的研究，主要通过问卷调查的形式进行，运用 SPSS、EXCEL 等数据分析软件，采用相关分析和趋势分析等方法，对收集的数据进行分析，目的在于探究大学生大众文化消费行为的总体情况、基本特点及发展趋势。

第一节　当代大学生大众文化消费行为的现状

通过对全国不同地区、不同层次的 20 所高校进行实地调研、发放调查问卷，从而获得一手数据，根据调研数据分析总结出当代大学生大众文化消费行为的总体情况。调查问卷主要包括“消费偏好”“消费方式”“消费目的”和“消费认同”四个维度，意在探究不同年级、性别、专业、经济条件大学生之间的消费差异；并列举近年来为当代大学生所广泛接受和喜爱的 10 种大众文化形式，意在分析大众文化消费对不同年级、性别、专业大学生在思想观念和行为方式等方面所产生的影响。

一　大学生大众文化消费行为的问卷调查

随着我国经济发展进入新常态，在实行扩大需求，尤其是扩大国内需求政策的推动下，消费在经济社会发展中的重要性得到了明显的提升。据国家统计局数据统计：2016 年前三个季度最终消费支出占国内生产总值增长的71%，比上一年同期水平提高13.3个百分点。加之供给侧改革政策的大力推行，投资增速变缓；同时外贸增加幅度变小，在今后较长时间内，我国经济增长的主要动力还是以推动内需为主。在这一背景下，我国大学生的消费行为和消费观念也不可避免地受到社会整体消费环境的影响，而相应发生较大的变化。同时大众媒体的发展和各类新型经济发展模式的兴起，也使大学生的生活方式、消费观念、消费习惯、消费行为等发生了较大的改变。

2016年5月，清华大学媒介调查实验室、蚂蚁金服商学院和清研智库三方合作完成的调查数据显示：56.7%的大学生消费支出为1000—3000元/月，28.2%的大学生消费支出为3000—5000元/月，而2015年城镇居民人均年消费支出为21392元。[①] 2016年1月13日，上海交通大学舆情研究实验室社会调查中心等机构联合发布的数据显示：大学生的日常消费全部支出中，饮食消费占据的比例最高，约为54.1%，其次是服饰和日用品的支出，占第4位的是社交娱乐项目的支出。[②] 这表明大学生的消费水平与全国城镇居民消费水平持均衡一致状态。

随着信息时代和大数据时代的到来，大学生消费的普遍特征也会发生相应的转向并表现出一些新的特征，如消费的快捷性、隐蔽性和刺激性等。随着互联网经济等各种新兴经济模式的不断深入发展，大学生消费已经不仅仅局限于对实在物体的消费，还有很大一部分是针对“信息”进行消费的。中国互联网络信息中心（CNNIC）于2021年2月发布的相关数据显示：截止到2020年12月，中国网民数量达9.89亿，互联网普及率为70.4%，其中手机网民数量为9.86亿，占网民比例的99.7%；从年龄分布看，以20—49岁的网民为主，占整体网民的57.1%，其中30—39岁的网民比例最高，占20.5%，20—

① 清华大学：《中国青年财商认知与行为调查报告》，http://www.199it.com/archives/469492.html，2016年5月25日。

② 上海交通大学：《2015年中国大学生消费行为与品牌认知报告》，http://www.cssn.cn/dybg/gqdy_gqcj/201601/t20160114_2827753.shtml，2016年1月13日。

29 岁、40—49 岁网民的比例分别是 17.8%、18.8%；从职业结构看，网民中学生群体规模最大，占比为 21.0%，其次为个体户/自由职业者，比例为 16.9%，农村外出务工人员占 12.7%；网络娱乐类应用用户规模均保持持续高速增长，其中网络音乐、网络文学、网络游戏、网络视频、网络直播用户规模分别达到 6.58 亿、4.60 亿、5.18 亿、9.27 亿、6.17 亿，这标志着我国网络文化娱乐产业已然进入全面繁荣时期。①

大学生是最愿意接受新鲜事物的社会消费群体，其消费潜力巨大。而且大学生的消费观念与消费偏好会对整个社会的消费起到一定的示范作用并产生巨大的影响。正如美国著名人类学家玛格丽特·米德的“三喻文化”理论所强调的那样：后现代社会中，“后喻文化”将发挥着更为积极和重要的作用。青年是“后喻文化”的主导力量，而大学生是当代青年中最具有代表性的一个群体。知识信息社会中，我们必须对大学生的消费观念和消费行为进行积极引导，才能保障整个社会有一个良好的消费环境和氛围。并且大学生消费具有鲜明的代表性，大学生群体由于年龄、学历等相似而具有较强的同质性，所以本研究选取大学生为研究样本，也是对当前社会消费现状和未来消费趋势的一种有效预测。

本研究采取个案访谈和调查问卷相结合的方式，由于地域的限制和工作的方便，将全国范围（除港澳台外）内的高校，按照地理区域的划分（即华东、华南、华中、华北、西北、西南和东北）选取 20 所高校进行调查，最终选取南开大学、华中师范大学、中南财经政法大学、喀什大学、海南师范大学、海南医学院、开封大学、天津财经大学珠江学院、苏州经贸职业技术学院等近 20 所院校的在校本科生为抽样单位，按照各个高校在校生的比例确定样本数量。其中重点院校样本数量占 40%，一般院校占 60%；理工类专业占 50%，经

① 中国互联网络研究中心：《第 47 次中国互联网络发展状况统计报告》，http://www.cnnic.cn/hlwfzyj/hlwxzbg/sqbg/201712/t20171227_70118.htm，2021 年 2 月 3 日。

管类专业占20%，人文社科类专业占20%，其他专业占10%；男性占50%，女性占50%。在具体抽样过程中，兼顾文理专业、院校层次、男女比例、年级高低、生源地、家庭条件、政治面貌等各个要素之间的相互平衡协调，以求尽力保证所采样本的代表性、丰富性、完整性和有效性。

在问卷的设计环节，主要结合一些学者的现有相关研究成果、实证测量以及小组讨论情况，初步确立本研究的调查问卷题目选项，采用5分李克特量表（5 Likert Scale）进行测量，从“完全不符合”“基本符合”“不确定”“基本不符合”到“完全符合”依照顺序分别记1、2、3、4、5分。个案访谈方面，主要以结构化的方式为主，根据对20名典型代表同学的深度半结构化访谈，了解大学生大众文化的消费方式、消费态度、消费认同以及消费偏好产生的主要动因，重点探寻被访者大众文化消费行为背后产生的主导因素，并尽可能了解他们内心的真实想法。预测试问卷共分为“消费态度”“消费方式”“消费认同”和“消费偏好”4个维度，共80个题目。预测试问卷形成后，我们通过非随机抽样的方法进行小范围的预测试，在南开大学发放问卷100份，通过认真检查和分析预测试的结果，从本研究的目的与宗旨出发，从中对问卷选项进行相应的整理、分类和修改，剔除一些与研究目的相关性较低和重复性的选项，最终形成本研究的正式问卷。

本次调查时间为2017年6—9月，共发放调查问卷2000份，回收有效问卷1686份，样本有效率为84.3%。本次调查的整体情况通过样本的基本情况统计分析可以得到更为清晰的描述（表2.1）。

我们在比较视域下根据年级、性别、地域和专业4个主要变量，分别考察大学生大众文化消费行为的基本状况，大学生群体在消费偏好、消费目的、消费方式和消费认同方面均表现出明显的分层化趋势（表2.2—2.5）。具体来说，首先在消费偏好的6个具体选项方面，大学生的消费偏好和消费选择表现出一定的趋同性：在“个性小众”和“风格品位”方面，都表现出显著的偏好。

表 2.1　　当代大学生大众文化消费行为调查基本情况统计表

变量	选项	频数	百分比（%）
性别	男	768	45.55
	女	918	54.45
年级	大一	397	23.55
	大二	445	26.39
	大三	433	25.68
	大四	411	24.38
专业	文科	881	52.25
	理工科	805	47.75
家庭所在地	城市	721	42.76
	农村	965	57.24
政治面貌	中共党员	77	4.57
	共青团员	1582	93.83
	群众	27	1.60
年龄	18—22 岁	1571	93.18
	23—25 岁	113	6.70
	25—29 岁	2	0.12
月可支配收入	1000 元以下	227	13.46
	1000—2000 元	497	29.48
	2000—3000 元	537	31.85
	3000 元以上	425	25.21

表 2.2 **大学生大众文化消费偏好及差异**

变量		审美情趣（%）	情感归属（%）	个性小众（%）	形象颜值（%）	时尚潮流（%）	风格品位（%）
性别	男	50.20	43.03	56.50	13.65	10.51	70.4
	女	52.17	54.90	54.70	26.79	10.39	68.9
专业	人文	47.90	50.01	50.07	30.29	11.36	67.02
	理工	53.00	54.56	53.21	25.58	15.58	63.85
年级	大一	59.01	45.05	42.01	23.69	14.51	48.03
	大二	51.26	42.74	44.59	30.27	14.00	53.27
	大三	45.38	43.31	45.06	35.05	13.26	55.95
	大四	32.09	35.09	50.00	36.01	7.94	60.77
月均支出	1000 元以下	60.00	46.67	62.00	14.68	13.33	56.69
	1000—2000 元	56.41	42.43	58.06	12.34	11.62	50.61
	2000—3000 元	46.86	45.36	57.76	9.43	9.43	61.66
	3000 元以上	33.33	25.01	48.14	6.49	8.34	50.04

同时，大学生的大众文化消费方式也体现出一定的趋同性，主要表现为大学生群体对“计划消费”方式具有较高的认可度，持“花光用光”消费观、进行过信贷消费的学生比例相对较低（表 2.4）。

表 2.3　　大学生大众文化消费目的及差异

变量		消遣娱乐（%）	释放压力（%）	情感体验（%）	寻求认同（%）
性别	男	10.32	20.93	46.07	47.07
	女	11.36	35.06	52.57	53.95
专业	人文	12.35	33.01	55.09	55.36
	理工	9.79	9.79	20.75	52.76
年级	大一	5.60	10.21	30.25	25.30
	大二	9.06	15.07	32.07	28.93
	大三	10.47	20.87	36.87	35.01
	大四	15.39	29.05	40.00	36.93
月均支出	1000 元以下	3.09	10.75	11.04	10.94
	1000—2000 元	6.87	20.00	16.18	15.58
	2000—3000 元	10.65	25.86	25.92	28.07
	3000 元以上	13.95	27.00	35.97	34.78

表 2.4　　大学生大众文化消费方式及差异

变量		计划消费（%）	节约消费（%）	信贷消费（%）	花光用光（%）
性别	男	56.66	32.32	9.96	1.04
	女	57.61	25.87	1.13	15.41
专业	人文	59.23	26.24	1.75	12.78
	理工	55.15	31.01	0.50	13.34
年级	大一	53.94	33.96	1.00	11.10
	大二	56.16	31.6	0.40	11.84
	大三	53.60	26.63	1.14	18.63
	大四	66.20	22.39	1.92	9.50
月均支出	1000 元以下	47.10	41.14	5.80	5.96
	1000—2000 元	52.95	43.62	0.50	2.95
	2000—3000 元	59.35	26.89	1.00	11.76
	3000 元以上	58.00	19.13	21.60	1.28

表 2.5　**大学生文化消费认同问卷项目分析**

因子	题项	平均得分	相关系数
身份符合感	消费是一个人价值观的体现	3.47	0.73＊＊＊
	消费是一个人身份和地位的象征	3.46	0.74＊＊＊
	我认为购买的不仅是商品，还包括商品所蕴含的文化意义和象征价值	3.51	0.64＊＊＊
身份紧张感	心情抑郁时我经常通过消费来宣泄自己的情感和情绪	3.12	0.68＊＊＊
	我要和同学、朋友使用相同品牌和价位的商品才会获得群体归属感	2.92	0.62＊＊＊
	使用名牌产品会使自己更有面子	2.54	0.60＊＊＊

注：＊＊＊（$p < 0.001$），1%显著性水平下相关系数显著，Cronbach α 系数为 0.78，KMO = 0.8。

当代大学生消费行为受大众文化的影响在日益加深，并且当代大众文化的表现形式也在随着大众媒介和商业文化的发展不断日益丰富。我们选取近年来被大学生所广泛接受和喜爱的十种大众文化形式，并按照他们的了解程度给予赋值的方式（赋予“非常了解”5分、“比较了解”4分、“基本了解”3分、“基本不了解”2分、“完全不了解”1分）计算出当代大学生对十种大众文化的了解程度以及平均得分情况。按照平均分由高到低进行排序，青年大学生对十种大众文化的了解程度依次是：网游文化 + 动漫文化 + Cosplay 文化（均值 = 3.86 分）、粉丝文化（均值 = 3.57 分）、弹幕文化（均值 = 3.33）、晒文化（均值 = 2.87）、网络直播（均值 = 2.71）、网络写作（均值 = 2.65）、御宅文化（均值 = 2.43）、字幕组文化（均值 = 2.12）。我们对影响大学生消费行为最主要的前五种大众文化，即网游文化、动漫文化和 Cosplay 文化（统称为 ACG 文化）、粉丝文化以及弹幕文化进行趋势分析，发现大学生年级越高，受之影响反而越小（表 2.6）。

表 2.6　　大学生与十种大众文化之间关联性的列表分析

变量		大众文化类型（%）									
		网络游戏	动漫	Cosplay	粉丝	弹幕	晒	网络直播	网络写作	御宅族	字幕组
性别	男	85.09	53.06	55.97	45.97	87.95	36.51	36.97	28.07	10.90	8.50
	女	55.06	29.35	36.84	78.53	84.86	67.87	54.21	37.22	9.70	5.90
专业	人文	65.01	53.73	36.86	67.95	80.36	40.32	37.21	37.38	6.92	3.97
	理工	70.64	56.25	34.12	56.81	81.25	35.79	36.15	36.21	9.63	2.63
年级	大一	68.08	36.76	23.65	65.73	80.48	38.57	38.45	37.84	8.57	0.78
	大二	65.84	36.64	20.79	62.47	83.35	38.83	40.67	36.27	10.58	3.75
	大三	63.75	35.48	18.45	61.39	80.21	37.48	41.48	33.21	11.46	3.78
	大四	58.42	30.12	10.76	60.47	84.59	31.36	41.87	30.46	12.68	2.57

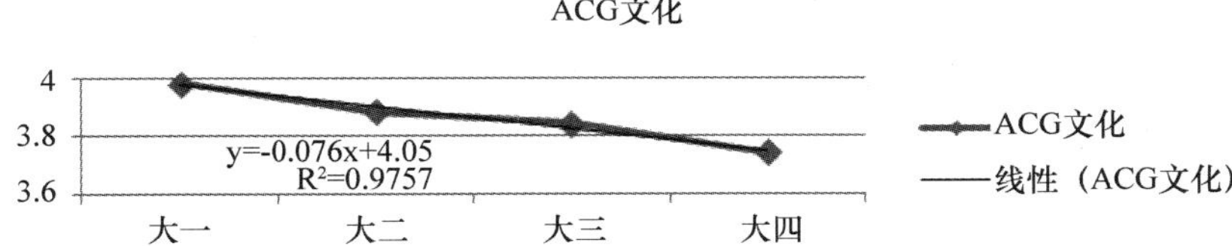

图 2.1　ACG 文化与不同年级大学生消费趋势图

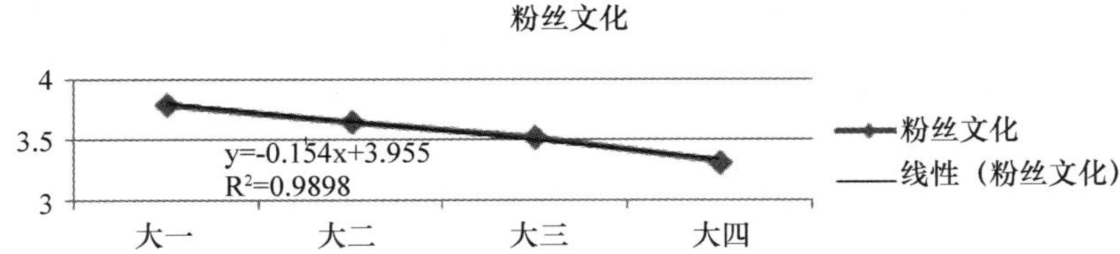

图 2.2　粉丝文化与不同年级大学生消费趋势图

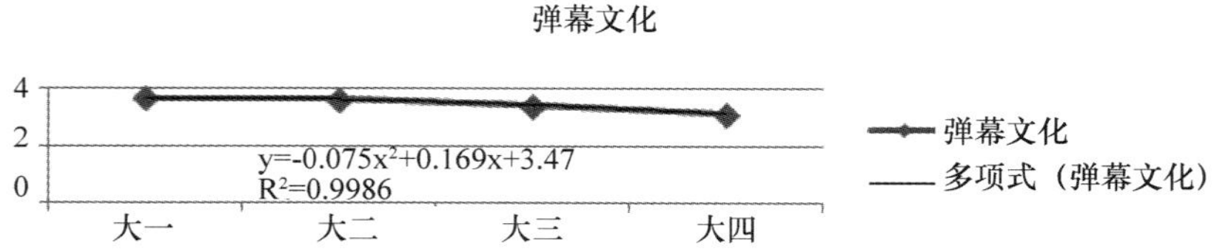

图 2.3 弹幕文化与不同年级大学生消费趋势图

二 当代大学生大众文化消费的总体情况

根据以上数据的分析可以看出，我国大众媒介和大众文化不断蓬勃发展，社会发展稳步进入新时代的社会背景下，当代大学生在大众文化消费心理、消费目的、消费偏好和消费形式四个方面都发生了较大的变化。具体表现为试图通过大众文化消费寻求情感体验、获得自我认同、推崇小众文化和乐于共享互动，这四个方面是当代大学生大众文化消费的总体情况。

（一）获得情感体验是当代大学生的消费心理

“情感消费”是消费者以情感为介质进行的一种立体式消费行为，主要包括两层含义：一是人们在消费中为满足情感需求而获得的情感体验、情感满足等身心感觉；二是人们为建立、维系、发展社会关系而进行的消费。现代化发展带来的问题之一就是在经济发展的同时带来情感的冷漠，最具有价值的情感反而变为消费产品，情感消费成为当代人的一种日常生活方式和消费方式，人们通过情感消费彰显个性风格、追求自我实现、获得情感满足。这就使情感消费不仅成为一种经济活动，还带有深刻的社会烙印，受整体社会环境的影响和制约。情感进入消费领域成为一种符号，并以各种各样的形式表现出来，这使情感不仅成为获取经济利益和行业运作的手段，还成为形象塑造、社会身份以及社会交往的符号工具与手段。情感沦为消费社会中模式化的产品，被大规模地复制、生产、传播和消费，情感由最初的一种自我体验变为被消费的商品。情感既是消费的手段，又是消费的内容，还是消费的目的。

情感消费的产生首先来源于情感需要。美国心理学家马斯洛认为，情感需要是人类的一种基本社会性需要，它是人们向他人进行情感倾诉并获得情感依赖与心理满足的需要。而情感需要的满足方式，即情感需要满足的途径，一般来讲，可以依赖于不同的社会关系网络：一是血缘与亲密关系，二是朋友、亲戚与邻居关系，三是社区成员关系，四是制度性情感支持（如单位、公司），五是偶像崇拜关系，这是传统社会中情感获得社会支持的主要渠道。① 但是随着当代大学生社交方式的网络化、碎片化以及“原子化社会”的出现，人们之间的直接交往和情感沟通日益淡化甚至表演化、虚拟化，人与人之间的相互信任也日益减少，个人的真实情感日趋私密化和圈子化，人们处于对情感的饥渴状态，因此越来越多的大学生希望通过以市场化的方式来获得情感的满足和情绪的释放。这就使情感成为了商品，并出现一种重要的消费方式——情感消费，进而形成了情感产业。

情感产业涉及的行业较多，主要包括流行文艺产业、娱乐业、体育业、旅游产业、大众传媒产业等。情感需求意味着情感的匮乏和缺失，需要通过一定的方式获得情感的慰藉、依赖与支持。市场通过金钱不断制约着人们的思想行为，并且不断侵蚀和吞噬着人们的情感，在一定程度上造成情感的荒漠化和货币化，以至于情感被满足和支持的程度取决于金钱的多少与市场化的程度。并且技术的现代化带来了情感的淡漠化，信息技术和现代传媒为市场提供了各种类型的情感消费品：如微信红包、朋友圈、网络游戏等，成为当下最时尚的情感互动和情感消费的方式。

带有鲜明世袭色彩的大众流行语的出现，体现出在青年身份定位问题上，社会先赋性因素的影响越来越得以强化，而后致性因素的作用变得越来越弱化。

同时，社会转型也造成一定程度上的社会“原子化”现象：它最

① 王宁：《情感消费与情感产业——消费社会学研究系列之一》，《中山大学学报》（社会科学版）2000 年第 6 期。

初是由德国社会学家西美尔提出来的，是指在单位制度变迁过程中社会联结状态发生变化的过程，主要表现为两个方面：一是社会强势群体的“抱团化”，二是社会呈现“碎片化”状态。由于中间组织的缺失，导致社会上某些个体的孤独无助、无序互动、人际疏离、社会失范等社会危机的发生，致使组织松散乏力、社会规范失灵、道德水准下降，使社会在一些层面陷入“碎片化”“边缘化”“私人化”的异化状态，功利主义、利己主义和个人主义流行，个人与集体、个人与国家、集体与国家之间的距离拉大，唯我主义和工具主义风行。

在这样的巨大生活压力和社会现实下，当代大学生进行消费不仅仅是追求商品的使用价值，而是更加注重商品的象征意义及符号价值。情感消费就是消费者通过消费特殊的商品——情感，以实现身份地位和社会关系的建构。情感消费主要消费商品的内涵意义、文化符号和情感属性，主要目的是为了从中获取情感体验并宣泄不良情绪。由于审美情趣的不同，当前大学生情感消费的需求呈现出多元化和个性化的趋势，“私人定制”越来越超越大众化消费，成为当代情感消费的流行走向。80.9%的大学生认为，情感消费比物质消费更加重要，这其中82.1%的大学生甚至认为情感消费已经成为日常消费中必不可少的生活方式；78.5%的大学生认为“为喜欢买单”“追求快乐”是进行消费的主导心理动因；47.5%的大学生“心情抑郁时经常通过消费来宣泄自己的情绪及压力”，80.9%的大学生认为，“时尚”“个性”“潮流”是进行消费选择时考虑的主要因素。

（二）寻求自我认同是当代大学生的消费目的

随着我国当前市场经济的不断发展，商品形式和种类日益丰富多样，人们的消费已经不再局限于满足生活和发展的基本需要，而是为了能够在更大程度上体现自己的个性和风格，通过消费进行自我表达、彰显自身态度，这对当代大学生的消费来说尤其适用。当前在校大学生多为“95后”和“00后”，他们的消费不再是随波逐流式的大众消费，而是更加强调“小众”消费和“圈子”文化。

社会地位是指一个人在某一社会群体中所占据的特定位置，人们普遍对自己在社会中的地位或位置产生不满或不确定，而试图提高自身地位时产生的心理与行为冲突定义为“地位恐慌”。当代大学生已经失去过去“天之骄子”的称号和地位，面对巨大的学业、社交、就业等各种压力，他们对自己在社会中的身份地位和未来发展更加处于担忧的状态。青年大学生试图借助各种各样的文化消费形式，尤其是大众文化消费与其他社会阶层相互区别，从而彰显自身的个性风格。他们通过相同的兴趣爱好和审美品位结合在一起，形成形形色色的青年亚文化，不同青年亚文化代表不同的个性和风格。

身份或地位问题，在现代性条件下主要表现为“认同”问题，而认同一般包括两个部分：同一性和差异性，即个人或群体的认同都是在与他人或其他群体的同一和差异的比较中对自己进行归属与定位。当前中国已经具备了消费社会的一系列特征，其中一个最为主要的特点就是消费成为人们建构认同的主要依据。这是因为消费社会中的商品（消费对象）趋于符号化，具有一定的符号价值，而不同符号价值之间的差异性可以生产出自我定位之间的差异性，即人们需要在与他人的差别中寻求并体现自我，这使消费行为本身也被符号化，消费品和消费行为本身具有一定的文化意义，消费品和消费行为成为表达意义的象征系统和符号体系。具体而言，消费中的身份认同主要表现为两个方面：一是群体归属感，即通过消费将自己归类于某一群体；二是自我认同感，即通过消费表现自己不从属于任何群体，强调自身作为一个独立的个体而存在。在消费领域，认同主要表现为我消费什么、怎样消费，本质上体现了消费主体自身对自我的评价与看法，表现为自我认同。结合大学生群体，身份认同感可以主要分为三个维度：第一，身份紧张感，这是来自对自己的身份不能被他人认可和接纳的一种担忧，因此通过攀比或炫耀性的消费方式来赢得他人的关注，从而获得集体归属感的一种心理上的均衡；第二，个性化及身份符合感，大学生通过个性化的消费方式来获得个体归属感，从而实现自我身份的维持与建构，强调自己的与众不同和鲜明个性；第三，身份区隔感，这种感觉来自社会地位和身份的差别，不同阶层其消费水平、消费方式等均有所不同，其实质是对消费行为的一种“标签化”，而大学生的身份区隔感主要表现为大学生所在圈层、团体与其他圈层、团体之间的差异主要是通过消费方式来判断与区分的。

当代大学生的自我认同行为具有强烈的主动性，实现了从无意识到有意识的进阶，其进行各种形式消费的出发点和最终归宿均是出于“自我”，而非“他人”，这表明当代青年的自我认同具有鲜明的“去他人化”特征。精神分析学家埃里克森曾将20岁左右的年龄段视为青年寻求自我探索、自我建构和自我同一性的重要时期，一旦在这一时期陷入身份混沌状态，就会失去人生的方向感和意义感，导致心理和行为的失衡。大学生正值自我确认和自我认同的重要时期，而当前我国大学生的自我认同主要就是通过大众文化消费来实现。不同商品被赋予不同的编码，代表了不同的符号象征与风格意义，消费不同的商品就是对自身意义、欲望与目标的隐喻化表达。当代大学生主要通过消费来指涉自身，并进行自我塑造与自我确认，从而呈现自己与他人的区别。即当代大学生更倾向于通过自我体验和纯粹的个性来获取认同，正如凯尔纳所言，“在现代，认同性就是创造一种独特个性的功能”[①]，差异意味着个体的不可替代性和独一无二性，因而凸显差异成为当代大学生提升自我存在感的重要途径。

面对主流文化，青年大学生不断建构一些新的青年亚文化，并利用各色各样的青年亚文化与主流文化进行对话交流，借用大众媒介和数字技术等平台充分表达自己的思想观念和利益诉求，从而彰显个性风格。但是，青年亚文化近年来逐渐被商业文化所收编，使青年亚文化越来越具有明显的大众文化色彩。比如最具特色的“双11光棍节”，逐年暴涨的销售额在网络上掀起了一场“网络狂欢”，参与这一狂欢的主体最初以青年大学生群体为主力，这一时期大家见面的问候语也变为“亲，你买了吗?”等“淘宝体”语言。“买买买”“剁

① ［美］道格拉斯·凯尔纳：《媒体文化——介于现代与后现代之间的文化研究、认同性与政治》，丁宁译，商务印书馆2013年版，第395页。

手”“吃土”逐渐成为当代大学生获取认同与确认自我的重要手段，他们通过消费不同的个性化和风格化的商品，凸显自己与他人及其他群体的差异。90.2%的大学生认为“如何消费是价值观的体现”，“会消费的人是会生活的人”，“消费是一个人身份和地位的象征”；50.2%的大学生“希望通过相同的服饰风格来获得群体归属”；94.8%的大学生认为“购买的不只是商品，还包括商品所蕴含的文化意义和象征价值”。在一定程度上，消费已经成为大学生的生活方式和生存方式，并演变为其获取自我认同的重要手段。然而这种认同的建构是建立在虚幻的符号价值基础上的，并受商业逻辑的控制和掌握。

当代大学生自我认同的建构越来越趋于浅表化、娱乐化和消费化，越来越与时尚、外观、形象等各种平面化的因素联系在一起，越来越强调直观感和在场感。与“70后”“80后”的大学生相比，当代“90后”大学生的认同资源发生了较大变化：由学习成绩、社会责任、英雄事迹等转向明星、网红、网络意见领袖等。当代大学生经常以一种戏谑化、游戏化的处事态度和话语体系进行自我认同的建构与体认。正如凯尔纳所言：“后现代的认同性是通过角色扮演和形象塑造从而戏剧性地完成的……后现代认同性的中心则是闲暇，注重的是外表、形象和消费等。”①

（三）崇尚小众文化是当代大学生的消费偏好

小众文化（niche culture）是近年来青年文化发展中的一个鲜明类别。美国学者克里斯·安德森在《长尾理论》中指出，长尾力量和技术的发展不仅引发了品种和选择的无限扩大，而且使大众文化开始转向一种庞杂的平行式的小众文化，二者共生互动，并且小众文化的地位日益得到上升。新技术的介入与选择的多样性改变了社会经济和文化面貌，小众文化的崛起将会改变甚至重塑整个社会的文化景

---

① ［美］道格拉斯·凯尔纳：《媒体文化——介于现代与后现代之间的文化研究、认同性与政治》，丁宁译，商务印书馆2004年版，第396页。

观，这是长尾效应在文化领域作用的结果。

小众是相对大众而言的一个概念，它是指共同兴趣人群相对较小的一个群体。网络和自媒体的发展使原有的由点到线的信息传播方式变为平面式、交互式传播体系，这使传统的大众群体逐渐分散为个性化的小众群体。也就是说“小众”一直存在于社会生活中，只是由于前互联网时代信息的相对闭塞，而且信息量没有达到当今海量的程度，致使当时的小众还没有形成一种文化。而 web2.0 的出现及普及，提高了人们对信息的收集和传播能力，这使网民可以通过网络寻找到与自己兴趣爱好品位相同的群体，在众多小团体内进行交流，并以群体的名义向外传播。当代社会越来越强调和彰显个性，因此推动了兴趣爱好各异并带有强烈个性色彩的小众群体的兴盛。并且当代社会经济的发展呈现分层化的趋势，经济的分层又促进了文化的分层，加上个人在经济资本、文化素质以及兴趣爱好方面的差异，小众文化自然而然得以形成和流行。

近年来，网络的普及改变了人们的思维方式和认知模式，大众开始不再满足于盲目追随流行风尚，而是强调并突出个性。大众化同一性已经逐渐退出历史舞台，而彰显个性、凸显风格、注重审美越来越成为消费者的主流要求。可见小众的流行是日常语言、消费文化与生活审美三者共振的产物，是多元文化发展、媒介信息技术与社会文化心理三者合力助推的结果。多元文化发展为小众文化的生存与发展提供了社会保障，媒介信息技术为小众文化的扩散与传播提供了可能，大众消费心理与消费需求为小众文化赢得了社会认可度和认同感，最终使小众文化能够体现社会文化发展的趋势，并且这种趋势与青年大学生对时尚和潮流的高敏感度不谋而合，因而近年来的各类市场都刮起了一股小众“复出”之风。

小众文化是在一定时空条件下为各类因真实审美趣味而聚集的少数人所接纳、推崇并传播的文化的总和，包括各类观念表述、表现形式、知识技能以及与之相关的工具实物、场景空间等。它是一个群体特有的文化活动形式，其核心是真实的审美趣味——既脱离于大众审美又抗拒主流情趣，倾向于中等品位趣味的、指向小众的审美习性与品位习惯。青年大学生依据不同的审美趣味形成了千态万状的“趣味共同体”，因为趣味具有审美批判的功能，因而“趣味共同体”具有感性吸引与理性认同的双重属性。趣味的门槛越高，审美趣味的旨趣就越纯正，群体之间的稳定性就越高，这个群体就越具有生长力和创造力。“趣味共同体”具有以下几个基本特征：第一，它与大众文化、精英文化、亚文化既相互区别，又相互联系，表现出一定的内容互动与相似特征；第二，它主要表现为小部分群体为主体的文化传播过程与传播形态；第三，小众文化以真实审美趣味为判断标准，这里的“真实”是指其区别于精英文化的“高雅”、草根文化的“肤浅”以及亚文化的“消极”。

小众文化站在平民主义立场上非常重视个性发展，它是退出文化权力角力场域，回归本真生活的一种文化形式，带有一定的“去政治化”倾向，传递一种前卫独立的文化理想与雅致诗意的文化旨向，强调独立的审美趣味与文化责任意识，从而区别于精英文化、草根文化与亚文化，能够为推动文化生态平衡和引领社会文化进步发挥一定的作用。小众文化群体具有独立和批判的风格，呈现“我的地盘听我的”文化表征。具体来说，小众文化是个体基于自我文化认同而做出的选择。小众群体具有强烈的本土意识、前卫意识与主体意识，能够在各种文化的包围下保持自身的文化品格。它与文化工业、商业市场保持一种脱离的状态，是一种精神上的独立，但是这并不意味着小众文化具有封闭性，进入它的通行证就是是否具有真实的审美趣味，因而是否建立一种独立的风格。文化的小众趋势具体表现为文化的部落化、旨趣化和深入化，“被细分的小众，因为趣味而聚集，基于共识而认同，经由认同而深化，这与所谓大众对流行的趋好相比显得更加专注、自觉与热爱。虽然小众审美趣味可能存在偏冷、边缘、支流的情况，但是同样具有生命力，可以为文化生命注入新鲜的血液”①。

① 王鑫：《微时代小众审美趣味问题研究》，《中州学刊》2017 年第 4 期。

当代大学生作为小众文化最主要的拥护者，根据自身审美趣味区分为不同的小众文化群体，只要趣味相投就可以交流、互动和分享，从而增强群体间的生命力和凝聚力。60.9%的大学生认为“消费是个性和气质的体现”，72.8%“购买商品时喜欢标新立异，更倾向于小众品牌”，还有45.6%的大学生“在购物时主要看中商品的外观设计和品牌背后的文化理念”。小众文化推崇的理念不是追随和遵从，而是参与和分享，其审美价值在于尊重并凸显主体存在的意义与价值，从而唤起群体中个体的情感共鸣，引发个体间的互动共情，最终获得群体的认可与接纳。小众文化强调个人的趣味选择以及自我认同的重要性，他们逃避带有强烈复制性色彩的大众文化的引诱，注重独享的重要性。也就是说小众文化强调自我确证和自我表达，而不是追求品位的普泛化和大众化，拒绝任何形式的同质化与商业收编。它只以审美为理想和动力，追求达到“审美共识”，从而使小众文化群体内部具有超强的稳定性。与大众文化相比，小众文化的功利性、目的性与实用性相对较低，它主要追求象征意义和超越性的表达，是对大众文化高度的同质性和模仿性的拒绝。

（四）乐于分享互动是当代大学生的消费形式

网络的普及和社交媒体的广泛使用使人们的时空得以延伸，进而影响着人们之间的社会关系。一方面，既有地方性情境中的人们所结成的互动关系，可能会因时空变动而变得疏远，一切本身较弱的联系可能因此而中断；另一方面，随着个体不断嵌入到新的情境中，个体之间依靠时间、信任等因素重新建立起新的情感纽带。这使个体既有满足社会交往的需求，又有保持日常生活私密性的渴望，并导致个体互动情境的矛盾性。随着自媒体的发展，微博、微信朋友圈等为大学生展现自我的生活状态和生活态度提供了便利的平台，也为处于不同情境的大学生之间建立和维持社会交往提供了便利，通过简单的展示、点赞、评论等方式即可维系情感，因而“分享”成为当代大学生建立新的人际关系互动的一种重要方式。

“晒”就是分享的意思，各种各样的“晒”也成为当代大学生的一种生活方式和人际交往方式。大学生通过网络上的“晒”行为来展现和表露自我，标榜与想象自己的社会身份，将“身份”予以具体化、物质化和符号化，并寄托在生活用品、服装饰品等具体物品的选择上，通过晒的行为被他人所了解和感知，从而进行交流互动、增进友谊，最终实现思想共鸣和意义共享。60.3%的大学生认为“在购物时会参考家人同学及朋友的推荐”，90.1%的大学生“会参考商品的评价和买家秀”，79.3%的人表示会“到‘知乎’‘微博’‘小红书’等APP和网站上去寻求推荐和帮助”；同时有59.7%的同学表示“会将好的商品和品牌推荐给家人和朋友”，40.8%的人表示“会认真对购买过的商品进行评价并上传商品图片及买家秀”。

第二节　当代大学生思想观念和行为方式的群体特征

随着自媒体的广泛使用及各种数字技术的日益勃兴，当代中国大众文化得以蓬勃发展。大众文化在一定程度上是对社会现实和社会心态的折射与反映，因而会在潜移默化中塑造当代大学生的文化性格和精神品格，致使大学生在社会交往、消费娱乐、文化表达、社会参与等各个方面呈现出鲜明的时代特色，大学生的思维方式和行为模式也随之发生深刻的改变。因此，必须了解把握当代大学生思想观念和行为方式的群体特征，才能对大学生大众文化消费行为做出正确的判断。

一　当代大学生思想和行为的基本特点

大众文化影响下，当代大学生的思维方式、认知图式和行为模式发生了一定的变化，具体表现在角色预期、价值理念、社交方式和行为选择四个方面。

（一）“斜杠”青年——角色预期多元化

由于思想观念和文化形态的多样化，大学生处于一个相对开放和不确定的成长环境中，其自我定位和身份认同也相应具有一定的过渡性和不确定性。大学生对未来职业规划和人生规划的预期也相对不再单一化，而是呈现出多元化的趋势，这种趋势导致了“斜杠青年”现象的出现，这对当代大学生的角色定位产生了较大影响，同时也深刻影响着当代大学生的思想和行为。

“斜杠”来源于英文的“Slash”，这个概念最初出自2007年《纽约时报》专栏作家Marci Alboher写的一本著作《双重职业》（《One Person/Multiple Careers：A New Model for Work Life Success》），她在该著作中指出：越来越多的青年不再仅仅满足于一种职业的单调工作角色和生存方式，而是开始选择一种能够拥有多种职业和多重身份的多元化生活方式，这些人在各种角色之间会用“斜杠”来加以区分，所以“斜杠”（slash）就成了他们的代名词。

“斜杠”青年实质上是指青年可以摆脱单调的社会分工，同时担任多种角色，利用自己的爱好和特长拥有新的发展空间和额外收入，从而更好发挥自身主体性、能动性、创造性的一种生活方式和生活态度，美国将这种状态称之为“零工经济”（gig economy）。国内现在最为普遍的软件“滴滴快车”就是这种经济最为典型的例子。

“斜杠”的出现并非偶然，而是社会发展、时代进步等多种因素共同作用的产物。工业化社会解放了人类的体力劳动，科学技术的进步提高了劳动生产率，同时也使人们的工作具有一定的单一性与重复性，造成了新鲜感的缺乏以及新奇感和挑战感的缺位，给人们的工作场地与工作内容带来了一定的限制性与枯燥性，使人类的劳动和职业趋于专业化与专门化，社会生产劳动形成了各种链条式的产业化发展。随着后现代社会的到来，社会生产也进入了以服务业为主的后工业时代，服务业即将成为最大的产业。而服务业的相关产品并不涉及大规模的生产与合作，而是知识、信息、个人技能、时间等要素的交换，并且互联网也为服务业的发展提供了良好的平台，这使个人不需要借助过多的外界力量，就可以成为一项服务的供应者，从而大大降低了传统劳动行业的专业化门槛。

在当前知识和创造力推动经济发展过程的作用越来越突出的时代，社会的发展和进步再也不是人们消极被动地去“进入”，而是以积极参与的态度和不断创新的方式积极“融入”的过程，知识付费、内容经济、共享经济等新兴经济业态是当前经济发展的重要趋势。因此，社会对于兼具知识性、技术性和创造性的复合型、跨界型人才的渴望与需求高涨，资本和资金作为重要生产要素的时代已经一去不复返，取而代之的是人才要素，各类微信公众号的兴起就是最好的例证。

近年来随着我国“大众创业，万众创新”政策的推进以及“互联网+”的蓬勃发展，大量信息平台应运而生，这为服务商与消费者之间直接建立联系提供了更多的便利。这个时代，青年可以完全通过自己的实力和才华获得成功。因此，当代大学生也非常注重“自身投资”，很多大学生开始热衷于消费各种书籍，不断为自己进行知识和技能充电，为今后就业打下基础，使自己变身为“潜力股”，成为斜杠青年中的一员，这成为大学生对自己人生发展和身份定位的一种普遍想法。然而“斜杠”青年并非对知识的简单罗列与叠加，而是拥有在多个行业领域平行切换角色并获得价值的一种能力。

（二）“空心”青年——核心价值缺位化

改革开放以来，我国社会价值观发生了较大的变化：就价值目标而言，由理想主义向现实主义转化；就价值主体而言，由群体本位向个体本位转化；就价值取向而言，由单一价值向多元价值转化；就价值评价而言，由排斥向宽容转化。[①] 人们价值观的变化历程是对社会精神文化变迁历程的重要反映，也是对当代青年社会心态和精神风貌的折射。“青年一代身上集中体现出中国现代化进程中作为主体的人的价值观转变，这一转变与社会转型交织在一起，但又有其自身的发展轨迹。”[②]

---

① 范雷：《当前青年价值观变迁主要特点》，《中国青年报》2017年4月17日第2版。

② 孟蕾：《境遇与态度：社会转型进程中的当代青年》，《青年研究》2012年第5期。

当前社会是一个文化形态多样化和价值观念多元化的时代，“多元时代”和“多样社会”带来的多元价值观念及多样社会思潮对当代大学生的思想观念、利益诉求和行为方式均会产生一定的渗透与影响。在这样的背景下，大学生既要面对多样文化思潮和多元意识形态对他们思想观念的冲击，又要对多元价值观念进行判断甄别，在社会发展中寻找到自己正确的位置和发展的出路，在一定程度上造成了大学生群体在价值选择和价值判断上的迷茫与困惑。

当前我国社会正处于全面转型时期，同时受到传统、现代、后现代三种价值观的影响，并且多元价值观念已经渗透到当代大学生日常生活的方方面面，甚至成为大学生群体的生活方式本身。而社会主流意识形态和主导价值观念在大学生日常生活中经常处于相对缺位和模糊不清的状态。同时，当代大学生所面临的各种压力也越来越大，学习、交友、就业、被期望等都使大学生对未来的发展非常迷茫，加之互联网和自媒体的发展，使大学生群体获取和接受信息变得更加便利快捷，同时网络信息具有一定的烦冗性和多样性，并且充斥着各种良莠不齐的信息，而大学生群体的整体媒介素养还相对欠缺，同时社会主流媒体的舆论引导和意识形态的法律监管还都处于相对缺位状态，这使大学生因对网络信息真伪的辨别能力不强，而被动接受了一些不良信息，造成当代大学生价值体系内部的矛盾冲突与紊乱，甚至，产生道德判断和价值选择的不确定性，使其迷失方向并无所适从，导致道德行为失范现象以及价值虚无主义的泛滥，这对当代大学生正确世界观、人生观和价值观的形成都产生了一定的消极影响。

（三）“圈居”青年——社交方式圈群化

费孝通先生认为，中国的社会结构就“好像把一块石头丢在水面上所发生的一圈圈推出去的波纹。每个人都是他社会影响所推出去的圈子的中心。被圈子的波纹所推及的就发生联系。每个人在某一时间某一地点所动用的圈子是不一定相同的”[①]，这构成了中国社会关系

① 费孝通：《乡土中国　生育制度》，北京大学出版社 1998 年版，第 26 页。

的“差序格局”结构。尤其近年来，微博、微信等自媒体的普遍使用，web2.0和web3.0技术的不断发展进步，使信息的传播不再局限于自上而下的单一的线式传播，而是呈现全方位、交互式、平面式的传播体系，“人人都有麦克风”是当前大众传播的主要特点，它一方面使受众能够在更大程度上参与公众话题的讨论、发表自己的意见和看法，从而发挥大众的主体性和参与性；另一方面又使信息受众得以精细分化，加速了网络上有影响群体的分流，并使人类进入了一个“新网络群居时代”。当代大学生被称为“网络原住民”，网络化与数字化是他们生存的基本状态和主要方式。网络的匿名性、互动性和即时性，为青年一代表达自己的意愿想法、实现自身的利益诉求、参与社会构建提供了广阔的空间和便利的条件，也为当代大学生构建各种青年亚文化提供了便利。这既推进了青年亚文化与主流文化之间的互动交融，又加快了青年亚文化反哺主流文化的进程。

青年大学生不断建构着各种具有象征意义和仪式意义的新的网络语言与风格符号，从而能够在鱼目混杂、信息海量的网络场域中迅速相互识别、吸引关注，从而确认自我、区别他者。并且青年网络流行语、网络表情包的更迭速度和频率在明显加快，这有利于具有相同价值观念、兴趣爱好、背景经历的人以网络语言和共同兴趣为纽带，形成一个个网络场域中的小“圈子”，建立以“共情”为逻辑原则的“网络社交圈群”。网络圈群具有较大的包容性、较高的参与性和较强的共存感等特点，这使人们能够在圈子范围内进行知识和信息的互动、分享，产生情感的共鸣和心灵的共振，从而有利于青年实现身份认同并建构圈群话语体系。“圈群”已经成为当代大学生群体的一种重要生活方式，并且处于“多样性部落生存”的新型状态之中，成为圈子当中每个人表达自我、平等参与和相互聆听的公共场域及“想象的共同体”，成为大学生获得自我认同感和群体归属感的重要来源，网络圈群文化也因此晋升为网络信息时代青年亚文化的一种重要形态。

但是各个圈群之间并非是彼此孤立的，由于其个体可能是多个圈群的成员，并且存在一定的兼容互通性，这促使各个圈群之间可能会产生一定的联系甚至合作关系，从而带来一定的经济效益和社会影响力。正如尼尔·波兹曼所说："电视展示给观众的主体虽多，却不需要我们动一点脑筋，看电视的目的只是情感上得到满足。"① 也就是说只要各个圈群成员之间产生情感共鸣，就会打破圈子之间的束缚和壁垒，从而加强并带动圈子之间的互动，提高圈群之间的契合性，继而使其成为人们聚合的空间。

当代大学生正游走于各个圈子之间，处于"多重圈群化"的移动舆论场中。然而网络中的信息良莠不齐，网络圈子极易成为网络谣言的滋生地和传播场，这使相对缺乏信息甄别能力和独立思考能力的大学生容易受到圈子中散布的网络谣言的困扰，导致其网络参与的情绪化和宣泄化。大学生的判断能力差，对各种信息难以保持客观中肯的价值立场，以致容易出现集体无意识的越轨行为，甚至出现网络"群体极化"现象。

（四）"矛盾"青年——知与行的矛盾体

当代大学生具有较强的自我意识，他们崇尚个性与自由，追求自己的生活方式和理想实现方式。但是他们在高度强调自我倾向的同时，容易混淆自我与自私的界限，将"自我"狭隘理解为自我欲望的展现和自我价值的追求，以至于对他人要求严格苛刻，而对自我要求松懈，普遍缺乏换位思考的意识和习惯。"我做什么你不能管，但是你做什么我要管"，"以自我为中心，把尊重放在第一位，但是很多时候这个'尊重'是对别人的要求而非对自己的要求"②，这成为当前大多大学生行为处事时的基本做法。

在维护自我权利的同时忽视他人权利，在获取自己利益的同时漠视社会价值。当代大学生对社会基本准则、道德原则和行为规范持认可

① ［美］尼尔·波兹曼：《娱乐至死·童年的消逝》，章艳、吴燕莛译，广西师范大学出版社2009年版，第76页。

② 万美容、夏博艺、曾兰：《"90后"大学生思想行为特点及其影响因素——一项基于"90后"大学生视角的质性研究》，《思想教育研究》2013年第10期。

态度，并且具有良好的认知，是非善恶标准清晰，但是这些认知在日常生活中转化为具体行动时，却因涉及社会风气或个人利益等原因表现出很多的不确定性，具体表现为道德价值观的混乱、双重人格的出现以及认知与行为之间的严重脱节等现象，大学生的道德行为判断标准出现了双重化趋势。比如，一些学生强调社会交往中的诚实守信原则，自己却不坚守，经常出现诚信道德缺失的行为；希望他人遵守行为公德，而自己却经常做出各种不文明行为；深知人生不能一帆风顺，却在自己遇到挫折时一蹶不振、自暴自弃，甚至出现过激极端行为。

当代大学生处于一种数字化生存状态，网络和自媒体在他们生活当中充当着重要角色，并且他们对网络的依赖程度越来越深。但是自媒体本身所具有的碎片化和去中心化的特点，使青年亚文化愈来愈呈现犬儒主义的特点，这主要表现在：对待任何事情都秉持一种怀疑的态度，质疑、嘲讽、调侃成为他们表达怀疑的主要手法；面对理想与现实的差距，他们选择逃避现实、顺从权势、委曲求全，用消极的自嘲式与草根式的黑色幽默来寻求慰藉；在工具理性和消费主义思潮的消极影响下，一些大学生的社会责任感与义务感已经沦落为一种虚无主义的异化。因此，当他们身处一些日常道德生活情境时，往往思想上矛盾、心理上纠结、行动上犹豫观望，陷于两难困境，“知行不一”“知行脱节”等现象时常发生。[①] 这体现出当代大学生思想心理状态的一个突出特点：即思想与行为之间的强烈冲突、利益与道义之间选择的突出矛盾，并造成很多大学生脱离网络无法生存、难与他人进行沟通交往的颓废沉默的生存境遇。

二　当代大学生消费行为的基本特点

当代大学生思想观念和行为方式的特点导致其消费行为也随之发生相应的变化，并表现出一定的群体共性，具体表现在小众消费的崛

① 万美容、胡咚、叶雷等：《湖北省“90 后”大学生思想行为特点实证分析报告》，《学校党建与思想教育》2013 年第 22 期。

起、懒人消费的盛行、产品故事的兴起以及爱花钱不任性这几个方面。

（一）小众消费崛起

成长于大众消费时代的当代大学生，面对消费商品的异常丰富多样，对商品的需求不再是同质化的大众商品，而更倾向于依据不同兴趣爱好、审美趣味、个性品位等进行分类的小众消费。正如牛津学者詹姆斯·哈金在《小众行为学》中所说："我们熟悉的主流市场正在崩溃，人们更愿意围绕在他们真正热爱的东西周围，或者通过感兴趣的亚文化与来自不同领域的人们集聚成小组，愿意成群地连接在一起，通过传看周围的信息发现我们想要买的商品、想要走的路以及值得去倾听的东西……"[①] 美国著名的民意调查专家马克·佩恩在《小趋势影响未来变革的潜藏力量》一书中也指出：当今世界最大的趋势就是这些"小趋势"的形成，社会不再是一个大熔炉，而是被分化为一个个具有不同爱好兴趣和生活方式的小群体，并且这些小群体在社会中占据的位置和发挥的作用越来越重要。未来市场消费将会呈现"小众引领，大众认可"，最终实现小众崛起，已经成为一种主流市场和主流文化的认知。

当前社会文化的发展呈现出多样化的趋势，文化、艺术与生活之间的界限被打破，由于经济、教育、地域、个性等方面的差异，青年大学生内部也因此根据不同的兴趣爱好或审美品位等进一步分化为各种各样的小圈子，"并且呈现出一种普遍的风格混杂和游戏性的符号混用"[②] 状态，并逐渐打破了主流文化和传统审美的限制，使小众审美与小众文化得以兴起和发展。小众文化的出现是在大众文化的基础上而生的，是对受众细分的结果，他们不再关注宏大叙事，而对生活旨趣有极大的认同，他们因趣味相投而聚集在一

① ［美］詹姆斯·哈金：《小众行为学：为什么主流的不再受市场喜爱》，张家卫译，北京时代华文书局2015年版，第180页。

② ［英］戴维·钱尼：《文化转向：当代文化史概览》，戴从容译，江苏人民出版社2004年版，第214页。

起，因价值相同并相互认同而组成“趣味共同体”。立足于青年大学生这个群体，小众化则更多以文化资源和经济资源的占有量为依据划分不同小众，但是最为根本的一个划分依据就是文化品位与时尚指向。

“小众化”是与阶层化相伴而生的一个现象，它是青年阶层分化之下的一次再分，是青年群体内部的一种聚合效应，体现为一个个固定的青年小群体，充分体现了“物以类聚，人以群分”，它以各种青年亚文化的小团体形式呈现。也就是说“小众化”是相对于“主流群体”而言的一个概念，它是青年群体日益细分趋势下的，区别于“大众化”的小规模人群效应。各类青年亚文化和各种次元文化的兴盛就是小众文化崛起的重要表现，它们的出现为主流文化的发展增添了新鲜元素和血液。小众文化的价值在于能够最大程度地尊重和肯定个体存在的价值与意义，让个人兴趣和审美偏好有相互认同与欣赏的对象。“大众审美趣味重在集体认同，小众审美趣味更强调自我认同的重要”[①]，小众趋势的出现体现了青年一代越来越突出的自主性、差异性、平等性和独立性的特点。

当代大学生不再局限于同质化的审美风格和趋同化的生活方式，而是更加强调和显示自身的个性。当代大学生是小众消费的主力群体，他们追求强烈的自我确认和自主表达，反对审美趣味的普泛化和大众化；强调消费、趣味和审美的自主性，并以精神涵养为主；强调鲜明的个性色彩和自我意识。大学生的审美偏好已经从大众、同质的“共同兴趣”转为小众、差异的“特殊兴趣”，这充分表达了当代大学生的个性化诉求；造就了各种小众消费的异军突起，比如弹幕文化、ACG 文化、Cosplay 风、复古风、小清新、盲盒……大学生的消费越来越追求个性化、特色化和品位化，呈现出多元化的消费景观。

（二）懒人消费盛行

近年来，信息技术以及“互联网 +”产业的发展使“懒人经

---

① 王鑫：《微时代小众审美趣味问题研究》，《中州学刊》2017 年第 4 期。

济”“宅经济”等新兴经济模式在大学生群体中非常流行，大学生群体是使用各种外卖APP、直播带货和“跑腿服务”等的主力军。“懒人经济”又称“网宅经济”，它是市场化、网络化和信息化进一步紧密结合的产物，以电子商务和网络购物为主要内容，极大促进了线上营销与线下服务同步运行的O2O、P2P、F2F等产业的迅猛发展，促使产品更加细化和分化，服务市场更为精细化和专业化，并且用户可以在线上对商品和服务进行评价与晒图，将购物的心得体会分享给同学、亲朋、好友，这在一定程度上有利于购物质量的提高，是一种颠覆传统的、新兴的服务业态和经济模式，成为促进经济发展的新动力。

同时，懒人经济也诱发了一些网络心理疾病，大学生中流行的“懒癌”就是伴随这一经济发展过程产生的一种心理焦虑综合征，“懒癌患者”以简单生活为唯一的行为和生活准则。懒人经济不仅仅是一种经济现象，更是一种文化现象和社会现象。从本质上看，懒人经济属于青年流行文化的一种，它在一定程度上体现了青年自主消费意识的提高，大学生从中可以获得更为便捷和优质的消费体验。但是另一方面，懒人经济也会使大学生的生活方式和思维方式僵化固化，导致普遍的懒人习惯和懒人思维，从而缺乏创造力和活力；懒人经济还可能造成大学生过于依赖电子商务，人际交往能力的下降，形成孤立封闭的生活状态，甚至还出现雇人代上课、代写论文等现象，致使部分大学生诚信缺失。

（三）产品故事兴起

当前大学生大多是“95后”和“00后”，他们一出生就处于商品相对充裕和丰富的社会环境，所以他们的消费不仅仅是为了满足基本的物质生活需要，而是为了能够在更大程度上对商品的内涵和意义进行消费，所以他们在消费中更倾向于有创意、有故事、有概念、有价值的商品，那些能够唤醒大学生的经验记忆、激发大学生的情感共鸣、触动大学生内心并使其认真反思生活的消费品，对大学生来说更具吸引力和诱惑力。

正如德国未来学家罗尔夫·詹森所说："商品的魅力不在于数据和信息，而在于商品背后的故事和意义。"① 在当代大学生的消费中，"故事"相对"功能"而言，充当着商品消费的核心要素，"故事"更能带给大学生情感体验和心灵慰藉。并且当前大众消费的"悦己性"，决定了大学生力图在消费中与商品发生情感互动和价值认同，对某一商品的消费代表着对某种思想文化的认可，他们消费的商品能够在一定程度上反映自身的形象和态度；同时当代大学生也非常注重参与感的获得，他们力求在消费中发现和肯定自我存在的意义，比如当前的弹幕文化、暴漫文化、表情包文化等都是因为充分发挥了大学生的参与性和主动性，而成为大学生中非常流行的青年亚文化。

某种程度来说，在当前大学生群体的消费中，情感因素比理性因素更加占据强势地位，情感因素改变了大学生消费的兴趣点，导致当代大学生在选购商品的过程中，重点考虑商品的审美价值、文化意义、个性风格和情感体验等非物质因素和附加价值，这些要素成为其消费的主导要素。当代大学生意在通过消费商品蕴含的故事——商品的符号价值，来表征自己的个性风格、获得自我认同感和集体归属感，从而使消费的象征意义更加突出并得以强化，这进一步推动了内容经济的发展和壮大。

（四）爱花钱，不任性

当代大学生群体具有明确的超前消费意识，各类信贷消费和理财产品在大学生群体中的使用率非常高，分期消费、信用消费等都是当代大学生普遍接受和青睐的消费形式。自 2013 年起，"蚂蚁花呗""京东白条""分期乐""趣分期"等网络信贷平台更是以大学生为主要用户。各类 P2P 信贷平台（互联网金融点对点借贷平台）、校园分期购物网站、电商分期平台等进入了爆发式增长期。据相关数据统

① ［丹麦］罗尔夫·詹森：《梦想社会：第五种社会形态》，王茵茵译，东北财经大学出版社 1999 年版，第 1 页。

计，电子数码、旅游、餐饮娱乐、服饰装扮是大学生进行分期消费的主要商品类型。

2017 年教育部发布的系列报告显示：截至 2016 年，中国大学生在校人数突破 1613 万，普通高校达到 2596 所，中国本科教育“体量”达到世界最大。① 2015 年中国大学生消费市场规模超过 4000 亿元人民币，预计未来中国大学生消费市场还将保持每年 4%—5% 的同比增长率。② 可见，大学生消费市场具有广阔的发展潜力，大学生成为推动各类新兴消费模式和新型消费业态的重要力量。

但是，大学生虽然愿意花钱，但是并不盲目消费。他们的理财意识也相对较强，在使用支付宝的相关产品“余额宝”的“宝粉”中，“90 后”占 32%；另外在各类理财记账 APP 的使用人群中，年轻群体的比例也是最高。这与新生代大学生的网络购物习惯和支付方式的互联网化高度相关，互联网金融产品逐渐成为他们高频使用的工具。支付宝花呗发布的数据显示：中国近 1.7 亿“90 后”中，超过 4500 万人开通了“花呗”，平均每 4 个“90 后”就有 1 个人在用“花呗”进行信用消费。近七成（69.41%）的“花呗”年轻用户都能做到“月月有余”，每月花销控制在授信额度的 2/3 以内。③

第三节　当代大学生大众文化消费的发展趋势

近年来，中国大众文化发展呈现如火如荼之势，表现出“你方唱罢我登场”的发展态势，具有鲜活的青春因子和广阔的发展前景，获得了当代大学生的关注，潜移默化地影响和改变着大学生群体的大众文化消费行为。本节从生活方式、消费理念、审美品位、认同标志和

---

① 人民网：《最新版高等教育质量“国家报告”出炉》，http：//edu. people. com. cn/n1/2017/1016/c367001 - 29588440. html，2017 年 10 月 16 日。

② 艾瑞咨询：《2015 年中国大学生消费分期报告——趣分期》，http：//www. iresearch. com. cn/report/2512. html，2016 年 1 月 4 日。

③ 蚂蚁花呗：《2017 年轻人消费生活报告》，http：//www. 199it. com/archives/590060. html，2017 年 5 月 4 日。

价值理念五个维度考量当代大学生大众文化消费呈现的发展趋势。

一　生活方式：隐私——“晒客”

随着web2.0技术的不断发展和进步，自媒体为大学生表达态度、建构形象、彰显自我，从而寻求尊重并强化自我存在，最终实现自我认同，提供了良好的平台和保障。自媒体是青年基于兴趣爱好、地缘、血缘、学缘等建立起的关系链，各类自媒体的即时性、交互性和开放性使其成为当代大学生进行沟通交流的主要方式。据统计，截至2017年12月，网络社交用户及使用频率都呈明显增长趋势，其中微信朋友圈、QQ空间、微博、知乎、豆瓣、天涯社区用户使用率分别为87.3%、64.4%、40.9%、14.6%、12.8%、8.8%；[①] 76.7%的用户使用社交工具的最主要目的在于通过分享个人信息与朋友进行互动，增进与朋友之间的感情。[②] 这赋予微信、微博等自媒体以一定的互动性、真实性和安全性，并使其在一定程度上成为当代大学生的一种生活方式和社交方式。

“晒”是英文“share”的音译，意为分享的意思。它是指大学生将自己的日常生活以文字、图片或视频等形式通过自媒体“晒”出来展现自己，是以参与、体验、分享和互动的形式进行的一种社交方式和生活方式。对大学生而言，“‘晒’的过程便是一种自我编码的过程，是他们关于内心的意义、欲望和目标的曲折化和隐喻化表达，他们通过‘晒’来自我指涉、自我塑造，呈现自我与他人的差异”[③]。这种以自媒体为中介充分展现自我，并与他人共享自己的生活体验与情绪感受的文化心理和文化行为，形成了当代青年亚文化的一个重要现象，即“晒”文化。它一方面用于进行社会交往，维护人际关系；

---

① 中国互联网络研究中心：《第41次中国互联网络发展状况统计报告》，http://www.cnnic.cn/hlwfzyj/hlwxzbg/hlwtjbg/201803/t20180305_70249.htm，2018年1月31日。

② 中国互联网络研究中心：《2016年中国社交应用用户行为研究报告》http://www.cnnic.cn/hlwfzyj/hlwxzbg/sqbg/201712/t20171227_70118.htm，2017年12月27日。

③ 闫方洁：《自媒体语境下的“晒文化”与当代青年自我认同的新范式》，《中国青年研究》2015年第6期。

另一方用于建构个人记忆、自身形象和身份认知，从而扩展公共生活空间、拓展集体记忆能力。

美国社会学家戈夫曼的“剧场”理论认为：人生就是一场表演，“表演者往往隐瞒或掩饰那些与自己及其成果的理想化表演不一致的活动、事实和动机”①，经过印象管理、修饰和润色，“目的是维持特定的情景定义，实际上，这代表着他对何种现实的要求”②。前自媒体时代，大学生的生活方式和消费方式相对比较私密；而自媒体出现后，他们开始致力于借助各类自媒体将自己的购物、旅行、心情等生活细节和生活态度展现出来。大学生乐于在朋友圈中将自己的学习、生活、情感等以图文的形式“晒”出，并将其视为一个释放压力、宣泄情绪及表现自我的安全通道以及鼓励打气的“加油站”，通过点赞、评论等互动方式以寻求和获取家人、朋友、同学等的关注与关心，从而满足并强化自我的存在感，最大限度地被“圈子”认可，最终实现自我认同，增强自我的满足感和幸福感；同时通过各种相对娱乐化和消费化的“晒”行为，可以了解朋友的近况并加强圈子内的互动，增强情感交流、维系亲友关系，继而维护并巩固社会关系。

美国心理学家马斯洛在需要层次理论中将人的需要按层级由低到高分为5种：生理需要、安全需要、社交需要、尊重的需要和自我实现的需要。其中社交需要又称为情感归属与爱的需要，是指个人渴望得到亲人、朋友的关心、爱护与理解，是一个人对亲情、友情、爱情等情感的需求与渴望。自媒体是基于熟人关系网络而建立的一个相对安全可靠的圈群网络，而当代大学生实现这一需要的一个重要方式和渠道就是线上的互动。自我认同是社会中的个体对自我身份和自身地位的识别与确认，这是主体达到自我实现的前提和基础。当代大学生普遍存在对自身身份的认知混沌和地位的焦虑不安，自我认同的确立

① ［美］欧文·戈夫曼：《日常生活中的自我呈现》，黄爱华、冯钢译，浙江人民出版社1989年版，第47页。

② ［美］欧文·戈夫曼：《日常生活中的自我呈现》，黄爱华、冯钢译，浙江人民出版社1989年版，第82页。

是当代大学生成长的“必修课”，各类自媒体为大学生找寻存在的意义和方向提供了新的空间与场域。

二　消费理念：炫耀——务实

消费观念作为一种深层次的文化价值理念，是指人们通过对消费生活的认识和领悟而形成的指导消费行为的思想观念。新时期大学生消费已经发生了从炫耀性消费到实用性消费的转变，在炫耀、攀比、炫富等心态驱使下的“随波逐流”和冲动性消费越来越少，大多数大学生不再盲目追求和崇拜高档、奢侈商品，而是对朋友推荐或相关APP上展示的商品产生浓厚的兴趣。同时KOL（Key Opinion Leader，关键意见领袖）、网络红人、UGC（User Generated Content，用户原创内容）、PGC（Professional Generated Content，专业生产内容）也带动了更多大学生进行追随式和模仿式的时尚潮流消费，并进一步推动了粉丝经济的繁荣；并且“货比三家”后才进行消费选择的意识在大学生群体中得到普遍的接受和认可，这都鲜明地体现了当代大学生突出个性消费和风格消费，并高度追求性价比的表现，90.2%的大学生表示在消费中一般遵循“买潮不买贵”“经济实用”“真正需要”“性价比高”的原则，这成为当代大学生进行消费的普遍心态和消费原则。

当代大学生群体消费行为中，一个突出的特点是：“内容”成为他们进行消费的主要驱动力，即更有深度、更走心、更具针对性的商品营销“内容”成为吸引大学生消费者购物的主要动因。以微格式、RSS（聚合内容）和RDF（资源描述框架）等类型的商品信息为主要对象，进行内容聚合的促销活动，通过创建、挑选、简化和传播有关价值的内容来吸引和获取目标客户的商业营销手段，称为内容营销（S2S，System to System）。当前内容营销已经从最初的单向的创意营销1.0时代迈入了注重商家与消费者互动的内容营销2.0时代，以消费者为核心是当前最为主要的商业模式。这种商业营销模式在最大程度上凝聚了大学生消费群体，其注重知识和创新价值的商品内容能够更好地满足他们的品位喜好，激发他们的参与愿望并体现他们的个性需求，最终实现自我价值。这使当代大学生的消费从“大而全”式的消费逐步转向“小而美”式的消费，“潮牌”“时尚”“定制”等成为大学生消费的关键词，这使他们的消费动机和消费内容更能体现自主性，因而使消费行为更趋实用与理性。

当代大学生乐于并善于分享，致力于“协同消费”或“合作式消费”意义上的网络消费公益活动。网络公益是一种以公益精神为宗旨的虚拟组织，是一种通过网络社会和现实社会的互动进行公益活动的实践方式。在各种网络P2P平台上，各种闲置物品和废旧物品也成为社会发展的一种资源，据2017年相关数据显示：在各类闲置交易平台（如闲鱼、转转等）及公益拍卖活动中，“95后”大学生均是其主要用户，他们致力于将“闲”变“现”，提倡绿色低碳生活方式（如支付宝上的“蚂蚁森林”等），这在一定程度上提高了资源、服务和商品的利用率，也体现出当代大学生群体消费的务实性。[①]

三　审美品位：大众——小众

随着我国改革开放的深入和社会主义市场经济的确立，我国经济发展经历了短缺经济——商品经济——产品经济——服务经济和体验经济的发展阶段，消费经历了商品供不应求——大众消费——小众消费——个性消费几个发展阶段。当前大学生消费已经不再主要受广告、明星等外在因素的引导，而是在各自的圈群内形成了以各类青年亚文化为核心的，更加个性化、潮流化和自主化的消费。大学生的消费不再以追求价格和品牌为主导要素，而是更加注重、追求品位与审美，这主要与大学生的消费心理和消费模式发生的一系列变化紧密相关。具体来说，首先，当代大学生善于思考并逐渐趋于理性，他们更加善于自己做出判断，而不是跟风模仿，能够走自己的路，寻找适合

① 第一财经商业数据中心：《90后分享经济消费报告》，http://www.cbndata.com/report/388/detail?isReading=report&page=1，2017年3月30日。

自己的、具有个性化和差异化的商品；第二，当代大学生的消费不再盲目追求名牌和价格，而是追求商品所蕴含的价值内涵和文化品位，追求完整的产品概念；第三，当代大学生追求体现自己的个性标签，希望通过小众化、风格化的商品来表达自我。这就造就了大学生群体对各类青年亚文化的追捧。近年来，这种趋势集中体现在二次元文化的发展上，并基于移动互联网的迅猛发展，形成了“二次元经济”的发展势头。

二次元文化，又称 ACG 文化，其主要内容是 Animation（动画）、Comic（漫画）、Game（游戏）和 Novel（小说）的缩写，作为一种近年来在我国青少年中兴起并蓬勃发展的流行文化，可以视为当前青年亚文化发展的核心形式，它在当前我国文化经济市场中占据重要地位，并为我国文化产业发展带来了很好的经济效益。二次元文化最初源于日本，1989 年日本因处于经济衰退期，人们普遍抱着悲观失望的心理状态，为了摆脱现实世界的困扰并怀念美好的过去，他们将希望寄托于漫画、动画、小说、游戏等形式，而因早期的动画、漫画、游戏等作品都是由二维图像构成，所以被称为“二次元世界”，与此相对应的是“三次元”的现实世界。二次元文化于 20 世纪 90 年代初传入我国，如风靡一时的《灌篮高手》《美少女战士》等动漫，对当时的“80 后”一代产生了较大的影响，他们也是最早受到二次元文化影响的一代人。而近年来随着互联网和网络游戏的迅猛发展，二次元文化通过与电影、音乐、综艺等文化产业的深度结合，在我国得以迅速传播并日益繁荣，国内的“二次元”文化 IP 及相关领域产品呈现一片繁荣之势，并形成了二次元文化产业链条。最为典型和火爆的就是当前在大学生群体中非常流行的弹幕文化、A 站（AcFun）、B 站（Blilibilili）、动漫电影、虚拟偶像、轻小说、字幕组文化等。

当前我国的二次元文化是指与主流文化相对独立存在的，有着圈群内的自用话语体系和文化逻辑的一种青年亚文化体系。数据显示：2016 年中国泛“二次元”消费者已达 2.6 亿，其中 97.3% 是“90 后”和“00 后”，在校大学生群体是二次元用户的主力军和中流砥柱，占68.09%。[①] 据统计，在“二次元”周边产品上，用户每年平均花费超过1700元，活跃“二次元”内容消费者规模达到568万人，边缘活跃“二次元”内容消费者规模达到8028万人。[②] 2015年被称为“二次元资本元年”。同年9月，“二次元”垂直社交应用“JUJU”宣布获得580万美元投资。同年11月，国内弹幕分享网站“B站”获得腾讯数亿元人民币D轮投资。然而，这些还只是“二次元”资本涌动的冰山一角。2016年湖南卫视跨年晚会上，某歌手演唱了一首在“二次元”界被称为“传说曲”的歌曲，这表明“二次元”已经与主流文化进行亲密接触，并冲出“次元壁垒”成为与主流文化相互融合的一种“常态”文化。

二次元文化基于对不同动漫、游戏和小说的爱好，而形成不同的圈子，进而形成各色各样的小众文化“风格”。学者约翰·费斯克将“风格”（style）一词定义为，文化认同与社会定位得以协商与表达的方法手段；我国学者胡疆锋则认为风格是亚文化的“第二皮肤”，是最具有吸引力的抵抗符号，也是大众媒体据以报道和再现的焦点所在。也就是说，“风格”是亚文化群体的共同文化符号，其传达的文化符号意义是群体独特审美和品位的标志。以真实的审美趣味和互动共享为基础的多种多样的二次元文化“风格”，主要表现为其内隐当代青年独立精神的主体性与批判精神的建设性，并成为青年亚文化与大众文化之间差异性和风格化的重要体现。

四　认同标志：物质——风格

由于在现代社会中，消费具有了一定的文化属性和意义象征，因此，消费已经成为当代大学生获得自我认同和群体认同的一个重要途径，即基于相同消费品位和消费趣味，大学生群体之间进行群体细分，并由此确认自身的社会角色以及在群体结构当中的地位。认同

---

① 艾瑞咨询：《2015年中国二次元用户报告》，http：//www.iresearch.com.cn/report/2480/html，2015年11月2日。

② 吴晋娜：《二次元文化，从小众走向大众》，《光明日报》2017年6月27日第8版。

（identity）一词最初是由美国心理学家埃里克森作为一个广泛概念来使用的，随着现代化进程的加快，对于认同问题的思考和研究也随之进一步深化。认同问题是一个现代性问题，认同现象实质上也是一个现代性现象。一般将现代认同分为两个部分：即自我认同和社会认同，即人们对“我是谁”“我在哪里”“我有什么用”等一系列问题的追问和反思，也就是说认同问题是人们对自我价值和自我意义的觉醒与意识，是对自我特殊性的确认及自我个性的肯定。

随着消费社会的发展，认同逐渐由劳动领域向消费领域转变，消费成为人们普遍认可和接受的建构认同的主要方式。当代大学生的消费过程在本质上也是大学生进行认同建构的过程，对于同一种商品或同一种符号的消费，来建构一种圈群文化或青年亚文化，从而实现由“我”到“我们”的建构，这种建构意味着共同的利益和共享的情感。

当代大学生认同的标志也相应发生了重要的改变。一方面，最初大学生用来确认自身的标志主要是对奢侈品和名牌商品的消费，而随着大学生消费观念的日益理性化和实用化，以及西方消费文化在我国的逐步渗透，大学生进行自我确认的主要标志已经由外在的实在物品转为消费品的内在象征符号与风格意义，当代大学生进行自我群体划分的标准不再是以经济上是否拥有某种物品为区分标志，而是以精神文化上是否持某种审美品位及文化趣味为判断标准。即在产品经济和体验经济时代，大学生进行自我认同标志的变化趋势发生了由外在向内在的转变，即由具体的实在的“物质”（商品）的实体性占有消费，过渡到强调“快乐”“成就”“获得”“存在”等“精神”（情感）的虚拟性体验消费。

另一方面，当代大学生进行群体认同的标志也发生了一定的转向：主要由以往通过消费获得某些消费品以融入某个群体，转变为为了获得某些青年亚文化圈群的认可、接受和肯定。当代大学生在某些圈群内因兴趣爱好和价值思维相同，并互动分享、表达观点而产生某种情感上的认同与共鸣，而文化和价值的认同增强了群体之间的黏性，因此，价值观的认同和心理需求是这一时期大学生谋求群体认同的重要因素。

五 价值观念：物质主义——后物质主义

物质主义价值观自消费社会起，一直占据着人类社会发展的核心地位，它强调经济发展在社会结构中的重要地位，把物质财富的占有作为人类生活和生产的重心与关键，并鼓吹人们可以通过对物质财富的占有来实现幸福和成功，并且人们赢得社会地位、获得尊重并实现自我的标志也是以物质上的奢侈消费为标准进行衡量的。然而随着单纯以生产力为唯一标准的物质主义价值观的发展，人类社会相继出现了环境恶劣、消费异化、就业率下降等诸多社会问题，伴随经济增长的是人们认知水平和认知能力的不断提高，人们的价值观念也随之发生巨大的变化，逐渐由物质主义价值观转向后物质主义价值观，并且这一进程也对我国经济发展产生了重要影响。

“后物质主义”这一概念最初在20世纪70年代由美国政治学家罗纳德·英格利哈特在《寂静的革命——西方公众变化中的价值观和政治方式》一书中提出。他认为，所谓后物质主义是指“新中间阶级”的思想倾向和价值选择，它以“生活质量”“自我实现”和“公民自由”为主要内容。[①] 后物质主义与物质主义有着不同顺序排位的价值体系和价值优先性，“这些不同的价值优先级和价值体系强调自我肯定、生活质量、民主参与、平等和非正式的人际关系”[②]，提倡绿色消费理念和生态消费理念，主张人的生产和消费必须遵循后物质主义原则，防止工具理性膨胀和物质主义的误导。后物质主义价值观主张生态优先发展和绿色消费理念的转向，人与自然、人与他人的和谐共生共存是其价值观的核心诉求；倡导工具理性和价值理性的相互

---

① 周穗明：《“后现代”的选择：西方兴起的后物质主义价值观》，《马克思主义与现实》1999年第1期。

② Inglehart R, “New Perspectives on Value Change response to Lafferty and Knutsen, Savage”, *Comparative Political Studies*, Vol. 17, No. 4, June 1985.

均衡，以及经济发展和消费行为必须遵循价值理性原则。

物质主义价值观是在工业革命后，世界各国经济发展和技术进步的现代化过程中建立起来的，以经济发展和人身安全为核心的价值理念；而后物质主义是在对工业革命发展所带来的诸如生态环境、消费主义等一系列社会问题和人的主体性问题反思的基础上建构起来的，以自主和自我实现为核心的价值观念，它不仅顾及现世代人们的权益和价值诉求，还基于可持续发展的角度，关涉未来世代人类发展的利益和权利的考量。

我国目前处于物质价值观与后物质价值观并存时期，但是后物质主义价值观已经成为我国大学生价值观念发展的一种趋势。世界价值观调查组织进行的第 6 次世界价值观调查数据显示：2010—2014 年，尽管我国人民的物质生活水平并未实现普遍富裕，仍有 53% 的调查对象持物质价值观，但与过去相比，持物质价值观的群体占比正在下降，持后物质价值观的人群逐渐增多，其中大学生占重要比例。当代大学生群体秉持后物质主义的价值观原则：坚持绿色消费并高度关注环保问题，注重自身生活质量和身体健康，这带动了我国大学生在健身、跑步等方面的消费热潮以及“低碳生活”“绿色出行”等各类共享经济的蓬勃兴起。几乎 95% 的大学生使用过顺风车、共享单车等交通工具出行，主张“绿色”“环保”“节约”等理念的大学生比例也高达 98%，这标志着当代大学生群体价值理性与合理需求的回归以及生态理性的确立。

本章小结

本章通过调查问卷的方法对当代大学生大众文化消费行为的相关数据进行分析并得出相应的结论。当代大学生大众文化消费的目的、态度、偏好和认同均发生了一定程度的改变，具体表现为：获得情感体验是其消费心理、寻求自我认同是其消费目的、小众文化是其消费偏好、分享互动是其主要消费形式，这是当前大学生大众文化消费的总体情况。同时，在大众文化影响渗透下，当代大学生的思想观念和认知图式也发生相应的变化，并对其消费行为产生一定的影响。具体来说，当代大学生思想观念和行为方式的特点主要表现为：角色预期多元化、核心价值缺位化、社交方式“圈群”化、知与行的矛盾体。其消费行为的特点主要表现为：小众消费崛起、懒人消费盛行、产品故事兴起、爱花钱不任性。

当代大学生大众文化消费也体现出一定的发展趋势，具体表现为：在生活方式方面，由注重隐私到乐于在自媒体上以图文的方式晒出自己的生活状态和生活细节；在消费理念方面，由注重物质性的炫耀攀比消费到注重实用理性消费；在审美品位方面，由随大流、追捧式的大众消费到注重个性风格的小众消费；在认同标志方面，由对某种物品的占有到某种风格的展现；在价值理念方面，由物质主义价值观到后物质主义价值观的转变。

第三章　影响当代大学生消费行为的大众文化主要类型

大众文化是影响当代大学生文化消费行为的一个重要因素，大众文化本身所具有的批判性、符号性和抵抗性均在当代大学生大众文化消费行为中有所体现。本章主要根据前文调查数据显示的结果，选取当前大学生文化消费中的三种典型大众文化形式——粉丝文化、ACG文化和弹幕文化，体现当代大学生大众文化消费行为的特征，以及大众文化对当代大学生消费观念、审美观念及消费方式产生的影响。诚然，大众文化对大学生消费行为既有积极正面的影响，又有消极负面的影响，而本章侧重于对其负面影响的分析。

第一节　粉丝文化对当代大学生消费观念的影响

粉丝文化是对当代大学生影响最广的一种大众文化形式。我国粉丝文化的兴起始于2005年的选秀节目《超级女声》，随着我国自媒体的不断发展和广泛应用，在数字化传播时代和大众消费时代的语境下，网络红人、网络大V、网络直播、明星应援等新兴文化形式的出现，使粉丝文化得以蓬勃发展，并成为当下最具青春活力和爆发力的大众文化样态之一，深刻影响和改变着当代大学生的消费观念。它在充分发挥大学生主动性和能动性的同时，也会导致大学生消费价值观的分层化，以至于使大学生沦为“乌合之众”和“消费个人主义者”。

一 粉丝文化的内涵及特点

现代意义上的粉丝文化属于一种带有强烈参与性、情感性、消费性和符号性的大众文化消费形式，并且在新媒体时代，粉丝文化呈现出其独有的新的特点。

（一）粉丝文化的内涵

粉丝现象并非一个新鲜事物，西方的封建贵族对文学家、艺术家的热爱，中国旧社会对戏曲演员的追捧等，都可以视为一种粉丝现象。但是现代意义上的粉丝文化却是伴随西方工业社会和大众传播媒介的出现才产生的一种文化现象，并成为大众文化的重要组成部分。粉丝是英文“fans”的音译，是指对某人或某物的极度热爱和崇拜，具有过度性、参与性、消费性、规范性和情感性等特点。费斯克认为，粉丝对偶像的喜爱和追捧处于过度投入的状态，因而他们是受众中最具辨识力和最挑剔的群体；粉丝具有强烈的参与性，通过参与各种活动实现与偶像的对话交流，从而实现自我认同；粉丝的实践活动主要通过各种消费行为体现出来，从而形成了粉丝经济，成为推动社会文化产业发展的一股强势力量；粉丝活动大多是群体性活动，他们通过俱乐部、粉丝群等各种形式形成一定的组织机构和行为规范，詹金斯将这种机构称为“粉都”；粉丝对偶像的消费一般出于情感的喜爱，在一定程度上饱含了精神寄托与情感归属，因而属于情感消费。由此可见，粉丝具有鲜明的互动性、商业性和情感性，并且与大众媒介密不可分，这使粉丝的文化消费行为从一种现象升华为一种文化，从而形成了粉丝文化，并且成为大众日常生活中的一部分。

我国对粉丝的研究起始于2005年湖南卫视的选秀节目《超级女声》，与以往对明星偶像的“追星族”不同，粉丝们开始用自己的情感和行动积极参与“造星”运动，推动了娱乐的平民化和草根化。最初的粉丝只是一些出于对偶像的喜爱、以“原子化”方式存在的个体，他们消费偶像的目的是为了自娱自乐，但是随着大众媒介和各类自媒体的出现、发展及普及，粉丝们通过网络形成了一个个粉丝社群，并从中获得认同感和归属感。他们在网络上以明星偶像为文本，对其进行加工制作和重新“编码”，实现“意义再创造”，这使最初自娱自乐的行为转变为泛娱乐化式的网络集体狂欢，粉丝通过共同的参与和行动，形成了一个“想象的共同体”。此时粉丝追捧的对象已经超出明星偶像的范畴，日常生活的一切人和物都可以成为被“粉”的对象。同时粉丝的商业价值也得到凸显，如《超级女声》为湖南卫视带来直接经济效益6800万元，电影《孤岛惊魂》票房9000万元，这些事例都是粉丝的消费力量得到突出表现的证明。

（二）我国粉丝文化的发展历程

西方对于粉丝文化的研究一般经历研究积极受众为粉丝正名——消费社会学对粉丝文化的微观考察——多元视角下的大众日常生活实践研究三个阶段，并最终形成比较完备的研究体系和研究方法。而我国对粉丝文化的研究有着独特的文化语境和社会背景，整体处于相对滞后状态，并明显落后于粉丝现象的发生和发展。改革开放以来，尤其是2012年以后，随着大众媒介的蓬勃发展和广泛使用，我国对粉丝文化的研究以微信、微博等为切入点，掀起了一股研究热潮，并取得了丰硕的成果。整体上看，可以将我国粉丝文化的发展分为三个历史阶段。

第一，改革开放初期以明星为主导的单向传播的粉丝文化。改革开放初期，科技发展还相对落后，信息传播工具仅限于报纸、杂志等纸质媒介，雷锋、张海迪、赖宁等人成为当时主流媒体树立的青年典型偶像。20世纪90年代，随着电视的出现以及大众文化的发展，才逐渐出现以青少年为主要群体的“追星”现象，这一时期的偶像多为港台的影星、歌星、通俗文学作家，后来扩大到内地的体育明星和摇滚歌星。这一时期粉丝文化多以个体行为为主，还没有形成具有组织性和规模性的粉丝社群，主要表现为购买偶像的歌曲磁带、录像带，张贴明星画报，模仿明星服饰等行为，粉丝与偶像之间的沟通、交流和互动相对较少。

第二，生产方式变革影响下的粉丝文化。20世纪90年代后期，随着生产力的不断发展和人民生活水平的日益提高，我国进入了大众消费时代。这一时期的粉丝文化也得到突飞猛进的发展，尤其是 2005 年湖南卫视选秀节目《超级女声》的播出，将我国的粉丝文化推向了发展的新阶段。它通过手机短信和网络投票等多种方式增强了粉丝与偶像之间的沟通、互动与交流，充分体现了粉丝的主动性、参与性和自主性，并且这一时期的粉丝不再局限于对文体娱乐明星的崇拜，各种人物、事物，甚至是虚拟的形象（比如洛天依、初音未来等）都可以成为粉丝的偶像，造就了一场全民娱乐和集体狂欢的盛宴。

第三，媒介融合发展下以关系为主导的多向传播的粉丝文化。当前粉丝文化呈现出多元发展的态势，粉丝不再仅仅是被动的纯粹的消费者，还是主动的积极的生产者，也就是粉丝由“消费偶像”变为“生产偶像”，他们不再是独立的个体，而是在分享与合作的基础上展开活动，并且借助于各类自媒体，粉丝与偶像、粉丝与粉丝之间可以进行即时的互动与交流。近年来，网络直播、网红经济饭圈成为粉丝文化发展的最新形式并呈现迅猛发展之势。据统计，截至 2020 年 12 月，我国网络直播用户共计 6. 17 亿，其中游戏直播用户规模达 1. 91 亿，真人秀直播用户规模达 2. 39 亿。[①]

（三）新媒体时代粉丝文化的特点

各类新兴媒体的发展使人们的生活方式、生活态度和行为方式都发生了一定的改变。新媒介本身所具有的即时性、互动性和便利性的特点，将传统的自上而下的单一线式信息传播方式变为多向交互式的信息传播体系，这为粉丝群体的壮大以及粉丝文化的发展提供了便利的条件和空间。面对汹涌而来的媒介化和信息化浪潮，詹金斯针对媒介与受众之间的对话、交流与互动不断增强的现象提出了“参与性文化”的概念，他认为媒介技术的发展使普通受众也可以参与到媒介内

① 中国互联网络研究中心：《第 47 次中国互联网络发展状况统计报告》，http：//www. cnnic. cn/hlwfzyj/hlwxzbg/hlwtjbg/202102/t20210203_ 71361. htm，2021 年 2 月 3 日。

容的生产和传播过程中来，参与性文化日渐成为一种全球性的文化热潮，其中粉丝是所有媒介技术的最早使用者和推广者之一。在这样的社会背景下，粉丝文化具有了一些新的特点。

第一，网络粉丝社区的形成。网络社区是基于相同的兴趣爱好形成的，由于网络的普及和网络社区互动的不断加强，粉丝群体之间实现了线上线下的互动。网络社区的定向性可以使粉丝个体快速寻找到与自己拥有相同兴趣爱好的群体，从而使粉丝群体的力量不断发展壮大，同时也利于粉丝文化的广泛传播。比如“百度贴吧”“新浪微博”“知乎”等社交平台都相继以兴趣爱好、明星名人等为关键词设置不同的分类，以方便粉丝能够进行快速定位。同时网络的即时性和互动性能够及时收集粉丝个体的意见，并带动相关粉丝实践行为的产生。

第二，粉丝文本再创造的可能。各类新媒体和自媒体的普遍使用增强了粉丝间的情感交流，为粉丝将偶像元文本进行二次创作，从而表达对偶像的喜爱提供了可能，也为粉丝参与创造媒介叙事并获得文本生产的权利提供了便利条件。借助网络和媒介，粉丝甚至可以联合起来影响媒介文本的运作，即实现了“用户生产内容”（UGC），这就打破了文本消费与生产之间的鲜明界限，体现了粉丝的能动性。

第三，“粉丝”的商品化。在粉丝的巨大商业价值面前，出现了一种新兴的职业——职业粉丝，简称“职粉”，即专门为明星艺人造势宣传、策划活动和塑造形象并从中获取经济来源的工作。“职粉”的出现是消费社会的特有产物，是运用商业手段制造明星的典型现象，它的出现是粉丝、商业和媒介三者共同发展的结果，从而形成了一条完整的粉丝文化产业链条，促进了粉丝文化的繁荣发展，有利于在最大程度上实现粉丝的商业价值。

二　粉丝经济的崛起与发展

约翰·费斯克曾将工业社会中的粉丝文化视为一种大众文化的强化形式，他认为，“粉丝”群体不仅是具有相同价值观念和文化认同的群体，同时还是具有强大消费潜力的群体，粉丝因对偶像的喜爱与忠诚而进行的消费能够在一定程度上带动经济的发展，形成粉丝经济。当前的网红经济、明星应援经济、网络直播经济等各种新兴大众文化消费形式都是粉丝经济的延伸与拓展。

（一）粉丝经济的概念及特点

消费社会中人们通过对商品符号价值的追求来获得心理满足和身份认同，促进了粉丝文化的迅速发展，加之在新媒体和互联网的助推下，一种新兴的文化经济类型——粉丝经济应运而生，并日益显现出巨大的经济效益。粉丝经济是一种通过提升现有用户黏度，不断将消费者发展为粉丝，从而增强宣传效果并提升企业经济效益和经济利润的商业营销方式及市场运作模式，主要被文化产业、娱乐产业和网络电商采用。它是基于粉丝参与的品牌社群在信任关系之上建立的社会资本平台及其相关商业经营行为。简单来说，粉丝经济就是以信任兑换商业价值。

情感、精神、文化是粉丝经济的核心概念，粉丝经济不仅是一种新媒体营销手段，还是一种基于互联网发展起来的新经济形态。在大数据时代，粉丝经济在引领消费潮流、主导社会创意方面将会发挥更大的作用。从本质上看，粉丝经济是一种建立在情感基础上的精神消费，它通过影响用户的情绪情感，即利用粉丝对品牌的信任和依赖，达到用户主动参与、最终实现盈利的目的。也就是说“粉丝”不仅是出于利益的驱动，而更追求精神上的慰藉与情感上的满足，并且粉丝不再仅是被动的消费者，还是积极参与文本构建的生产者，并逐渐转变为“生产型消费者”的角色。

媒介融合背景下的粉丝经济具有三个方面的主要特征。第一，影响力显著。各类自媒体的发展改变了过去自上而下的、单一线式的信息传播模式，使“人人都有麦克风”，信息传播呈现网状式和裂变式的形态。这使粉丝社群能以最快的速度、在最大范围内进行信息的交流与传播，粉丝经济的长尾效应得以发挥，粉丝经济的影响力也较过去得到显著增强，粉丝也由完全被动的消费者变为积极参与的生产者，并衍生出社群经济的产业链条。

第二，类型多样化。粉丝经济不再限于对明星相关产品的消费，还包括对相关衍生产品、日常用品、身边人物等的消费与崇拜，也就是说人们日常生活领域中的一切都可能被“粉丝”化，这拓展了粉丝的想象空间，并丰富了粉丝经济的商业运作模式。

第三，创新力提升。粉丝通过各类媒体积极互动、分享、传播并创造内容，在这一过程中可能会产生大量的创意，从而提升粉丝经济的创新性，并且在分享和评论信息的过程中，也会对他人产生一定的影响，并加快粉丝的裂变。

（二）粉丝经济的基本类型

粉丝经济具有三种典型的模式。第一，明星经济模式。粉丝文化最初源于粉丝出于对偶像的追捧、热爱而进行的一系列购买明星相关产品的消费行为，这至今仍然是粉丝经济最主要、最普遍的一种模式。在媒介融合的发展趋势下，明星经济产业链逐渐形成，这使粉丝不再局限于消费单类产品或服务，而是全方位地消费明星衍生品牌。第二，IP 运营模式。IP 是一种近年来火热的经济发展模式，它主要是指可以进行开发的文化产业产品，可以是一个故事、一个作品、一个概念、一个角色……其核心是“内容”，关键在于由内容聚集而成的粉丝效应。随着媒介融合的发展，传统的粉丝经济由简单的“生产—消费”模式转变为 IP 跨界开发与资源整合的多维模式，并基于粉丝的情感和消费需求，将原始文本变为媒介文本，从而实现 IP 的增值与转化。第三，合伙人商业模式。当前人们的社交方式主要建立在网络基础之上，人们基于共同的兴趣、爱好和目标聚集在一起，形成一定的“圈子”，这个“圈子”本质上属于网络社群。粉丝就是这样一种社群，而以粉丝社群为基础的商业模式被称为“社群经济”，它打破了中心化的运作模式，采用“去中心化”的自组织模式以及连接、协作、共享等多种方式，基于自身的需求和资源与其他社群成员、商业机构以及个人开展商业合作，这就形成了“合伙人”式的商业模式。

（三）粉丝经济的发展趋势

粉丝经济已经成为我国社会经济发展的重要组成部分，尤其近年来借助大众媒介的力量，高度注重对内容、口碑和品牌的打造，其发展呈现以下几种趋势。

第一，从对粉丝需求的满足转向引导粉丝的需求。用户经济阶段，主要是企业生产商品以满足用户的消费需求，这一时期消费者处于相对“理性消费”的阶段；而粉丝经济阶段，消费者对品牌和商品投以情感因素，并且参与商品制作和品牌营销过程，其消费既有物质消费的因素，又有精神消费的成分，从而实现从“需求”到“追求”的提升。

第二，从经营粉丝圈到精准定位粉丝社群。粉丝经济在很大程度上是一种圈子经济或社群经济。根据兴趣、爱好、地区、年龄等不同关键词，将人们划分为不同的社区和圈子，并以网络为媒介，借助微信、微博等社交平台在圈子内进行对话沟通和信息交流，从而实现粉丝对产品的情感信任，这就基于情感认同和价值认同在粉丝间建立了粉丝社区，为企业依据粉丝社群的需求对产品进行精准定位提供了极大便利。

第三，从众包到众消再到众筹。粉丝经济的发展使今天企业间的竞争不再仅仅是产品和渠道的竞争，而以资源整合和终端消费者的竞争为主。粉丝经济经历了用户生产内容的众包、用户消费产品的众消，并发展到用户募集资金的众筹阶段。众包是指个人或企业打破雇员与供应商之间的界限，从大量人群中征集服务、观念、技术或人力；众消即产消，是指生产和消费合二为一；众筹就是大众筹资，以团购、预订等方式向大众筹集项目资金。当前粉丝经济以众筹为主要手段，对事件、品牌进行推广和整合营销。

第四，以满足消费者个性化和定制化服务为主要目标。粉丝并非简单的消费者，而是消费者当中的产品专家和意见代表，他们能够对产品的改进和服务提出有效的意见。因此，各企业都非常注重收集粉丝对产品使用的反馈意见，并根据粉丝意见进行产品的改进和完善，并且当前粉丝经济已经发展为线上和线下的互动模式。

三　粉丝文化与当代大学生消费价值观

粉丝文化的受众始终以青年大学生为主体，并且粉丝文化的发展也使大学生粉丝的消费行为不仅具有经济含义，而且越来越表现出鲜明的社会意义和文化意义。因此，粉丝文化对当代大学生的消费行为产生了重要影响，它在一定程度上能够体现大学生的积极性、主动性、创造性，改变了偶像生产格局，为大学生参与社会文化发展和日常生活实践提供了便利的渠道，体现了费斯克所言的“微观政治”，但同时粉丝文化也会为当代大学生的文化消费行为带来负面消极的影响，主要表现在大学生的消费价值观方面。

（一）容易导致大学生消费价值观的分层化

现代社会不同文化之间冲突、矛盾与对抗的实质是不同价值观之间的差异与冲突。随着全球化、信息化及大数据时代的到来，新媒介和科学技术的不断进步对当代青年大学生的思想观念、思维方式、行为方式均产生巨大的影响，并且深刻改变着大学生日常生活的方方面面。粉丝文化的发展也体现在不同消费价值观之间的冲突，不同粉丝的消费方式和消费行为也相应体现出一定的差异，这主要是由于粉丝所占据的文化资本的不同所决定的。所谓文化资本是文化与资本之间以权力为中介而结合形成的产物，它是在文化场域中积累的、以文化内容为存在形式的劳动成果，并在表现形式与作用机制上遵从资本逻辑，在本质上属于文化形式的资本，是资本文化化的产物。媒介融合背景下的粉丝文化，突出了消费者的能动性和创造性，使粉丝具备生产消费者的角色，本质上是粉丝占据文化资本的一种体现，通过文化资本的不同来体现个性与差异，从而使不同粉丝和不同粉丝社群之间得以区分，而这种区分的结果直接导致了当代大学生消费价值观的分层化。

布尔迪厄认为，文化在资本主义社会中发挥的作用越来越重要，文化资本的地位和重要性也日益凸显，它与社会资本、经济资本三者之间互构共建，共同维护资本主义社会的安全稳定和正常秩序。按照人们对这三种资本的掌握程度和占有类别的不同，将社会上的人们划分为不同的阶层，而不同阶层的消费品位、消费水平和消费方式也会有所不同。资本的数量决定人们的消费水平和消费能力，资本的结构决定人们的消费品位和消费决策，消费是社会差异得以确立的主要标志和主导方式，不同阶层通过不同的消费行为和消费模式区分开来，也就是说不同的阶层具有不同的消费习惯，人们在消费过程中形成不同的消费观念、消费行为和消费品位，从而实现本群体的自我认同和社会认同，达到与其他阶层相互区分的目的。因此，消费成为上流阶层与下一阶层进行区隔，并保持自身政治特权和经济优势的一种重要手段。而在消费社会中，社会商品达到了丰盛的状态，人们的消费方式更加倾向于追求个性风格和审美品位，并更多地追求获取文化资本，于是人们的炫耀性消费行为由对物质金钱财富的炫耀转向对文化品位个性风格的炫耀。这就是说，现代社会中人们之间的区分不仅是政治和经济的区分，更是文化和心理趣味的区隔，而文化趣味是由人们所掌握的文化资本所决定的，文化品位差别的实质是文化资本及文化权力之间的差异。这表明文化已经成为决定社会结构和阶级结构的重要因素，文化再生产成为权力生成和社会分层的逻辑基础。

最为典型的例证就是“果粉”（美国苹果公司产品的粉丝）与“米粉”（小米公司系列产品的粉丝）之间的价值观差异。苹果公司在产品定位和风格设计方面非常注重时尚、科技与艺术三者的有机融合，并且苹果产品也被认为是一种身份的象征，其昂贵的价格和时尚的设计满足了大学生的虚荣和攀比心理；而小米公司致力于高性价比和亲民的低价格，并打上“热爱国货”的口号，其采用的饥饿营销模式一度掀起网上的抢购风潮。可见，青年大学生出于不同的文化偏好和审美品位，通过消费不同的偶像、产品和活动作为自身文化资本的体现，用以张扬个性时尚、表达利益诉求、宣泄情绪情感。

（二）容易导致大学生沦为“乌合之众”

粉丝文化作为一种生活方式和消费方式的代名词，其含义早已超出了经济的范畴，而具有更为深刻的社会意义和文化意义，正因如此，粉丝群体也不仅仅是简单地按照职业、区域、经济状况等社会阶层性因素进行划分，而是根据消费方式和行为方式的精神导向及文化特性进行辨识，这就使粉丝文化具有了身份区隔和身份认同的功能。由于粉丝文化所具有的崇尚个性、追求自由、追捧时尚潮流等特点与青年大学生的个性特点相契合，因此，粉丝文化的受众以青年大学生为主体。青年大学生是粉丝文化的主要建构者、参与者和推动者，粉丝文化作为一种在当代大学生中传播甚广的圈子文化，在一定程度上对大学生的消费观念和消费方式发挥重要影响和示范作用，但同时也不可避免地会产生一定的极端化、盲从化和情绪化等非理性群体行为，并且网络的匿名性、即时性和隐私性，也会引发一些网络暴力事件的发生。而大学生由于其生理和心理特点，对信息的真伪辨别能力以及媒介素养相对欠缺，极易为不良粉丝文化所诱惑，导致人云亦云、盲目跟风，最终沦落为“乌合之众”。正如法国心理学家古斯塔夫·勒庞所言：“在群体心理中，原本是突出的才智被削弱了，导致群体中每一个人的个性也被削弱了。表现出差别的异质化被同质化吞没了，最终无意识品质决定了群体的智慧。”[①] 并且由于部分粉丝对某一事物或人物“过度的”追捧与热爱，可能还会导致一些偏执或疯狂的非理性消费行为的发生。

从一定意义上说，粉丝文化属于现代消费文化，而“现代消费文化的产生，促使整个社会的生活方式采取以消费为主的游戏、享乐和无拘无束的样态。由于消费本身已经渗透了大量的文化因素，在消费中生活或在生活中消费也成为一种新兴的文化活动”[②]，并且当代大学生的消费不仅注重商品的价格和质量，而且更为注重通过消费彰显自身的个性风格和审美品位，品牌和口碑成为他们消费时关注的焦点问题，这使他们的消费非常容易受到大众的影响，周围人群的评价和

① ［法］古斯塔夫·庞勒：《乌合之众：大众心理研究》，戴光年译，新世界出版社 2011 年版，第 9 页。

② 高宣扬：《流行文化社会学》，中国人民大学出版社 2006 年版，第 337 页。

看法非常容易左右大学生的消费行为，尤其是粉丝消费时的从众心理和跟风心态表现得尤为显著。粉丝社群的信念、态度和规范会对大学生的消费价值观产生重要的影响，无形中会对大学生造成压力，从而左右并控制大学生的思考与判断。因此，粉丝们试图通过相同的消费以融入粉丝社群，并获取他人的接受与认同，从而实现自我认同和社会认同。同时现代社会商品的符号化，赋予了商品不同的符号意义和文化象征，对不同商品的消费就是对自我个性和审美风格的表达，通过商品的消费可以体现出个人的价值观念、审美品位及生活态度。因此，消费成为青年大学生进行自我建构与意义表达的有效工具。也正因现代消费所具有的这种符号性特征，当大学生过分注意他人看法时，就会出现跟风消费、攀比消费、虚荣消费、炫耀消费等非理性消费行为，以及彻夜排队购机、割肾买 iphone、网络借贷消费等极端消费行为。

（三）容易导致大学生沦为“消费个人主义者”

粉丝经济的出现和兴盛，与大众文化和媒介技术的发展密不可分，它是粉丝文化与商业文化共同发展的产物。消费社会中，当代大学生的消费越来越倾向于寻求情感体验和心灵共鸣，这与当代大学生经历“时代痛点”之后引发的情感共振有着直接的关系，是对我国社会转型时期出现的各种矛盾与问题的真实写照。一方面，他们面临着就业难、房价高、性别比例失调等现实生存压力所带来的强烈的心理焦灼感；另一方面，也反映出当代大学生对自身社会地位与话语权力的一种反思和自省。因此，当代大学生力图在消费中排遣寂寞，释放压力，化解危机感、边缘感和失落感。正如鲍德里亚所指出的，物的变化在一定程度上是社会阶层上升的积极指认，但也会转变为无法变动的群体的心理补偿。[①] 粉丝文化是青年面对各种社会问题寻找不到现实中的出路，为了宣泄自身情感和理想诉求而选择的一种想象式

① ［法］让·鲍德里亚：《符号政治经济学批判》，夏莹译，南京大学出版社 2015 年版，第 37 页。

的解决方式和途径；它是为了弥补人们被现实生活所压抑而产生的内心缺憾，将人们在现实中得不到的满足和欲望，寄托、投射于某个事物或人物身上，并将其人格化、偶像化，从而在偶像崇拜中建构自己的形象与认同。粉丝文化获得了商家的高度关注，各个商家通过各种注入强烈情感因素的宣传广告和商业策略刺激粉丝的消费欲望，致力于将明星偶像打造成商业符号，用以满足粉丝内心的需求和欲望，甚至粉丝的情感和情绪都被偶像左右及主导，使粉丝陷入“偶像拜物教”的泥潭中，其最终目的是为了对消费者进行“圈地运动”，从而获取巨额的商业利润。

同时社会人际交往的原子化、表面化和疏离化，导致人们在现实社会交往中归属感和认同感的缺失，因此，只能借助个体化的消费行为获取情感体验和心理认同。粉丝文化是当代青年为摆脱孤独感和焦虑感而逐渐形成的一种文化体系，用以实现自我满足感和社会归属感。在相同兴趣爱好和崇拜对象的引导下，高度相似的文化认同和价值认同让他们彼此间紧密联系并相互认同，从而形成以大众文化为纽带的“兴趣共同体”。但是他们的消费行为始终具有流动性、符号性和时尚性等特点，因此大学生在消费中为了宣泄情感，借用自嘲、恶搞、反讽、拼贴等后现代主义的象征手法和叙事方式，形成各种各样的青年粉丝亚文化，比如屌丝文化、蚁族文化、废柴文化等，均成为当前青年释放压力和发泄情绪的重要手段。

粉丝文化与商业文化的融合使当前粉丝文化的发展带有鲜明的“泛娱乐化”色彩，“娱乐”甚至成为塑造大学生群体日常生活和行为方式的一个重要力量。“泛娱乐化”使一切都以“娱乐”为衡量标准，它消解了意义和崇高，使粉丝文化极易沦为肤浅、平庸的“快餐文化”，使大学生沦为个体感官经验主义者。这会导致大学生的理性判断力和真伪鉴别力不断弱化，审美趣味和价值观念扭曲错位，成为“娱乐至上”的拥护者。大学生的生活方式发生“以消费为中介，以娱乐为目的”的转向，各种具有浓厚消费色彩和商业烙印的粉丝亚文化轮番登场，致使大学生中拜金主义和娱乐至上的价值取向蔓延，大学生群体从粉丝文化中获取的只能是虚假的情感满足和社会认同，最终只能走向虚无主义。

第二节 ACG 文化对当代大学生审美观念的影响

ACG 文化是近年来对大学生产生重要影响的一种大众文化形式，它是一种新兴的文化样态和文化形式，在当前我国文化产业发展中占据重要地位，在拉动文化产业发展、刺激文化消费需求、丰富大众文化生活等方面均发挥着无可代替的作用。ACG 文化作为一种特殊的大众文化形式，其主要受众以青少年为主体，并对当代大学生的审美观念产生了重要影响，它在充分发挥大学生想象力和创造力的同时，也容易导致大学生审美观念的世俗化、犬儒化和虚无化倾向。

一 ACG 文化的内涵及特点

ACG 文化是一种特殊的大众文化形式，它发源于日本，带有强烈的文化感染力和鲜明的符号辨识力，作为当前我国文化产业的热点形式，被冠以“21 世纪知识经济的核心产业”称号，其自身具有鲜明的特点，并发挥独特的功能。

（一）ACG 文化的产生及发展

ACG 文化源于日本，一般也可称为 MAG（manga、anime、game 的缩写）、オタク（otaku）、“二次元”等，它的文化受众被称为“御宅族”。ACG 语境下的 animation 主要是指日本的动画作品，其主要以按季播出的番组为主要形式，还包括一些原创动画录影带和光碟动画作品；comic 也多是指日本的漫画作品，包括纸质和电子漫画两种形式；game 则是指日本独有的以与美少女互动、发展剧情为卖点的特定游戏种类，还包括以主机平台为代表的电子游戏。可见，ACG 文化是一个特定的名词，主要是指以日本漫画、动画和游戏为主体及核心的一种文化体系。我国的 ACG 文化具有鲜明的中国特色和历史语境，我们又将其称为动漫文化，它是 animation（动画）、comic（漫画）及 game（游戏）、goods（衍生产品）三大文化产业的总称，包括传统纸质动画、三维全息动画、手机游戏、网络游戏等在内的诸多动漫形式，是一种新生的娱乐文化力量，被称为“21 世纪知识经济的核心产业”。

ACG 文化是在视觉消费时代，以动漫艺术存在为基础，涉及动漫生产、制作、发行、放映和管理的制度体系，以及动漫自身折射出来的审美情趣、价值观念、道德准则和思维方式的一种大众文化。可见，ACG 文化是一种较为特殊的大众文化形式。具体来说，首先，ACG 文化表现为现实的物质文化，具有商品的属性和特征：它是基于动画和漫画两种艺术形式，包括各类网络游戏、手机游戏、多媒体视像产品、相关娱乐艺术产品以及各种衍生产品（如服装、玩具、饰品等）的复合体；其次，ACG 文化也是一种制度文化，它涉及动漫的生产创作、销售发行、经营管理和放映许可等多项社会制度和规则；再次，ACG 文化是一种精神文化，它承载着一定的文化含义和象征意义，比如审美品位、思想观念、道德准则和思维方式等在内，并且具有鲜明的商业性和娱乐性，是特定意识形态的载体。

我国 ACG 文化的发展相对来说比较滞后，党的十五届五中全会将动漫产业纳入到国家发展战略层面，2001 年将其列入国家“十五”发展规划，随后各级政府部门也相继出台促进 ACG 产业发展的扶持和激励政策。随着互联网和大众媒介的发展，ACG 产业得到长足的发展，并且逐渐成为国家文化软实力提升的重要组成部分。整体来说，改革开放以来我国 ACG 文化的发展主要经历以下两个阶段。一是改革开放初期到 21 世纪初期，这一时期我国的动漫文化发展处于相对滞缓状态。由于改革开放的推进、市场经济的发展以及科学技术的进步，这一时期的动漫作品有了技术上的明显提升，但是艺术形式和作品题材还相对比较单一，多以神话故事、寓言经典、小说演义为主，其作用仅仅局限于为小朋友提供知识普及的教材这一范围，这就使动漫作品的说教作用较为突出，而娱乐功能相对被忽略。二是 21 世纪以来，我国动漫发展开始进入转型突破期。国家先后制定出台推动动漫产业发展的相关政策文件，随后开始大量生产制作动漫产品。据统计，2011 年我国动漫总产量达到 22 万分钟，超过日本成为世界上第一动漫生产大国。国家广播电视总局先后设立了 20 个“国家动漫产业基地”，8 个“国家动画教学研究基地”，5 个“国家动漫游戏产业振兴基地”以及 9 个“国家网络游戏动漫产业发展基地”。

（二）ACG 文化的基本特点

近年来，随着全球化和信息化进程的加快，ACG 文化以其强大的文化感染力和鲜明的符号辨识力，在青年大学生中的影响日益显著。作为当前文化产业的热点形式，它具有以下几个基本特点。

第一，ACG 文化是一种视听性的视觉文化。随着大众媒介、互联网络以及数字技术的不断发展进步，现代社会的日常生活日益被各种视觉符号所充斥和包围，并且形成对印刷文字的不断挤压和排挤，视觉传播逐渐成为人类信息传播的主要方式，给人们日常生活的方方面面都带来巨大而深刻的变革。视觉文化区别于传统静态图像，它以各种动态图像为核心要素，带来更加具有冲击力和感染力的视像效果，并且成为大众尤其是大学生群体的必不可少的日常生活方式，它在人们日常人际交往中发挥着重要的作用。因此，视觉文化不再仅仅是我们认知模式和文化制度的一个标杆，还是影响我们思维模式和行为模式的重要因子。ACG 文化作为视觉文化的一个重要组成部分，借助强大的数字信息技术、以各种夸张完美的人物造型博得受众眼球，不断强化人们的视听感受，甚至将一些抽象的概念也予以形象化，带给人们视觉感官的盛宴。它具有强大的渗透力、影响力和参与性，能够于无意识中激发人们的情感、信仰和欲望，有利于人们对图像信息解码的参与度，并且对于受众来说是可感可知的，从而极易深入人们的内心，为大众所喜闻乐见，因而它具有鲜明的视觉特性。

第二，ACG 文化是一种源于青少年的亚文化形式。青年亚文化是指由青年群体所建构，用以解决他们在社会结构中所面临的共同问题，并显著区别于主流文化的文化模式、行为方式、话语风格和文化空间。随着消费社会的到来，我国青年亚文化日益表现出被商业文化和大众文化收编的趋势，呈现出愈加鲜明的商业色彩和泛娱乐化的特点。这对当代青年的消费观念、审美观念和价值观念都带来一定的冲击和影响，甚至越来越明显地改变着当代中国青年亚文化的文化版图。ACG 文化以青少年为主要受众群体，具有鲜明的亚文化特征，它“内化于亚文化群体的生活方式、审美标准，外在体现在他们所创造的漫画作品和在公开场合的身体表演”①，在一定程度上反映了青年群体试图打破社会固化结构，并力图解决社会矛盾的种种尝试和努力。近年来，相继出现了许多 ACG 文化文本，如“宅文化”“萌文化”、Cosplay 等，用以显示与圈外人的区别。ACG 文化的不同风格表达了青年群体力求建构自我认同感和社会归属感的需要，因而受到广大青年学生的极力热捧和认可，各类“潮人”“达人”更是引领着社会时尚文化的发展动向。

第三，ACG 文化是一种带有鲜明消费色彩的文化创意产业。我国社会发展已经具有明显的消费社会特征，消费已经成为人们日常生活的重要组成部分，消费范围也逐渐从物质领域扩大到精神领域，并且日益凸显符号消费的特征。大众文化、商业文化和大众媒介三者深度融合，使文化产品的生产与制作都要受到市场规律的支配，以满足受众的需求并获得商业利润。ACG 文化从属于大众文化，并且形成相对固定成熟的商业运作机制与运行体系，它具有强烈的形象符号特征，具体表现为青年通过对 ACG 文化的符号消费宣泄情感、释放压力、表达情感，构建一个想象的、自由的、美好的虚幻世界，来弥补自身的失落感与弱势感。ACG 文化既能创造快乐又能传达某种价值观念，因而成为广大青年学生张扬个性风格的文化形式。由 ACG 文化所引发的各种流行语也被广大受众所广泛使用，比如“宅”“控”“萝莉”“卖萌”“给力”等，形成 ACG 文化网络消费狂欢之势。

第四，ACG 文化是一种娱乐性的大众文化。ACG 文化的发展离

① 谭佳英：《动漫亚文化的文化体系》，《广西民族大学学报》（哲学社会科学版）2008 年第 1 期。

不开商业资本的注入以及新媒体平台的发展，因而带有鲜明的商业性、娱乐性和世俗性，以及批量生产制作的特点，具有释放压力、娱乐消遣和审美体验等功能。ACG 文化通过技术手段所创造出来的视觉盛宴、听觉享受以及身临其境般的心灵感受，使其极大满足了受众的欲望和需求。并且它逐渐超出原有青少年群体的受众范围，逐渐渗透到社会生活的各个领域，成为一种共享性的文化载体和文化形式，体现着不同的意识形态，潜移默化地影响着大学生的生活方式、语言方式、行为方式和思维方式，乃至人们的思想观念、道德品格和价值判断，成为与人们社会生活密切相关的文化现象。大众从对 ACG 文化的消费中获取暂时的快乐与满足，并且在这个虚拟世界中寻求身份认同。

（三）ACG 文化的主要功能

ACG 文化作为一种大众文化形式，蕴含着一定的思想观念、生活态度及价值理念，对人们的世界观、人生观和价值观均会产生潜移默化的影响，主要有意识形态功能、缓解社会矛盾功能和娱乐消遣功能。

第一，意识形态功能。任何文化形式都是一定思想观念和价值理念的载体，具有一定的价值导向功能和意识形态渗透功能，能够引导人们接受、认同其蕴含的思想观点并将其作为实践活动的行为准则。ACG 文化作为一种充斥并渗透在大众日常生活中的流行文化形态，其文本存在于人们日常生活的各个方面，人们在接受和消费 ACG 文化时，不可避免地受到 ACG 文化作品中蕴含的价值理念的熏陶和感染，这会对人们的生活方式、生活理念和生活态度产生重要的影响。

第二，缓解社会矛盾功能。任何一个社会在发展过程中都不可避免地会遇到一些暂时无法解决的问题和矛盾，尤其在社会转型时期，社会阶层分化与利益分化问题更为突出，更加容易激发社会矛盾。当前我国青年由于面临着巨大的学习、生活、就业、工作、情感等各方面的巨大压力，更加需要有一个发泄情感和释放压力的良好出口。ACG 文化作为一种青年亚文化形式，为青年表达思想观念、利益诉求，张扬个性提供了渠道和途径，同时也为各种亚文化与主流文化之间的沟通对话提供了桥梁，它是一种对社会问题的想象式解决，对社会矛盾和社会问题的缓解起到“安全阀”作用。

第三，娱乐消遣功能。ACG 文化具有鲜明的精神层面的文化特征，它能够引起受众的情感认同，满足人们的精神需要。ACG 文化以其乖张的形象、夸张的语言、绚丽的服饰、离奇的剧情带给大众轻松、愉悦的心理感受，具有丰富的娱乐因子和趣味因素。大众能够从对 ACG 文化及其衍生产品的消费中获得情感依托和娱乐体验，从而排遣压力，获得身心的休息。

二　ACG 文化与当代大学生审美观念

当代大学生在日常生活消费中越来越追求体验视觉快感和情感体验，其审美欲望更倾向于自我实现和自我表达，更加迫切希望通过视觉审美消费确立自我认同。ACG 文化的出现恰恰满足了大学生的这种需求，因而形成了一场视觉的盛宴和符号的狂欢，这使大学生的日常生活审美呈现世俗化、平面化、感性化和多样化的特征，并容易导致大学生消费审美观念的偏失。

（一）容易导致大学生审美观念的世俗化倾向

ACG 文化在本质上属于视觉文化，它具有强烈的视觉感官狂欢性。巴赫金在其“狂欢理论”中指出：“狂欢”意识是一种具有开放性、包容性、创造性的价值体系和思想观念，是对相对固定的价值立场和评判标准的模糊化与不确定性。他进而提出狂欢化的世界观：“它排除任何单一的教条主义的严肃性，不让任何一种观点，不让生活和思想的任何一个极端，得以绝对化。”① 即“狂欢”在一定程度上是对既有权威的反叛与嘲讽、对情感的宣泄及对自由平等生活的向往，它强调思想的对话性与价值的多元性。并且“在狂欢中所有的人

① ［苏］巴赫金：《巴赫金全集》第 5 卷，白春仁、顾亚铃译，河北教育出版社 1998 年版，第 220 页。

都是积极的参加者，所有的人都参与狂欢戏的演出。人们不是消极地看狂欢，严格地说也不是在演戏，而是生活在狂欢之中，按照狂欢式的规律在过活”①。

自媒体本身所具有的即时性、交互性和开放性，创造了一个“人人都有麦克风”的时代，这为青年思想愿望的表达提供了更为便利的空间和场域。因而大众通过制作各种视觉图像，在网络领域中进行一场感官上的集体狂欢：对社会热点事件发表肆无忌惮的评论，表达对现实社会的不满以及对自身生存境遇的嘲讽，以获得强烈的感官刺激、心理安慰并自由表达利益诉求，最终实现对传统审美的颠覆以及逃离主流意识形态的规训视觉文化本质上是一种身体拟象和图像叙事，它极力排挤真实世界，凸显感官享受和视觉快感，潜移默化地影响并改变着人们的思维方式、认知方式和行为方式，这使人们逐渐疏离于现实世界，导致普遍的现实感的缺失。人们被各种各样的视觉图像和身体景观所围困，原本意味实体缺席的图像却变为在场的实体本身，以至于真实与拟象之间的界限日趋模糊化，致使视觉文化所内含的审美趣味和价值取向，成为大众日常生活的基本逻辑和行为法则，因而，鲍德里亚将现代社会赋予“拟象世界”的称谓。

ACG 文化作为一种视觉文化最常用的表现手法，就是借用狂欢式的叙事手段将一切严肃、崇高的东西都降格为庸俗、世俗和搞笑的形象，利用插科打诨的方式制造各种笑点，通过对一切宏大叙事的消解和解构，淡化了对时代英雄的描写，而高度关注社会微观境遇中普通人的生活与心理，颠覆了现实生活给人带来的紧张感和压迫感，肯定了人们的世俗生活和物质欲望，这会使人们暂时忘却快节奏、高压力的现实生活，沉迷于虚幻的、去政治化、去公共化的世界，从而感到轻松自由、身心愉悦，也会造成人们的政治冷漠以及对重大公共问题的漠视，导致人们沉浸在由大众传媒打造的日常生活审美化和去政治

① ［苏］巴赫金：《巴赫金全集》第 5 卷，白春仁、顾亚铃译，河北教育出版社 1998 年版，第 161 页。

化的图景中。并且当前 ACG 文化为了获得狂欢式的效果，不断制造商业噱头并满足受众的猎奇心理，经常对传统道德进行解构和颠覆，甚至将伦理道德边缘化，使个人主义、自由主义和物欲主义膨胀化、极端化，导致当前 ACG 文化作品市场的鱼目混珠状态。

ACG 文化建立了一个光怪陆离的虚拟影像世界，许多 ACG 作品带有鲜明的超验主义和魔幻色彩，它们借助媒体数字技术将世界普遍视觉化，通过视觉机制对整个世界进行重新编码，从而塑造出一个仿真的世界，并且这个仿像的空间逐渐成为凌驾于人们真实生活之上的“超真实”空间，从而使视觉图像获得了霸权，图像崇拜和狂欢晋升为新一代的文化范式。ACG 文化通过奇妙的光影和精巧的二维图像，构建出一幅美轮美奂的“二次元世界”，用以区分“三次元世界”（现实世界）。这对当代大学生的认知习惯和经验图式形成强烈冲击，从而塑造了与前人全然不同的审美需求与审美观念。主要表现为由静观、凝视、沉思的审美感知方式转为新奇、震惊、轰动的视觉体验方式，这与当代大学生“在心理上既孤独又趋同，在日常生活中既安于现状又渴望改变，在价值选择上既多元又茫然”[①] 的状态有着密切的关系，ACG 文化所带来的视觉冲击与快感体验正好和他们的精神需求与心理结构相契合。

大众文化的崛起使人们不再局限于纯粹的艺术审美，而是将美泛化到日常生活的方方面面，成为人们日常生活的重要组成部分。人们注重的美不再来源于形而上的追思和精致典雅的美学，而是来源于形而下的享受和身体感官的欢愉。它注重从受众的情感和趣味出发，注重浅层次的心理愉悦、感性体验和自我满足，沉迷于瞬间的快感与自由。这容易导致大学生对一切都抱以无所谓的态度，不追求、不思考，最终对一切都消极麻木，还会模糊真理与谬误、高雅与粗俗、正义与邪恶等之间的区别，使大学生面临自我定位的模糊和强烈的内心

① 闫方洁：《“视觉文化”“奇观体验”及其背后的意识形态图式——魔幻剧风靡青少年群体的原因与启示》，《中国青年研究》2016 年第 10 期。

冲突，最终造成精神上的空虚和心灵上的孤独。ACG 文化以游戏人生和玩世不恭的态度对待一切，消解了一切事物的严肃性，极易导致躲避崇高、放弃理想、自我膨胀等现象的产生，甚至将感官刺激和物欲满足作为人生的根本目标和唯一目的，推崇物质至上、娱乐至死、个人至上的生活理念和价值逻辑，导致信仰价值的世俗化和功利化，理想信念的动摇。对责任和理性的消解，滋生并助长了大学生享乐主义、利己主义和主观主义的思想意识，最终会导致大学生审美观念陷入表面化、形象化、时尚化和感官化的泥潭。

（二）容易导致大学生审美心态的犬儒化倾向

现代社会阶层流动的相对固化以及贫富差距的逐渐拉大，给当代青年的身份地位带来极大的焦虑感与失落感，他们虽极度不满却采取逃避现实的行为，奉行得过且过、随遇而安、自我麻痹的处事原则，以玩世不恭的态度吸引社会大众的眼球，经常抱着一种“事不关己高高挂起”的“看客”心态并在行为上随波逐流。ACG 文化在一定程度上即是对社会现实的无奈、无助与沮丧的情感折射和表达，是一种典型的现代犬儒主义心态的表现。

现代犬儒主义是在社会深刻变革时期出现的一种以“极致利己”为人生信念，以不相信人性善念为道德理念，以委曲求全、得过且过为处世态度的意识形态、生活方式和实践话语。其典型表现是：人们对自己的所作所为一清二楚，但他们依然坦然为之，坚持不相信也不批判的立场，是一种典型的道德虚无主义和价值虚无主义。现代犬儒主义作为一种隐蔽的“去意识形态化”后的意识形态，广泛存在于现代人日常生活的各个领域，其理论有三个主要特征：一是认识论上的习惯怀疑；二是道德观上的自私自利；三是美学旨趣上的审丑心理。①“无原则地怀疑一切”“说一套做一套”成为当前中国犬儒文化的主要特征，“当代犬儒主义不只是单纯的怀疑和戒备心态，也不只

---

① 韩升、刘晓慧：《当前网络大众文化的犬儒主义批判》，《新疆社会科学》2016 年第 2 期。

是对社会现实的不满姿态，它俨然成为人们在特定社会情境中的一种生存策略和生活方式”①。

ACG文化的“自嘲”“讽刺”“黑色幽默”等特征，均使其成为当代大学生获得内心慰藉、释放压力、逃避焦虑的重要途径。他们利用视觉图像搭建了虚拟的交往空间，进而消解了现实社会中人与人之间在社会地位和金钱财富方面的差距，有利于实现自我诉求和自我满足，完成自我价值的最佳呈现；他们不再追求面对面的人际交往和公共领域的对话，而是认为“神马都是浮云”并游离于虚拟网络中，借助各种各样的视觉图像寻求自我的虚假存在感并建构自我的意识世界，最终陷入愈加颓废、沉默或盲足追从与自我迷失的生存境遇，这在一定程度上导致当代大学生的精神空虚、信仰危机和对主流价值观的不理解、不认同。

ACG文化通过现代科技所塑造出的超现实世界，对传统秩序与传统文化也会产生一定的冲击，还会加剧当代大学生的犬儒式的普遍怀疑心态。ACG文化采用一种普遍的“超现实主义”美学的叙事手法和创作方式，将“超现实”和“超理智”作为一切作品的创作源泉，认为只有超越现实才能摆脱现实世界的一切束缚，才能客观真实地展现事物。它致力于探索人类经验的先验层面，突破合乎逻辑与真实的现实观，力图将真实与本能、潜意识与梦的经验相糅合，从而展现一种超然的或绝对的真实情景。ACG动漫，尤其是扮装（cosplay），在充分激发当代大学生想象力和创造力的同时，也会暗含对现实的厌恶及对虚拟空间的过度崇尚。而对虚拟空间的过度沉迷，则会导致大学生逐渐疏远现实世界，从而丧失对社会历时性发展过程中的厚重感和历史感的感知，致使大学生与“理想”“目标”渐行渐远，并且逐渐对社会现实产生不信任感和强烈不满，对一切严肃问题都毫无兴趣，反而一味追捧ACG文化所宣扬的非主流、小众化的生活方式与生活态度，从而逃避现实和责任义务。

---

① 孙春晨：《犬儒主义病态道德文化剖析》，《伦理学研究》2017年第1期。

（三）容易导致大学生审美道德的虚无化倾向

审美具有一定的道德功能，它是对“美”的关照，而道德是处理人与人之间关系的“善”，因此，审美道德功能的发挥以美与善的关系为基础和纽带。在日常生活审美化的趋势中，道德伦理生活也趋于审美化，这使原本崇高严肃的审美趣味转向以与欲望相关的身体、性、暴力、物质享受等为核心的感性审美准则，即一种审美化的道德，它追求感性化和审美化的道德伦理，导致传统道德的退隐以及美学对伦理学的取代。道德的审美化会导致大众文化沦为纯粹的审美文化和快餐文化，而缺乏道德的意蕴，并且会失去道德批判和超越精神，造成人们精神上的深度迷失；而道德统一标准的失效最终会导致道德相对主义的泛滥。

道德相对主义遵循在不同的情境下采取不同的道德判断标准的原则，他们认为不存在普遍有效的终极道德原则，也没有统一的判断是非善恶的道德标准，道德判断和道德选择具有相对性和多样性，普遍的道德意识和真善的行为动机是不存在的，并极力倡导自私自利的道德观念，主张以自我利益为中心，将“人不为己，天诛地灭”“什么都是假的，只有钱是真的”作为人生信条和道德准则，视道德规范为形同虚设，以一种极端功利化和实用化的态度，丑化、矮化社会道德楷模和行为模范，甚至对其进行讽刺和嘲弄，极力夸大现实社会的不足之处，否认最高价值和终极价值，倡导在不同的语境遵循不同的道德规范和行为准则。在这种思想立场下，传统的道德关系被不断解构，生活意义与生存理性之间的对立也愈加严重。个人社会生活的积极性和崇高理想信念也被消解。

受相对主义价值观的影响，大学生的道德观念呈现极大的包容性，道德与不道德之间的非道德空间也在逐渐增大，这使大学生的道德观失去共性基础，而成为个体自主选择和认同的结果，致使大学生对社会现实的思考方式以及对社会行为的道德评价不再坚持统一化的标准，而是根据不同的情境采取不同的判断标准。即大学生的道德标准呈现出多元化与分层化的特点，并且总是以个人利益的实现和需要的满足为前提，这使社会本位的道德观让位于个人本位的道德观，是非、善恶、美丑之间的界限变得不再清晰可分，社会道德价值观趋于平庸化、模糊化、错乱化和务实化，审美价值观趋于扭曲化，甚至“审丑”一度成为大众消费的时尚。

ACG作品为了博得受众的眼球，经常加入色情、暴力、打斗等元素，虚构或扭曲历史人物和历史事件，并经常误导和丑化社会现实生活。比如有的作品将曹操、孙权变为身材火辣的青春美少女，在转世后竟然成为日本人；有的作品刻意歪曲日本侵华历史；还有许多作品都是在权力崇拜和暴力杀戮的基础上塑造英雄形象，而很少去深思“英雄”符号背后的深刻价值意蕴的，导致大学生审美判断力的丧失。并且ACG文化的高度互动性和参与性也极易导致大学生混淆网络与现实之间的区别，从而做出严重违背社会道德的行为。

第三节　弹幕文化对当代大学生消费方式的影响

弹幕文化是近年来出现的一种大众文化形式和网络即时社交方式。弹幕一经产生就受到我国广大青年群体的喜爱和欢迎，具有广泛的影响力、感染力和号召力。弹幕文化的出现能够为青年群体表达思想观点、排解压力焦虑、宣泄不良情绪提供便利安全的网络场域和话语空间，同时迎合了原子化社会青年进行社会交往的心理需要，同时也可能会造成大学生文化消费方式的个性风格化、情感体验化和感官娱乐化。

一　弹幕文化的内涵及特点

弹幕本身只是一种网络视频的表达工具，它在本质上是受众根据自己的兴趣爱好对原有视频内容进行二次加工创作，从而衍生出自己独有的语言风格、表达形式和内容价值，这使弹幕逐渐由一种现象升华为一种文化——弹幕文化，其一经产生就具有鲜明的特点和独特的性质。

（一）弹幕现象的含义及类型

“弹幕”最初是由日本视频分享网站NicoNico传播过来的一种视频形式，它是专指穿插在视频播放过程中的，在视频页面上由右向左流动过来的，受众对视频内容能够进行即时交流、评论、互动的一种字幕形式。它与视频内容是并行播放的，并构成视频的内容之一，因其字幕流动形式与密集炮弹运动的特征颇为相似，因此将其形象地称为“弹幕”。2007年和2009年，两大弹幕网站“A站”（Acfun视频网站）和“B站”（Bliliblili视频网站）先后在我国创建，并逐渐发展壮大，为越来越多的受众群体所知晓并使用，其影响力不断增强，形成了一股“弹幕热”。近年来各大传统视频网站，如爱奇艺、腾讯、优酷、土豆等都相继开启弹幕功能，并衍生出“弹幕电影”“弹幕电视”“弹幕晚会”“弹幕教学”等多种形式，使弹幕文化愈发普及，其使用群体由最初的“御宅族”扩展到“90后”和“00后”大学生等群体，用户年龄绝大多数集中在15—25周岁。

现有的网络弹幕文本内容可以大致分为两个基本类型：一是资源类和科普类；二是吐槽类和“空耳”类。资源评论类弹幕是语言能力出色的网友为一些未进行翻译和中文配音的外文视频（ACG称为“生肉”）提供一些译文的弹幕（“熟肉”），这些人被称为“野生字幕菌（君）”；科普类弹幕是在视频播放中为大家解答一些与视频内容相关的问题的弹幕，其中还包括对即将出现可能会对观众心理产生强烈冲击的视频内容做相关提示的弹幕。吐槽类弹幕是从他人言行的漏洞中找到一个切入点，从而对其进行调侃式的感慨、揶揄、打趣和拆台，力求给观众带来“另一种趣味”；而“空耳”（そらみみ）是日语“幻听”的意思，原意是指用另一种语言中的发音相似但意义却毫无关联的文字将原本歌曲的歌词表达出来，现多指以恶搞和双关为目的的文字游戏，具有二次创作的意味。

“弹幕文化”一词最初是在2014年虎嗅网上发表的《弹幕之路何去何从，谈谈弹幕网站与弹幕文化》一文中提出来的。相对于传统的视频观看形式而言，弹幕视频具有更强的参与性、互动性、分享性与游戏性，其匿名性、即时性和开放性的交流环境迎合了用户获得身心放松、娱乐消遣和表达思想的需要，因而受到当代大学生群体的极力热捧，并具有鲜明的青年亚文化性质。2014 年 10 月的第十届金鹰节互联网晚会直播中首次采用了弹幕的形式，使其迅速进入大众的视野并为大众所接受，推动了我国弹幕文化的发展。本书将弹幕文化定义为一种以网络数字技术为依托，通过各种弹幕文本表现出来的大众文化形式。

（二）弹幕现象的文化表征

弹幕文化作为一种后现代主义文化，其表达手段和手法经常采用后现代主义的方法，以此建构属于自己身份地位的文化认同和独特风格，并以此为标志与其他群体进行区隔。伯明翰学派认为“风格”是亚文化的第二皮肤，是亚文化群体的图腾标识，是能够吸引人的关键要素，具体体现为“做什么”“如何做”以及“为什么这么做”。因此，深刻理解弹幕文化必须首先把握弹幕文化的风格，其主要采用“拼贴”“戏仿”和“同构”的方式进行视频的再次创作和重新赋意。

第一，拼贴。伯明翰学派认为，“亚文化风格的产生并不是在‘一无所有’中创造物体和意义，而是在现有的语境中把已有的物体进行转换和再次安置，转向新语境，并且改编它，从而生成一种新的意义”①。也就是说任何一种青年亚文化风格的产生与形成都不是凭空想象出来的，而是借助于现有的物品体系和意义系统，通过对物品的挪用和意义的篡改来实现，这个过程就是“拼贴”。弹幕文化正在是原有视频基础上对其内容进行拆解、篡改、剪裁、挪用或语境更新，最终将其原有的意义完全消解逆转，颠覆原有视频的语境，各类“鬼畜”恶搞视频就是拼贴手法运用的典型。在弹幕族看来，破坏就是一种生产，因而必须打破原有事物的结构，并通过现代技术对之进行重新整合，从而形成新的媒介文本，这充分体现了费斯克“生产者文本”的理论。

第二，戏仿。弹幕文化出现的初衷是为了消遣娱乐，其表现出来

---

① 胡疆锋：《伯明翰学派青年亚文化理论研究》，中国社会科学出版社 2012 年版，第 114 页。

的荒诞不经和离奇搞笑主要是通过戏仿的手段实现的，主要表现为通过直接的反讽形式，对现实生活进行批判、抨击和调侃。所谓戏仿就是指利用文本间的相似性，对原有文本进行戏谑性的模仿，将原有文本的形式保留而将内容置换，也就是通常所说的“偷梁换柱”。具体来说，其主要采用“曲解”和“角色降格”两种方式。“曲解”是通过有意识地曲解原文本的意义，达到在模仿的基础上破坏事物原有意义的目的，前文提到的空耳视频就是曲解手法最常用和最典型的表现形式；“角色降格”是指将本来高尚宏大庄重的事物，用粗鄙、嘲弄的语言形式故意进行贬低，使之更易为受众所接受。两种手法的最终目的都是解构原本经典文本的崇高性，从而重新建构事物之间的反差，将弹幕文本的意义进行无限延伸，享受心理落差造成的刺激与快感。

第三，同构。“同构”是弹幕文化构建自身象征意义的主要形式。一种文化在进行自身建构时，需要以一系列为它们自己所占有和使用的物品为依据，并且通过这些物品来体现自己群体的风格，从而创造出一种组织性的集体认同，主要体现为一种独特的生活方式和生存方式。具体到弹幕文化上，其用来表现风格的主要工具就是独特的语言体系，主要包括网络流行语、二次元文化用语以及弹幕语言三种形式，弹幕语言体系是这三种语言的综合运用。并且这套语言体系并非普通大众所能理解，而这恰恰增强了弹幕族的自我意识。也正是凭借这些颇具“风格化”的语言，弹幕族才建构了一种文化“壁垒”，确立了自己的身份标识和风格标志，实现了与其他群体的区别，并借此发现自己的存在价值，在群体成员的交流互动中产生强烈的情感共鸣，最终形成相对稳定的内部文化认同和身份认同。

（三）弹幕文化的基本特点

弹幕文化作为一种新媒介时代下的大众文化形式，除具有大众文化的典型特点外，还具有以下特点。

第一，参与性。弹幕文化是一种参与性和互动性极强的社交文化，弹幕族通过对同一视频内容发送弹幕表达思想和情绪，分享知识和经验，进行对话、沟通与交流。并且由于这种对话方式与评论区留言等延时性的信息反馈方式相比具有鲜明的即时性、同步性和变化性，从而大大增强了观影过程的新奇性、娱乐性和趣味性，使不同空间的青年实现了实时互动和感情交流，从而建构了一个超越时空限制、共时性的交流互动平台；同时网络的平等性和匿名性也为用户张扬个性、表达思想观点提供了平台，使青年用户通过弹幕的使用获得愉悦感、认同感和归属感。

第二，族群性。弹幕起源于二次元文化和御宅族文化，从其产生之初就具有圈群文化的特点。他们以“A 站”和“B 站”为主要活动平台，所用的视频、语言和图像均具有典型的族群特征，在弹幕视频中遵循约定俗成的语言体系、行为规范和价值观念，具有鲜明的区隔性、建构性，从而体现弹幕文化族群之间的同质性和同一性。虽然在族群中他们使用着不同的弹幕文本形式，但是他们都运用着相同的语言体系，保持着共同的兴趣爱好和价值理念，并借此产生强烈的思想共振和情感共鸣。他们通过对同一视频内容进行实时围观评论，将原本的个人观影行为变为群体围观下的“同频共振”，从而依据弹幕为自己塑造一个完整且独立的精神空间，建立一个“观赏的共同体”，同时也为非族群成员进入族群设置了一道隔绝的“高墙”，这就于无形中为弹幕建立了一个准入机制。

第三，创新性。传统视频网站中的视频主要是由官方生产并上传，而“A 站”和“B 站”等各类视频网站则主要由受众进行上传，他人可以对其进行弹幕发送和评论，也可以将其转发至其他视频网站，这充分体现了弹幕视频内容的个人化、受众的主体地位以及与其他网站之间的良性互动。“弹幕作为一种大众传播媒介，为受众提供了高度的自主性，从内容生产到内容发布，用户掌控着完全的主动权。因此，可以说弹幕的娱乐效果是受众主动添加的，在这一过程中，弹幕并没有操纵或压抑受众。”① 弹幕文化是以用户受众为核心

---

① 谢梅、何炬、冯宇乐：《大众传播游戏理论视角下的弹幕视频研究》，《新闻界》2014 年第 1 期。

的，同时弹幕也并非对视频的单纯转发，而是在此基础上对原有内容进行二次编码和二次创作，赋予作品以新的象征和意义，从而产生新的内容、特色和风格，这为弹幕族身份的建构提供了平台与中介。

第四，合作性。文化资本是指能够标志个体身份的文化趣味、消费方式、文化能力和教育资历等价值形式的总和。在弹幕文化中，由于使用者占有不同的文化资本，因而在对视频内容进行二次创作时采用分工协作的形式，不同部分再进行连接，最后整合成一个完整的视频。一般来说，视频网站用户分为发送弹幕的一般用户、进行视频搬运和上传的普通“UP 主”和进行专业视频内容生产的高质量“UP 主”，这三类用户在视频网站中进行分工协作，并将自己所拥有的文化资本不断转化为视频内容进行生产，从而形成一个相对稳固、有序连接并持续互动的弹幕文化生产链条。

（四）弹幕文化的性质

第一，作为一种大众文化形式。

当下弹幕文化越来越与主流文化紧密结合，并且其受众也不再局限于弹幕一族，越来越多的主流视频网站也增设了弹幕功能。比如湖南卫视在金鹰节网络直播中首次使用了弹幕的形式，2015 年春晚网络直播也加入了弹幕元素，并且各类手机客户端 APP 也设置了弹幕功能，比如弹幕音乐、弹幕直播、弹幕阅读等。这使弹幕的形式更加多元化和多样化，并且开始跨界发展。主流文化对弹幕的使用，使弹幕逐渐被大众文化所收编，同时受到主流文化的制约，并越来越多表现为一种形式和功能，而失去了弹幕文化原有的风格和意义。弹幕中的许多语言也已经超出弹幕文化的使用范围而变为网络流行语，为普通大众所普遍接受和广泛使用。

第二，作为一种新的生活方式。

列斐伏尔认为，日常生活中充斥着各种符号与消费，从这个意义来说，弹幕文化是日常生活中的一种“象征性的问题解决”。受众在使用弹幕的过程中，只要看到自己发送的弹幕在屏幕上出现，无论其观点是否被他人接受，都会产生一种形式上的快感与满足。弹幕文化是弹幕族在虚拟网络空间建构的一个独立于现实生活空间之外的、相对自由的乌托邦，弹幕族借助这个空间自由表达思想感情和利益诉求，进行情感宣泄和压力释放，并寻求自我认同和社会认同。并且弹幕文化改变了人们的思维方式和休闲方式，传统社会中阅读、评论和观看三种不同的休闲方式在弹幕文化中结为一体，这使人们的阅读方式和思维方式呈现碎片化、多元化的发展趋势，使当代大学生习惯于将注意力进行重组和分配。

第三，作为一种网络社交方式。

弹幕是基于视频分享和评论而形成的一种全新的社交方式，是一种集体吐槽和共享经验的互动体验，它使网络视频与观众之间的时空距离被打破，以在线互动的方式实现了虚拟共时。并且这种互动不仅是受众与视频内容、创作表演者之间的互动，还包括受众与受众之间的互动。传统的评论是按照时间顺序单独出现在视频评论区，可见度相对较低，导致互动具有不同步性和滞后性；而弹幕评论以窗口的形式出现，弹幕发送以时间点和视频画面作为切入口进入视频，这就使受众、视频与创作表演者三者之间产生多方互动，并且可以跨越时空的阻隔进行在线即时交流。这使受众的参与期待与好奇心得到最大限度的满足，建构了视、言、听三位一体，能够充分展现自由感、新鲜感和参与感的网络社交平台。

二　弹幕文化与当代大学生消费方式

虽然弹幕文化已经由一种小众文化变为大众文化，但是其受众群体仍以大学生为主。国内调研机构艾瑞咨询的调查数据显示：中国当前的“二次元”群体中75%左右的用户是年龄在24周岁以下的青少年，其中“95后”人群占比58%，并以在校大学生为主，“00后”占比已经达到16%。然而弹幕文化本身所特有的参与性、族群性、创新性和合作性等特点，使它在提高大学生参与性、互动性和主动性的同时，也会不可避免地对当代大学生的消费方式产生影响。

（一）使大学生的消费个性风格化

当代大学生消费不再表现为随波逐流的从众消费，而越来越期望通过消费过程和消费品表征自我，突出并强调自我意识和自我实现。青年大学生对消费品的使用、语言和行为，都被青年亚文化所负载的意义和象征所引导和建构，对不同商品和意义的消费是划分不同圈群和社团的依据及标志，也是大学生寻找自我认同和群体认同的重要渠道及手段。“风格”成为当代大学生生活方式和消费方式的基本特点，他们的兴趣爱好、思想观念和价值取向都通过对一定生活方式的选择与创造表现出来，生活方式成为大学生日常生活领域文化态度和文化实践的根本性标志。而当代大学生群体在生活方式上的区隔更多是从文化方面进行的，那么对生活方式的研究在这种情况下就相当于对消费方式或消费文化的研究，消费文化中的生活方式则蕴含着大学生个体性、自我性和风格化的自我意识。

弹幕文化充分调动了当代大学生的主动性和积极性，并且弹幕的生成必须具有两个基本条件：一是受众不再是青年亚文化的被动接受者，而是积极的生产者，也就是成为“生产者受众”，这是弹幕生成的主体条件；二是视频文本内容不再是一个统一的整体，而是开放、多元、多义的文本资源，这是弹幕生成的客体条件。[①] 作为“生产者受众”的青年大学生不是一个毫无判断力和鉴别力的群体，而是一个具有自主性、积极性和主动性的文本阅读者，并在阅读过程中与文本产生互动。他们将原有视频的内容视为一个个可以进行二次加工和二度创作的“开放式”文本，并且这些文本不是既定的、封闭的，而是松散的、生成的。弹幕文本的生成就是大学生与这些开放性文本进行对话的过程中，按照自己的兴趣爱好和审美品位进行意义重构和话语建构的过程。并且通过对原有开放文本内容采用不同的方式进行消费、加工及创作，从而生成不同的亚文化“风格”，通过对话与交流，将共同的意识形态话语融入文字的编码和解码行为当中，由此建构起共同的话语空间。因此，不同“风

① 闫方洁：《媒介文化研究视角下“弹幕”的生成机制及其亚文化意义》，《思想理论教育》2017 年第 10 期。

格”之间需要依据语言体系建立鲜明的“壁垒”和界限，从而体现大学生崇尚个性和创新，力求突破现有秩序和既有框架，创造出具有鲜明个性标签的新“风格”。

弹幕文化为当代大学生主体性的发挥提供了可能的空间和场域，他们借助于拼贴、挪用、戏仿等创作方式和语言策略对原有文本进行“再次创作”，从而体现并建构属于自己的风格。德里达的解构主义认为：符号的能指与所指的关系并不是固定不变的，能指可能成为下一个所指，所指也可能成为下一个能指，也就是说符号的意义处于动态的流动状态。比如很多为大家所熟知的经典影视作品的片段，均成为弹幕族的创作素材，这些影视剧作的人物形象和语言还被创作成涂鸦表情包及网络流行语，并将其原有的能指与所指之间的联系彻底断裂，形成与原文本内容和价值都相去甚远的新的文化体系和符号风格，这是弹幕文化生成的符号学逻辑，其根本目的与精神旨归在于建构一种全新的“风格”——即“有意图的传达属于一种不同的秩序。它自成一体，是一种显而易见的建构，是一种意味深长的选择”①。弹幕文化是将大学生主体的自我态度和自我意识灌输进文化符号的过程，并且当代大学生的消费方式越来越甚至主要是受青年亚文化“风格”的影响。不同风格的选择代表不同的审美品位、象征意义和个性形象，也与每种风格所代表的生活方式和价值理念紧密相连，他们甚至将个性风格与特定的消费行为联系在一起。大学生根据日常生活消费领域的不同消费行为与消费选择，基于不同生活方式和消费方式，形成一个个虚拟的、想象的“共同体”，即各色各样的青年亚文化小圈子，弹幕文化就是其中最为典型的一种形式。

（二）使大学生的消费情感体验化

在个体存在和发展过程中，“情感”一直是一个非常重要的影响要素，渴望情感交流是人类与生俱来的一种原始的生物属性。涂尔干

① ［美］迪克·赫伯迪格：《亚文化：风格的意义》，陆道夫、胡疆锋译，北京大学出版社2009年版，第126页。

指出，人类的社会情感并非若干非理性因素的简单叠加，而是“有着集体性的根源，有着普遍性、永恒性和内在的紧张性”①。特纳也认为，“人类的独特特征之一就是在形成社会纽带和建构复杂社会结构时对情感的依赖”②。大学生正处于个体社会化过程，他们对情感的需求更为强烈，但是现实生活中的各种压力以及原子社会情感的冷漠，都导致大学生难以寻求情感慰藉，而弹幕文化的出现恰恰为大学生通过消费获取情感体验和心理满足提供了渠道及空间。虽然他们发送的弹幕评论内容不乏无意义甚至是低俗化的内容，但是它充分满足了互联网时代原子化个体进行自我表达和“群体观影”的社交需要，因此，受到青年大学生的极力热捧。弹幕文化跨越时空的同步性和即时性的社交方式，改变了过去内容传达和信息反馈分离的状态，营造了一个不同时间和场域的人却可以同步“嗨起来”的广场式的狂欢与游戏场景，无形中催化了受众情感的接近、融合与升华，充分满足了人们的情感体验需要。“弹幕看似随意的吐槽，却在功能层次之上，满足了陌生化社会中人们对知识的分享、观点的交互，甚至帮助网友塑造网络虚拟人格。弹幕多层次满足用户需求在某种意义上改变了受众对内容判断的方式，‘好看’不再是判断的标准，‘体验’才是决定受众观影意愿的核心价值。”③

网络时代，各种移动终端成为人们身体和思想的延伸，它们的即时性、互动性加强了人与人之间的相互交往，将受众的时空感觉碎片化，使人际关系形成强连接，并且由“原子社会”重新回到“熟人社会”，但是这里的“熟人社会”并非传统意义上以血缘、地域等为基础，而是基于相同的兴趣爱好和价值观念，以及高效率、协调一致的行动而建构起来，并且这种圈子文化的建立绝对不是致力于唤起受

---

① ［法］埃米尔·涂尔干：《社会分工论》，渠东译，生活·读书·新知三联书店2013年版，第63页。

② ［美］乔纳森·特纳、简·斯戴兹：《情感社会学》，孙俊才、文军译，上海人民出版社2007年版，第1页。

③ 谭雪芳：《弹幕、场景和社会角色的改变》，《福建论坛》（人文社会科学版）2015年第12期。

众的理性思考和反思，而是直接作用于受众的情感维度，从而形成一致的情感认同和价值认同，充分发挥“情感动员”效应。弹幕文化通过现代科学技术打破了现实空间、虚拟空间和幻想空间的界限，搭建了一个身体消失、时空模糊的场景，进而将这些场景演化为大众的生活方式。这就使大学生在参与弹幕文化、使用弹幕的过程中注重的并非弹幕内容本身，而是从中获得的情感，也就是说弹幕所传达的更多的是受众的情感和感受，弹幕社交的形成建立在共同的兴趣点和即时引爆的话题上，这就导致大学生社交方式的“再部落化”或“圈群化”。并且由于弹幕所具有的动态性和趣味性，这个“圈子”在不断地扩大。一方面，由于圈子内的成员仅仅是依据单一的兴趣爱好和暂时的知识共享等建立关系，这种关系相对来说是一种“弱连接”，其成员间关系相对松散，关系的中断相对容易；另一方面，弹幕族中的某一部分人又会因为兴趣爱好的相近而进行频繁的社交，最终分类聚合成无数个以“UP主”（视频投稿者）为核心的少数人的小圈子，这种关系主要通过弹幕文化的独特语言机制来设置“屏障”，从而与其他群体区分开来。弹幕建构的虚拟空间为现实生活中压力的释放和焦虑的缓解提供了有效途径，但是如果过度沉迷于网络虚拟社交，就会导致大学生远离现实世界而到虚拟空间中寻求安慰，沉浸于“与世隔绝”的归属感与满足感中。大学生之所以沉迷于弹幕文化，究其原因在于他们对社会认同的需要，通过弹幕文化和社区氛围能够带给弹幕族无限的社会归属感和身份感；同时，大学生可以借助弹幕文字评论持续不断地创造新的风格和虚拟身份，在无意识中成为戈夫曼所谓的“剧场演员”：在发送弹幕时很可能会说出与自己平日思想截然不同的言论，正是借助这样的角色扮演，最终实现情感体验化的消费。

（三）容易导致大学生消费的感官娱乐化

当前相当一部分大学生的消费遵循“快乐至上”和“娱乐至死”原则，导致他们没有太多的兴趣去思考主流文化的“宏大叙事”，也没有太多的心思去考虑人生的终极追求和价值，他们对于切近世俗和生活实际的内容更感兴趣。崇尚和追求快乐是他们进行消费的主要目的，以至于以感性代替理性进行日常生活，致使他们将感官娱乐视为主导性的生活追求。尤其随着近年来网络和大众媒介的迅猛发展，各种恶搞、无厘头电影和视频在网络上横行，致使青年对国家和政治的关注较少，对主流英雄人物的关注度显著降低，而对一些小人物的关注度却明显提高。并且当代大学生越来越致力于通过大众文化消费表达思想观点和利益诉求、张扬个性风格，弹幕就成为他们进行即时交流和吐槽的便利、安全的平台。弹幕文化充斥着各种戏谑恶搞和游戏人生的内容，在一定程度上致使青年大学生丧失对生活意义的深刻思考，丧失人的生活本真，不再关注严肃、神圣的主题，而沉湎于个人的感官愉悦，从而必然逐步导致其人文精神的失落。

弹幕文化体现了人际交往和信息传播过程中无明确目的的闲聊关系，用户可以在任何时间发送弹幕，而不用考虑视频内容和其他用户的感受，属于一种“为了发送弹幕而发送弹幕”的游戏式行为，导致视频和评论的内容处于次要地位，主要目的在于自己发送的弹幕能够在屏幕上出现，并与他人的弹幕构成刷屏式的快感体验。大多数弹幕内容都不是经过深思熟虑所形成的深度文章，而只是一些即时的、感性的、碎片化的言论。并且弹幕内容的生产往往具有游戏化和娱乐化的特点，视频制作者将原本不同意义和风格的文字、图片杂糅在一起，利用文本之间的互文性使新的文本呈现荒诞不经或新鲜离奇的色彩。大学生通过对这些文本的使用和加工来获得快乐，在围观和狂欢中获取群体性的体验，而很少考虑对原有视频进行改写和挪用所涉及的相关法律及道德问题，“快乐”是他们消费行为的至上准则。“鬼畜”就是弹幕文化中最为经典的一种形式，它将高频率重复画面和高度同步音频剪辑到一起，达到一种荒诞的喜剧效果，因此也称为音MAD。它将高雅与低俗、严肃与搞笑同时放置在同一视频作品中，呈现给人们一种后现代主义的娱乐至上的审美风格。它所制造的参与式文化深深打上了受众作为生产者的烙印，承载了大学生的愉悦感，并且通过各种弹幕不断制造快感，但是这种快乐只是一种盲目的游戏和跟风的狂欢实践，而且这些实践大多来自“能指”的狂欢，对于快乐的过度追求极易导致文本陷入虚无主义的泥沼。

本章小结

粉丝文化、ACG文化和弹幕文化是最为典型的三种影响当代大学生文化消费的大众文化形式。这些大众文化的崛起和兴盛加强了受众与文本之间的沟通对话，给大学生提供了按照自己的旨趣重构话语和符码的机会，促使当代大学生在大众文化消费中不再是被动的接受者，而变为主动的创作者，为大学生群体建构起一个可以逃离日常生活与社会规训的独立的精神空间。并且它们的象征意义、情感基调、风格情怀恰恰与大学生群体好奇心重、求知欲强、表现欲烈等思想和心理特点不谋而合，能够充分体现大学生的参与性、主动性、创造性和想象力，他们可以依据对不同文化的热爱而自发结合形成各种不同的“想象共同体”，从而获得自我认同、情感归属和心理满足，因而受到当代大学生的极力热捧。

固然，大众文化对于当代大学生来说，具有颇多积极正面的意义与价值，但是它们提供给人们的只是一种身体的狂欢、视觉的盛宴及快乐的幻象，只是一种对社会问题和社会矛盾的想象式解决，如果过度沉迷于这些大众文化，难免会陷入娱乐透支后的身心疲惫、情感聚焦后的精神空幻以及审美疲劳的表象中，致使大学生消费价值观出现分层化，不仅容易导致大学生沦为“乌合之众”和“消费个人主义者”，还会导致大学生审美观念的世俗化、审美心态的犬儒化、审美道德的虚无化，以及大学生消费方式的个性风格化、情感体验化和感官娱乐化，最终导致当代大学生由理性思考转为感性愉悦，消费行为走向无序与失范状态，大众文化出现娱乐化、欲望化和享乐化倾向。

第四章　当代大学生大众文化消费行为的困境与根源

当代大学生的大众文化消费不仅是一种经济行为，还是一种社会行为和文化行为，具有一定的文化意蕴。由于大众文化与青年大学生具有天然的亲和性，因而能够成为大学生彰显情怀、表现自我、张扬风格、展示个性的渠道与平台，具有浓厚的象征色彩和建构意义。但是大众文化本身的商业性和消费性，导致大众文化必然会造成大学生消费行为中出现一定的问题，这些问题出现的根源在于当代大众文化本身的逻辑悖论以及人们对它的认识误区。

第一节　当代大学生大众文化消费行为的内在意蕴

詹姆逊曾对后现代时期的经济和文化做过相关的论述。他认为，后现代时期的文化与经济相互交织交融、互生共存，文化变为经济，经济变为文化，文化与经济实现了一体化，即文化经济化与经济文化化，文化发展越来越成为经济社会发展的主导性力量，经济发展的文化内涵也随之日益彰显。文化的核心是“人化”和“化人”，也就是说文化的核心目标与功能在于培养和塑造全面发展的人，而大众日常消费行为所体现的文化意蕴也在不断增强，其文化内涵构成现代社会人们最根本的生存方式和最深层次的内在机理。

一　当代大学生消费行为的认同确立

当代大学生是一个较为特殊的群体，他们处于角色转换和社会化过程中，亟须进行理想自我和自我身份的认同，因而他们力求建构独立的文化生活空间，寻求建构自我确认和身份认同的途径，而大众文化自身具有的文化特征、象征意义和青春气质，恰恰符合大学生自我认同和群体认同的需要，因而大众文化消费成为当代大学生建构和确立认同的资源与符码。

（一）认同问题的产生及特点

查尔斯·泰勒曾说："在现代之前，人们并不谈论'同一性'和'认同'，并不是由于人们没有（我们称为的）同一性，也不是由于'同一性'不依赖于认同，而是由于那时认同根本不成问题，不必如此小题大做。"[①] 因此，认同并不是一个自古以来就存在的问题，而是一个从人类社会进入现代化后才与现代性相伴相生的问题，它是一个非常复杂的体系和概念。詹金斯认为，认同具有同一性和独特性两个方面的含义，"同一性"是指两个事物之间具有的相同或同一的属性；而"独特性"是指人的同一性所决定的与他人及他物所相区别的特征与属性，即整个人类、某个人群以及某个个体与其他物种、其他人群以及其他人所具有的同一性，并因此与他者相互区分的某种特定属性。由此可见，"同一性"和"差异性"是认同含义的两个不同方面，二者之间是同一与差异的辩证关系，即同一是差异之上的同一，差异是同一之中的差异。

最先对认同问题进行系统研究的是美国心理学家埃里克·埃里克森，他在前人研究的基础上对认同问题进行了创造性的拓展研究。他将自我概念与认同问题联系在一起，指出认同是一种主观的心理感受和态度，是青少年时期最为凸显的一个问题，在研究

---

① ［加］查尔斯·泰勒：《现代性之隐忧》，程炼译，中央编译出版社 2001 年版，第 55 页。

个人成长过程中的认同问题时，必须将其与社会背景的变化联系起来，并且个人在认同建构过程中具有明显的主动性。认同是人们日常生活中不可或缺的一部分，尤其是处于青春期和成长期的大学生，他们的成长过程和社会化过程，同时也一定是认同的形成和确立的过程。

“认同”具有以下四个基本特征：一是主体性，认同是主体对自身的同一性和身份的认知与态度，这是强调认同中的自我意识；二是能动性，认同并不是与生俱来的能力，而是后天主动参与和建构的结果；三是社会性，人们的认同要受到社会环境的影响和制约，并且处于个人与社会的不断互动中；四是历史性，个人认同的达成并不是一成不变的，而是随着社会历史的不断发展进步和个人经历的丰富变化而产生相应的改变。因此，认同就是自我作为主体在与社会的互动共建过程中，对自身的同一性以及与他人之间形成的客观身份的主观肯定态度。可见，认同的主体是自我，它本身既是过程又是结果，从这个意义上说，认同也就是自我认同，它包括个人认同和社会认同两个方面的主要内容。个人认同是自我对于自身属性的认同，包括个人的自我形象和公共形象两个部分；社会认同是自我对所属社会群体的认同，强调人们或集体成员之间的相似性或共同性。

每个人从出生起就具有与他人所不同的特征，但是因为人的群居性，又使个体与他人存在一定的共性，这就导致人的认同具有两个层次：一是个人层次，每个人要塑造自我形象并对自己进行一定的评估，这形成了个人的自我意识；二是集体层次，一个群体要想与其他群体区分开来，必须具备这个群体的共同特征，从而形成个人的群体意识。吉登斯曾对认同有过这样一段描述：“一种社会定位需要在某个社会关系网中指定一个人的确切‘身份’。不管怎样，这一身份成了某种‘类别’，伴有一系列特定的规范约束……某种社会身份，它同时蕴含一系列特定的（无论其范围多么广泛）特权与责任，被赋予该身份的行动者（或该任务的‘在任者’）会充分利用或执行这些东西；他们构成了与此位置相连的角色规定。”① 吉登斯强调认同的实现需要借助社会定位，即个人要在社会关系网中找到属于自己的位置。认同过程就是追求与他人相似或与他人相互区分的过程，即个人与集体边界确定的过程，而边界的确立意味着人们在社会关系网络中位置的确定，从而确立了身份。

前现代社会的人们，一方面由于自我意识和主体意识尚未觉醒，导致人的身份就由他所出生的家庭的属性所决定，因而这种身份确定无疑；另一方面，这种与生俱来的固定身份没有发生改变的条件、途径和可能，因此，人们只能被动地接受。但是随着现代化的发展，身份问题由过去的静止不变转向流动化和多元化，这就导致了身份的不确定性，而由身份所确定的认同也相应地具有了不确定性和流变性，甚至引发认同危机的出现。弗里德曼曾指出：“现代性基本上是作为‘改变性’出现的，‘改变’被当成了一种永恒情景，自我从未被界定，并且认同和存在都总是有其他的可能性。……反过来，改变意味着社会自我既没有天生的必然性，也没有天赋的必然性。它是获得的、发展的和被建构的。”② 这就使现代社会的认同并不是天然具有的，而是在后天的生活方式中建构和习得的。

（二）当代大学生消费认同的确立

传统农业社会中，每个人既是“劳动者”又是“消费者”，而现代社会分工的不断深化和细化，使传统社会的“劳动者”与“消费者”相分离，每个人以劳动者的身份生产着并非自身必需的商品，同时又以消费者的角色在市场以货币购买着自己所需的生活资料。前工业化时期，社会结构中最基本的单位是家庭，生产和消费活动都在家庭空间内得以完成，而工业化大生产的普及，使生产场所与家庭相脱离，导致工厂成为生产空间，家庭变为消费场所。然而随着家庭作为

① ［英］安东尼·吉登斯：《现代性与自我认同：现代晚期的自我与社会》，赵旭东、方文译，生活·读书·新知三联出版社 1998 年版，第 161—162 页。

② ［美］乔纳森·弗里德曼：《文化认同与全球性过程》，郭建如译，商务印书馆 2003 年版，第 361 页。

社会中心地位的下降，消费和娱乐逐渐取代了家庭的功能。劳动分工的细化导致了劳动者与劳动产品的日益分离，流水线的作业方式使完整的商品不再由某一个劳动者的劳动所得，并且随着劳动的专业化、知识化和服务化的转型，越来越多的劳动产品以非物质符号和信息的形式表现出来，这使劳动者甚至体会不到自身劳动成果的存在，而只能通过在商场中看到、摸到琳琅满目的消费品来确认自己劳动的成果。并且劳动的专业化和专门化使人与人之间以劳动为中介的交往越来越少，拥有不同知识和技能的人从事不同的劳动，而知识和技能的分化又导致了阶层分化的加剧，最终结果就是认同建构方式由劳动转向消费。

大多数人最为普遍和经常的自我认同方式就是通过大众日常生活中的消费来实现。现代社会的不断进步以及消费社会特征的日益鲜明，导致大众的生活方式逐渐与消费方式所趋同，并且大众日常生活方式也主要通过消费方式表现出来。商品的符号价值和象征意义为消费认同的建立提供了基础和前提，而消费方式的核心与关键是主体主动的选择性，即个人选择消费品的过程，也就是说消费方式的差异是由选择性的差异所造成的，这也是现代社会消费方式能够成为大众进行身份建构与身份维持并获得归属感与认同感的方式的主要原因，并且消费的选择性随着消费社会的发展而不断增强。而消费方式选择的问题首先是一个自我认同的问题，其实质和根源在于主体对自我形象的看法，也就是“我是谁”的问题，心理学研究中将这个问题分为自我认同和角色认同两个主要方面。消费行为中人的认同就是通过自我人格和自我角色的确立来实现的，具体来说，物品的用途不仅是它的使用价值，还在于它是人的自我形象与人格的外化体现，物品的选择实际上是自我人格的表现；而社会角色是指与人的某种社会地位、身份相一致的一整套权利、义务的规范与行为模式，它是对具有特定身份的人的行为的期望。消费者正是在社会关系网中确认自己的角色，然后根据自己的角色来决定消费行为。

依据消费方式所建构的认同就是消费认同，它是人们以消费为中介来表达自己与他人或社会群体之间的同一性或差异性，从而对自己进行社会定位，使自己归属于特定的社会群体的行为过程和结果。因此，芭芭拉·克鲁格宣称“我买故我在”，也就是说通过消费能够确认“我买什么我就是什么”“我怎么买我就是什么”。当代大学生群体以爱好、兴趣、品位等为基础构建和确立的各种亚文化小圈子，实际上就是以消费方式和消费选择为基本要素的圈群结构，这就形成以消费为基础的“共同体”，消费行为已然成为人们进行自我识别和自我确立，以及对他者进行归类与划分的主要依据。同时人们通过“消费共同体”的确立表达对某些伦理道德行为的价值判断。

不可否认，消费方式和消费选择的不同对认同的建构和区分的确有一定的影响，但是这种区分不是人在本质意义上的认同，而只是表面的、肤浅的认同，因为人的任何理性消费行为都来源于对人的生存与发展意义的思考，而并非单纯为了对某一物品的“占有”，或者是通过商品的象征意义和符号价值来彰显自身的身份地位、审美品位及金钱财富，正如弗洛姆用可口可乐的例子说道：“我们喝的是广告上那幅少男少女畅饮的景象，我们喝的是‘喝一口使你精神百倍’的标语，我们喝的是美国人了不起的习惯，我们很少去品尝味道。”① 马克思曾指出：人的本质是在社会实践基础上一切社会关系的总和，而通过消费进行的认同则将消费作为目的和手段，其实质是对人的本质性力量的背离，这使消费认同最终会发展为对货币和符号的认同，从而泯灭了人的生存和发展的丰富意义，而只将其归结为单一的消费目的，消费认同只是对物的外在意义的认同，而不是对人的主体性和个性化的真正认同。人的真正个性在于人的本质，而消费认同的根源也正是资本逻辑运作的结果。

二　当代大学生消费行为的审美转向

英国学者费瑟斯通曾指出：“受到经常性地追求新时尚、新风格、

① ［美］E. 弗洛姆：《健全的社会》，孙恺祥译，贵州人民出版社 1994 年版，第 105 页。

新感觉、新体验的现代市场动力的鼓舞，将现实以审美的形式呈现出来，是人们重视风尚重要性的前提基础。”① 在当代文化中审美消费在任何地方都可以实现，任何事物也都可以成为审美的消费品。德国美学家韦尔施也曾指出，今天的人们“实际上不在乎获得产品，而是通过购买使自己进入某种审美的生活方式”②。大众文化的审美化是一种以“快乐”为核心理念，以新兴科技手段拓展想象时空的自由的情感体验，实现了文化审美和世俗生活的全面转型，这使审美和生活之间增强了双向互动与对话沟通，也使当代大学生的消费行为具有一种美学的思维和颠覆的意义。具体来说，大众文化背景下大学生的审美转向主要体现在身体本位的快感和休闲领域的审美两个方面。

（一）身体本位的快感

鲍德里亚曾深刻地指出：“在消费的全套装备中，有一种比其他一切都更美丽、更珍贵、更光彩夺目的物品——它比负载了全部内涵的汽车还要负载了更沉重的内涵。这便是身体。”③ 大众文化的审美化使人们不再对经典艺术的观点和思想产生兴趣，而是沉迷于人的身体本身，并致力于制造一种身体上的幻象，身体感官的快乐和欢愉成为多数人的文化审美趣味，并且这种审美必须能够实现即时的、当下的本能满足和瞬间快感。消费时代的大众文化特别突出和强调明星偶像的性感身体，这使“性”成为文化市场上最大的卖点，它在给大众提供视觉冲击和生活想象的同时，也会导致一些庸俗、媚俗、低俗和色情的文化产品在市场上出现。大众文化的批量复制在满足了人们的好奇感之后，抹平了艺术的感觉力和审美的想象力，直接导致了人们的审美疲劳和艺术疲劳。

大众文化正在通过审美的方式塑造着人们的身体，而身体也日益

---

① ［英］迈克·费瑟斯通：《消费文化与后现代主义》，刘精明译，译林出版社 2000 年版，第 125 页。

② ［德］沃尔夫冈·韦尔施：《重构美学》，陆扬、张岩冰译，上海译文出版社 2002 年版，第 109 页。

③ ［法］波德里亚：《消费社会》，刘成富、全志钢译，南京大学出版社 2000 年版，第 139 页。

成为人们进行身份确认的主要标志，身体是大众文化发展的动力，也是大众文化本身的内容之一。加之大众媒介不断借助各种明星广告为大众树立身体审美的标准，将身体符号化和欲望化，引导人们不断关注和改造自己的身体，高度注重自己的外观和“颜值”，甚至有人说出“颜值即正义”（只要长得好看说什么都是对的）的审美论断，这在一定程度上导致了现代社会健身、整容、塑形、美容等与身体密切相关行业的极度繁荣和兴盛，致使美丽成为一种时髦的产业。“也许没有哪个时代像今天这样对任何外观都如此关注，也没有哪个时代像今天这样在技术上、观念上和物质上彻底地改造着我们生活世界的外观，以适合人们要求愈来愈高的视觉快感。”① 身体成为快乐和意义的载体，视觉文化和消费文化将身体形象与美好生活连接在一起，这使身体成为消费的身体，人们必须按照广告中所塑造的形象来打造自己的外观和形象，才能够获得快乐、满足以及自我实现。

虽然娱乐一直是人类生存和生活不可或缺的要素，但是没有任何一个时代的娱乐能够像今天这样在方式、时间、主体参与范围、所占比重和对经济的拉动等方面占据着如此优势的地位并发挥着绝对重要的作用。在这样一个全民娱乐的时代，随着科技的进步、生产力的发展以及闲暇时间的增多，人们的身体也随之由政治的身体转变到经济的身体再到娱乐的身体。大众传媒的发展，尤其是电影电视、网络以及数字技术为视觉文化的发展提供了更为有利的技术保障，使西方的各种娱乐文化和消费文化传播到我国，各种好莱坞大片、美剧、韩剧、综艺娱乐节目等都受到了大众，尤其是广大青年大学生群体的接受和认可，并由大学生引领大众娱乐文化的潮流。当代大学生在获得视觉快感和身体享乐之外，还充分利用身体进行自我利益和诉求的表达，例如新潮的服装、怪异的发型、时髦的运动、个性的语言等，这些身体风格化的表征与青年大学生的审美、娱乐和窥私等心理高度契合，这也正是当前眼球经济、注意力经济、网红经济能够受到青年大

---

① 周宪：《视觉文化的转向》，《学术研究》2004 年第 2 期。

学生极力追捧的主要原因所在。这使人的身体具有消费和审美双重功能，并突破了传统的伦理束缚，“为身体的审美进行消费”在当代大学生生活中占据重要地位，成为大学生大众文化消费的核心内容。

（二）休闲领域的审美

休闲是消费时代人们日常生活必不可少的一种生活方式，经济的发展使当代社会经济活动出现休闲化的趋势，在休闲中人们能够获得审美的、道德的、创造的、超前的生活体验和情感体验。休闲在本质上是人的自在自由状态，而这种特征与审美活动本质上具有内在的一致性，日常生活中的休闲主要以审美作为最高层次和主要方式。大众文化创造了各种新的时尚和潮流，并以各种符号的形式塑造着当代大学生的生活态度和休闲方式。日常生活审美的泛化使人们在进行消费时，总是青睐于兼具实用与美观的各类产品，因而商品的生产、流通、消费等环节中人们也非常注重审美原则，这意味着审美经济时代已经到来。然而休闲中的审美与情感是紧密联系在一起的，审美经济的发展更离不开情感体验的支撑，它能够为人们提供诸如新鲜、新奇、刺激、快乐、愉悦、惊奇等各种各样的情感体验，为人们提供一种情感宣泄和压力释放的途径和方式。

审美观念的变化，实质上是大学生生活态度发生转变的一种反映。大众文化的发展，尤其各类粉丝经济的出现为大学生的休闲活动提供了更为多元、多样的形式。大学生通过购买明星演唱会门票和明星代言商品，观看明星参演的电影、电视剧等消费手段，实现自己的社会认同与情感依赖，从而形成了庞大的粉丝经济效应。并且通过以不同的兴趣、爱好为纽带建立各种社团、圈群体现个性时尚、获得差异性体验，使文字印刷给予人的理性深度思考逐渐为视觉文化带给人的感性表面愉悦所取代，最为受大学生追捧的不再是各种纸质的书籍，而是各类电子书籍或微博、微信公众号所推送的各类碎片化的信息。充斥于当代大学生生活的是形形色色的 IMAX 电影大片、选秀节目、相亲节目、时尚潮流等大众文化休闲娱乐产品。这就导致当代大学生审美文化的精神意义被抽空，只剩下趣味和快乐。

三　当代大学生消费行为的时尚先导

时尚意味着区隔差异和标新立异，大众文化在一定意义上也是一种时尚文化，它不断打破固有权威的符号系统，建构新的风格、新的品位、新的意义，也成为大学生标榜自我和建构风格的有效手段。各种时尚潮流的兴起与流行，自始至终离不开大学生群体的推波助澜，各类消费时尚热点，大学生均成为其有力的消费者、推动者、传播者和引领者，对整个社会消费取向起到一定的带动、示范和先导作用。

（一）时尚的概念及特点

德国社会学家西美尔认为，时尚是“既定模式的模仿，它满足了社会调试的需要；它把个人引向每个人都在行进的道路，它提供一种把个人行为变成样板的普遍性规则。但同时它又满足了对差异性、变化、个性化的要求”①。《现代汉语词典》对时尚的解释是“当时的风尚、时髦”；百度百科认为时尚是“时”与“尚”的结合；法国社会学家罗兰·巴特将时尚看作一种文化符号与文化象征，他指出时尚没有确定的意义，它以无意义的形式来表现一种动态的意义。而现代社会的时尚涉及大众日常生活的方方面面，具体表现为人们的生活方式、情感方式、思维方式与消费方式等，它是特定时期某些群体成员共同的行为方式和生活方式，并为社会上大多数公众所共同参与的文化过程，因而时尚本身就是一种文化，时尚行为就是人们所崇尚的文化行为。时尚具有两个方面的社会调试功能：一是同化功能，主要是指某种时尚标准和时尚模式一旦在社会中流行，就会引起社会其他阶层的关注和争相效仿，最终成为整个社会普遍认同的标准与模式；二是分化功能，就是通过某种时尚标准、模式的建立使社会结构中的某一类人具有相似的时尚特征，从而与其他阶层区隔开来。但是这种时尚必然会引起其他阶层的羡慕与向往，最终会因其他阶层亦步亦趋的

① ［德］齐奥尔格·西美尔：《时尚的哲学》，费勇、吴曯译，文化艺术出版社 2001 年版，第 72 页。

效仿而打破其鲜明的界限，呈现出社会各个阶层趋同的态势。这时，为了避免被同化的危险，这个群体必然会立即转向制造新的时尚潮流，以达到保持差异的目的，这也正是时尚能够不断变化的重要原因之一。

消费社会中的时尚文化具有以下几个方面的鲜明特征。

第一，大众化。时尚的主导力量已经由少数贵族阶层向平民大众转化。在西方，时尚本是社会较高阶层或权贵阶层特权的象征，但是随着工业化的不断推进以及消费社会的到来，封建贵族的势力被不断削弱，资产阶级逐渐成为社会政治、经济和文化的主导力量。加之生产力水平的不断提高和科学技术的迅猛发展，使人们的价值观念、生活方式和行为方式都发生显著的变化，而消费的提高越来越依赖于普通大众，这使时尚的权力开始不断向普通大众倾斜，时尚带有了大众化的色彩和意味，时尚作为一种个性文化开始与大众文化产生一定的交融，并且随着大众文化的发展走进普通大众的日常生活。

第二，产业化。时尚已然作为一种文化产业被批量生产。各种时尚按照市场规律和大众需求生产出来，从而推动潮流的发展趋向，在大众日常生活中，处处可见带有经济与文化双重性质的时尚文化产品的身影。并且现代科技和大众媒介的发展，也加快了时尚流行大众化传播的进程，人们每天被各种广告、电影、电视、网络等媒介宣传的时尚文化包围，在进行消费时会无意识跟随时尚潮流，这会刺激时尚产业的不断扩张。

第三，消费化。时尚潮流并不是大众自身创造出来的，而是由社会强势群体或产品代言人发布的，但是任何一个商品只有能够被大众所接受、使用和模仿并成为人们生活当中的一部分，才能够成为时尚并引领潮流，否则最终只能被市场淘汰和遗弃。消费社会中的时尚能够折射出人们的思想观念、生活态度和审美趣味，这种时尚尽管可以通过一定的精神状态体现出来，但是大多数情况下必须通过物质的方式加以展现。因此，在这个意义上，时尚与消费之间有着不可分离的关系，时尚不可避免地受到消费意识的制约，并成为推动消费的重要力量，对时尚的追求就是对一定物质消费的追求，人们通过对一定时尚的消费来体现自己的财富和身份地位，实现身份认同和群体归属。

（二）时尚文化与大学生群体的契合性

大学生和时尚文化具有天然的契合性。时尚文化由于受到市场利益原则的驱使和大众文化发展的推动，成为一种以技术为依托的不断加速运转的机械式运动，其本身要求人们的生活态度要时刻保持激情、富于变化，否则就会落伍贬值而被市场淘汰。而大学生群体正处于青春期，天然具有一定的反叛性、躁动性和冲动性，对于新奇的事物具有强烈的好奇心、求知欲和表现力，因此，时尚与青年具有一种本原上的关联性。大学生通过不断建构各种各样的青年亚文化的风格符号来引领时尚潮流的发展。我国当代青年亚文化主要表现为一种“通过风格化的和另类的符号对主导文化或支配文化进行挑战从而建立认同的附属性文化方式。青年亚文化不是完全认同或者否定、反抗主导文化，而是补充或凸现其忽视的部分，在扮演青年角色时采取的接受方式是‘抵抗’，但并不激烈和极端，而是较为温和的‘协商’，主要表现在审美、休闲、消费等领域”[①]。

随着消费社会的到来，我国青年亚文化日益表现出被商业文化和大众文化收编的走势，呈现出愈加鲜明的商业色彩和泛娱乐化趋势。这对当代青年的消费观念、审美观念和价值观念都带来了一定的冲击和影响，甚至越来越明显地改变着当代中国青年亚文化的文化版图。商业文化经常借助已有的青年亚文化或创造一些新的时尚文化，迎合青年的消费品位和审美情趣，使青年大学生成为时尚潮流的引领者，从而引领社会大众消费并获取丰厚的商业利润。

但是青年亚文化与时尚文化之间并非是侵蚀和被侵蚀这么简单的关系，它们并非势不两立，而是相互借用和催生。青年亚文化在对时尚的消费过程中，会根据自己的需要对商品进行与原有意义相对立的

---

① 胡疆锋：《中国青年文化的当代版图——从“青年文化消失论”说起》，《文艺争鸣》2011 年第 1 期。

重组，并赋予新的语境从而传递新的象征意义，最终形成独特的风格。但是青年亚文化也被商业文化进行着强势渗透和极度利用，一个新的青年亚文化风格的产生，关涉着文化的生产、包装、宣传、传播与消费过程，这必然会抹杀青年亚文化的颠覆性和抵抗性，使其成为一种新的消费时尚，并走向与商业的融合。青年不是被动的，而是充满主动性和建构性的，他们通过日常生活和消费行为，将自己的思想观念注入到商品消费过程中，从而在时尚消费中表达自己存在的意义，这就使时尚消费具有了中介的性质和作用。

当代大学生在饮食、服饰、娱乐、休闲、语言等各个方面均能够引领社会时尚、拉动消费的增长。比如麦当劳、星巴克、IMAX 电影、健身、直播等均是由青年大学生首先接受、认可并带动其成为整个社会的消费热点；同时各种网络流行语、网络表情包、Cosplay 文化、ACG 文化、字幕组文化、网红文化等新兴亚文化形式的发展也离不开大学生群体的先导和示范作用。

第二节　大众文化消费的现实困境

大众文化作为现代社会日常生活中一种重要的文化形式和文化现象，潜移默化地影响和塑造着人们的思想观念、认知模式与行为方式，因而也影响着人们的消费行为。但是，由于大众文化的平面性、商业性和逐利性，使其发展过程中不可避免地存在一定的现实困境与负面效应。

一　人文性的缺失

文化具有关注人的精神意义和自我价值的功能，但是由于当代大众文化在发展过程中感性色彩过于浓厚而缺乏深度的理性思考，导致其在一定程度上摒弃了文化理想和文化追求，从而忽视了人的主体价值和生存意义，造成当代大众文化人文精神和人文关怀的缺失。

（一）现代社会消费行为的大众文化要素

人们对现代社会的消费已经越来越不局限于促进生产的范畴，而是致力于并侧重通过“非经济因素”进行考察和研究。正如现代社会商品的多样性和丰富性一样，人们的消费行为和消费方式也很难屈从于相同的模式和方式。消费的最初动因毫无疑问是经济学意义上的，正如马克思、恩格斯论述的人类生存的三个前提：生产物质生活、新的需要和繁殖。但是现代社会的消费已经注入越来越多的文化因子和文化内涵，并且文化因素、文化动因和文化目的对人的消费行为的影响程度及影响范围越来越深入和全面，人的消费行为的产生和消费模式的选择实质上是对一定消费文化选择的结果。当然，文化并不是消费行为产生的唯一要素和唯一原因，诸如家庭、同辈、学校等因素都会对其产生一定的影响。

在现代社会，文化对消费的引导、影响和左右程度都是以前其他任何社会所无法比拟的。“从人类的经济活动可以看出，消费与文化已紧密地联系在一起。从广义上讲，消费就是文化。从狭义上讲，消费又是在社会中发展起来的一种特殊文化。”① 消费与文化的密切关系是市场经济与文化同时发展的结果。如果没有文化的多样化，没有商品的极大充裕，文化对消费行为就不会有今天这样的影响力和渗透力，文化和市场经济的发展是相互依存、相互制约的关系，二者互为前提和结果，这才使人们可以在消费行为中注入自身的价值观念和审美趣味，也正因此，对消费行为的研究必须注重对文化要素的考量。正如前文所说，文化与政治、经济在社会结构中是一个有机统一的整体，并且各自具有一定的价值与意义，文化的核心价值就是创造意义、批判和超越精神，但是三者并不总是协调发展的。因此，必须发挥文化的核心价值作用，实现文化对经济和政治的引领，在经济、政治中渗透文化机理，实现人的自我完善与发展。但是，一些“以物质和快乐为人生目的的人必然缺乏超越精神。他们不能想象物质和金钱以外的生活，而只愿安稳地不断享受下去”②。这导致当下某些非理

① 杨魁、董雅丽：《消费文化：从现代到后现代》，中国社会科学出版社 2003 年版，第 17 页。

② 桂勇：《论当代文化的消费主义化》，《复旦学报》（社会科学版）1995 年第 5 期。

性消费行为的人文要素和文化涵养越来越低，人们对精神生活的体验逐渐冷漠，文化越来越被物质化、商品化和消费化。

随着全球化、网络化和信息化的不断发展，各种文化形态和文化观念冲击着人们的思想观念和价值理念，社会文化的发展愈趋多样化，这导致各种文化发展泥沙俱下，人们的文化生活中既有优秀文化，又不可避免地存在一些文化糟粕。人们的消费行为与大众文化的关系愈加紧密，人们的日常生活被各种大众文化包围，以至于不是消费决定文化，而是文化制约消费，人们的许多盲目性、非理性消费行为的出现，实质上是人们对非理性文化选择的结果，是文化在某些方面的误导。人文精神就是对民族、对人的关怀，是人的生存意义、价值的追求与确认。在各种眼花缭乱的时尚外衣包装下，大众文化本应具有的主体性、革命性和解放性走向虚无，其人文精神及启蒙精神被颠覆和解构，取而代之的是各种感官化的形式主义和视觉中心主义的泛滥，致使人们的消费行为以感官满足和欲望诉求为导向，大众文化消费行为本应具有的人文性逐渐丧失。资本的介入也使精神与物质、需要与欲望之间的界限被严重模糊化，欲望遮蔽了人的生存价值与生命意义，选择下所产生的大众文化消费行为被彻底以“物”的标准量化。

（二）对“以人为本”的误读导致人文精神的缺失

非理性大众文化之所以能够广泛传播，大众媒介扮演着不可替代的角色。各种带有消极色彩的文化正是通过大众媒介引导大众的跟风行为、从众心态，并且对大众起到一定的示范和导向作用。正如丹尼尔·贝尔所言：电影、电视、时尚杂志等对消费社会的大众起到一定的“引路”作用，它教会人们如何消费、如何追赶时尚潮流，其“微妙”之处恰恰在于它深刻改变了人们的消费“习俗”。[①] 也就是说大众媒介对人们的消费习俗发挥着引导作用，人们依照惯有的习俗认

① ［美］丹尼尔·贝尔：《资本主义文化矛盾》，赵一凡、蒲隆、任晓晋译，生活·读书·新知三联出版社 1989 年版，第 117 页。

同消费文化、进行消费行为，消费习俗的改变意味着消费文化的改变，而消费文化的改变影响着消费行为，这形成了人们思维和行为的一种定势。并且大众传媒与商业广告的联姻，使大众媒介原有的教化功能日渐淡化，反而变成商业广告的宣传工具，商业广告只标榜各种明星偶像、成功人士、意见领袖等在经济领域获得的“成功”，而不是道德领域的榜样和楷模，这使消费文化更加趋于感性化而背离理性化，并且为大众文化误导消费行为提供了更为便利的条件。

人文精神的缺失，在一定程度上也与对“以人为本”的误读有关。消费中的“以人为本”并非是“无条件”地为人服务、任人消费，符号消费也是打着“以人为本”的幌子。借着“发挥人的主体性”的旗号肆无忌惮地刺激着人的消费欲望，以至于人与物的关系被人为性地颠倒，人们不断去追求消费品的符号价值和象征意义，导致消费既是手段又是目的，人成为商品和符号的附庸，从而背离人文价值层面的“以人为本”。费孝通先生曾有过这样的论述：文化自觉是指对自身文化要有自知之明，“明白它的来历、形成过程、所具有的特色和它的发展趋势，不带任何‘文化回归’的意思，不是要复旧，同时也不主张‘全盘西化’或‘坚守传统’”[①]，即文化自觉是文化为了自我优化而进行的自我反思、自我追问和自我意识。只有经历了文化自觉的文化选择，才能对自身文化系统进行优化和重建。可见，现代文化的消费性衍生的大众文化实质上是一种伪“文化自觉”行为，它所倡导的“欲购情结”使消费代替消费者本身成为所有价值的表现形式和等价物，从而导致西美尔所谓的“对生命本身的无聊感”“一种致命的生命感觉的萎缩”，也就是人的主体性的消弭与萎缩，这也是现代社会的顽疾之一。

当今时代体现人文精神的应是充分发挥文化主体性的积极向上的文化，人类发展历程也是文化不断发展进步的过程，而人的实践活动是推动历史发展的关键力量。“人是文化的历史主体，文化是人的现

① 费孝通：《费孝通文集》第 15 卷，群言出版社 2001 年版，第 6 页。

实存在，人从文化世界获取价值主体地位的意识，并全面占有和享用文化价值……文化主体性便是指人与文化的统一，人的本质与文化心理结构的统一，人的价值实现与文化创造的统一。”① 现代社会人的文化主体性的发挥，更多是以大众日常生活的方式所表现出来，而文化主体性的建构必须在兼具包容性和开放性的同时，充分发挥人的自我反思、自我批判的能力，是将他者与自我进行对照比较，吸纳精华，而非盲目接受。即文化主体性是当一种文化与外来文化相遇时，能够发挥自觉性、自省性和自由性，并在此基础上产生一定的适应性、创造性、自尊心和自信心。

二　娱乐性的泛化

大众文化是现代社会人们喜闻乐见的一种文化形式，具有通俗易懂和广泛参与的特点，能够在原子化社会中为人们提供释放压力、宣泄情感和娱乐消遣的渠道。但是为了最大限度地博得受众眼球、获取经济利益，大众文化的娱乐功能被不断凸显放大，以致出现“泛娱乐化”现象。

（一）娱乐在大众文化中的“霸权”地位

当前大众日常生活的两个关键词就是“消费”和“娱乐”。大众媒介的发展使得消费文化传播泛滥，并且以受众的需求为出发点，导致当前社会文化结构和日常生活中充斥着“受众至上”的氛围，而“受众至上”又在一定程度上造成了“娱乐至死”的局面。大众文化是当前人们日常生活中的重要文化形态和文化形式，它在消费时代主要是指以消费意识为宗旨，采取商业化和时尚化运作方式来引导大众的一种当代文化消费形态，这决定了大众文化本身既具有娱乐化的特点，又具有一定的教化功能，无论任何一种大众文化形式都内在包含了一定的价值取向、审美趣味和伦理判断。但是对“消费意识”的

① 徐瑞鸿、戴钢书：《文化主体性的提升：社会主义核心价值观教育过程的本质》，《学术论坛》2015 年第 7 期。

凸显将大众文化本应具有的教化、引领、涵化等功能弱化，致使大众文化对受众的精神塑造和价值引领功能衰退，而娱乐功能却日益强化，甚至娱乐精神被误认为是大众文化的核心要素，一切都可以娱乐，一切也都可以被娱乐，娱乐成为文化的最高价值，成为统治其他一切文化形态的霸主，并重构着其他一切文化的内容和价值，这是当前大众文化发展的困境。正如雅斯贝尔斯所言："一切必须是当下的满足，精神生活已变成了飘忽而过的快感。"①

大众文化的泛娱乐化主要表现在两个方面：一是视觉文化的空前兴盛；二是身体消费的意义凸显。视觉图像文化的发展推动了大众文化的泛娱乐化倾向，图像对文字的替代，视觉文化对感官刺激和感官愉悦的强调、对图像传输形式的凸显，以景观化和虚幻化的方式来营造快乐、幸福的幻象，使大众的思维方式和行为方式发生了一定的改变，即不再去深度思考和创造想象，而只需在平面化的图像之间做转换运动。图像可以作用于人的无意识层面，它所带来的视觉冲击力、说服力和感染力使人们更易于不假思索地对其接受和认同，因而也更易于激发人们的享乐欲望和消费欲望，这使当前注意力经济、眼球经济和网红经济得到空前发展，视觉消费成为当前大众日常生活中最为普遍的审美娱乐方式，并且成为当前文化生产的基本逻辑。

身体消费是当前大众消费中最为突出的一种表现形式，这使消费时代的"身体"不仅仅是生理意义上的、更是文化意义上的概念。消费时代的身体不再仅仅是劳动的身体，而更是一个欲望的、消费的身体，身体成为承载欲望和享乐的工具。大众媒介通过商业广告中的明星模特塑造理想的身体形象，让大众以他们为理想身体的标准，使用各种工业化的技术和产品对自己进行身体塑造及形象改造，使个人主动接受商业资本的规训。这使当前社会服饰、美容、整容、健身、时尚等产业纷纷崛起，"颜值"的地位得以急速上升，甚至出现了

---

① ［德］卡尔·雅斯贝尔斯：《现时代的人》，周晓亮、宋祖良译，社会科学文献出版社 1992 年版，第 68 页。

“看脸时代”“颜值即正义”等“颜值至上”的谬论。这使身体被消费品重重包围，并成为一种可以炫耀和展示的商品。

消费文化将商品的娱乐属性和功能过度放大，将“娱乐至死”视为最高真理和核心价值，认为一切皆可被“娱乐”，甚至将娱乐视为一切文化形式的核心，将娱乐置于“霸权”地位，而相对忽视对文化本身所蕴含的价值和意义的生产与传播，并试图以带有“拜物教”性质的文化消费理念重构主流文化的内容与价值，导致受众逐渐丧失了理性思维，价值观日益扭曲错位，在审美情趣、价值追求等方面也趋于肤浅化与庸俗化。正如尼尔·波兹曼所说：“一切公众话语都日渐以娱乐的方式出现，并成为一种文化精神。我们的政治、宗教、新闻、体育、教育和商业都心甘情愿地成为娱乐的附庸，毫无怨言，甚至无声无息，其结果是我们成了一个娱乐至死的物种。”①

（二）青年亚文化是大众文化娱乐泛化的主要领域

尤其要注意的是，当前泛娱乐化的最主要受众对象就是青年大学生，因为一方面他们充满强烈的好奇心，极容易被表面新颖实则空洞的消费文化所吸引和迷惑；另一方面他们正处于世界观、人生观和价值观的确立和建构时期，可塑性极强。如果长期在这种泛娱乐化的快餐式的文化环境中成长，会使他们盲目欣赏或崇拜娱乐文化，失去理性思考和价值判断能力，长此以往其思维方式、认知方式和行为方式都会发生一定的改变，甚至患上“精神贫血症”，忽视崇高价值和人生意义，缺失理想和信仰，沉迷娱乐性消费，价值观严重扭曲，从而沦为奉行快乐至上和娱乐至死的“乌合之众”。泛娱乐化使大学生的价值观呈现出理想主义弱化、现实主义深化、理性价值淡化、感性主义强化，价值观念由集体本位向个人本位偏移等特点。②

娱乐泛化倾向在青年亚文化领域表现最为明显，恶搞、戏仿、自嘲、剪裁、拼贴、反讽、调侃等诸多后现代主义的手法，在各种青年

---

① ［美］尼尔·波兹曼：《娱乐至死》，章艳译，广西师范大学出版社2004年版，第4页。

② 赵伟、王军云、宋华：《泛娱乐化现象下对大学生价值观的引导探析》，《中国成人教育》2014年第15期。

亚文化中都运用得游刃有余。青年对自身社会地位、生存境遇、发展前途和利益诉求等不再是通过政治化的渠道和手段去表达，而是借助视觉化和身体化的娱乐形式进行隐喻式的表达，比如一些张扬个性的服饰、标新立异的语言、时髦刺激的运动等，这种身体的象征和视觉的刺激，使青年主体性和创造性的发挥陷入“娱乐至上”的泥潭。现在最为流行和被广泛使用娱乐形式就是各种表情包。青年大学生的“游戏人生”“娱乐至上”“玩世不恭”的心态充分体现在各类表情包的制作和使用上，表情包成为青年身体的替身，这为建立在契约关系和竞争准则基础上的紧张的人际交往，带来了更为轻松、自由的表达氛围，使社会话题和社会现象被涂抹上浓郁的“娱乐”色彩。表情包中往往夹杂着一些审美趣味低下、语言粗鲁低俗、哗众取宠、博取眼球的色彩和内容，在一定程度上消解了传统话语的严肃叙事，对青年大学生的独立判断能力、理性思考能力和主体意识起到一定的消解作用，使大学生一味追求享乐，以“快乐”作为处事准则和行为目的。近年来，网络表情包与商业资本开始紧密结合，各大网络购物平台自制了以表情包为主题的各种服饰、水杯等物品，甚者还有以表情包中的卡通形象为主角的电影也已经上映，这使表情包丧失了原本的隐喻、反讽和批判精神，而转变为带有浓烈商业色彩和娱乐意味的消费品。

各种青年亚文化，无论生产方式、传播方式、文化类型、符号内容，还是圈群建构，都以“娱乐”为核心内容和主要标志，并且与新媒体的发展和使用密不可分，因此，在青年大学生的生活方式和文化形态中，“娱乐”是最为直观的存在和体现。究其原因，娱乐是青年大学生自身角色的内在需要，是对社会期望和角色规定的一种逃离式的想象。娱乐成为青年表达对社会热点事件看法和意见的最为常见的方式，是青年人对当前社会环境的认知方式和表达方式。虽然具有亚文化特征的娱乐形式很快会被商业资本收编，变成商业化的消费品，但是作为亚文化情感结构反映的娱乐依然存在。也就是说，青年群体通过青年亚文化的娱乐方式获得了情感体验和心理满足，获得了平等表达的机会，享受了自由自在的感觉以及无比愉悦和快乐的心情。

三　认同危机的产生

现代社会的消费已经成为人们建构自我认同和社会认同的重要途径与手段，通过消费人们可以获得一定的归属感与满足感。但是消费文化的平面化、碎片化和快餐化，容易导致人们价值选择和价值判断的迷茫，出现价值体系的混乱与道德体系的失范，最终出现认同危机。

（一）认同危机产生的原因

当前消费已经成为人们建构自我认同的重要手段和渠道。人们并不仅仅通过消费获得商品和休闲，更是通过消费建立自己的“圈子”，通过“圈子”中相同的消费商品、消费观念和审美趣味等获得归属感、认同感、安全感。但是，这会导致大众在消费中过度地注重自我意识和自我建构，而相对忽视集体意义和社会意义，以致对主流意识形态、民族传统文化等的关注越来越少。因而这种通过消费建构的认同只是过于狭窄的认同，在消费社会中它的意义被过度夸大，导致人的主体性和社会性的塑造都要通过消费来实现。而实际上消费者的愿望和需要并没有被真正实现和满足，也并没有真正实现自我、平等、幸福和自由，而只是在消费的洪流中被推向无意义的消费认同，从而陷入一个二律背反的、充满混乱和解构的境遇当中，即大众通过消费既体现了自我，又失去了自我，最终在消费过程中真正体验和获得的只有快感，以及快感转瞬即逝后的迷茫与空虚。

当前消费的文化性越来越凸显，文化与资本的结合越来越密切，而文化的核心与关键是价值观问题。文化是大学生群体价值意识的主要来源，如果其被严重扭曲化和功利化，沦为资本增殖的手段和附庸，就会失去以文化人的功能，使大学生的精神生活为物质所瓦解，使他们丧失对意义和信仰的追求，放弃对社会历史与现实的深度思考，而沉溺于消费文化所制造的空虚无聊和毫无营养的无度消遣之中，沉迷于带有低级趣味的审丑、色情、暴力等色彩的快餐文化和感官文化中，外在的感官刺激颠覆了文化应有的内在精神内涵，这会造成大学生因缺乏理性而对现实丧失批判性思考能力，使其主体性人格让位于消费刺激下的物质化人格，甚至会导致大学生误将消费文化、娱乐文化当作主流文化接受和认同，还会导致诸如“以消费为美”“以娱乐为美”等行为偏差的出现，这都会在一定程度上造成大学生的认同危机。

所谓认同危机是指主体面对身份的流变性和多元性难以进行选择，进而认同与身份形成冲突的困惑状态。认同危机并不是一般性的意义缺失、价值规范、理想缺位等所谓的精神危机或理想信念危机，而是人对自身同一性和客观身份的主观态度的断裂与冲突，出现主观上的混乱和困惑而无从选择的状况，即认同危机是围绕 Identity（同一性、身份、认同）而产生的危机。而消费行为的文化内涵使消费具有了一定的认同性，消费行为不仅是人与物的关系的体现，还是人与人之间关系的中介，这使消费成为现代社会大众日常生活的最普遍的文化实践活动。随着市场经济的发展和劳动分工的细化，对于大多数劳动者来说，劳动不是实现自我主体性和创造性的途径，而只是人用以谋生的手段，劳动不是自愿、自由的，而是被迫的、强制的和压抑的，那么劳动很难成为人们建构认同的方式，更不用说通过劳动实现自由全面的发展。随着经济的日益文化化和消费化，消费一直宣称人们通过它可以获得平等、自由和幸福，这使消费认同给予劳动认同以巨大冲击，也使人们在劳动中获取认同的可能性丧失，并转移到通过消费来寻求认同消费逐渐取代劳动成为建构认同的重要方式。

（二）消费认同危机的实质

弗里德曼曾对消费与认同的关系阐述道：“在最一般的意义上，消费是创造认同的特定方式，一种在时空的物质重组中的实现方式。就此而言，它是自我建构的一种工具，自我构造本身依赖于将切实可得的物品引导入与个人或人们相联系的特定关系中的更高等级的样式。”[1] 王宁教授也指出：“消费在社会学意义上的重要性之一在于它既是用于建构认同的‘原材料’，又是认同表达的符号和象征。……在世界范围内，多种生存方式和消费方式并存的情况下，人们选择这种而非那种生存方式和消费方式，在很大程度上是由人们的认同所决定的。人们的认同和人们的消费不过是同一个过程的两个方面。”[2] 这就使现代社会的身份认同具有一定的物质化和流动化的特点。热尔瓦齐曾说，人们做出的任何选择都绝对不是偶然的现象，而是受制于其所处的文化模式和文化氛围，必然是对某种价值观念和价值体系的反映，消费也是如此。现代社会的人们试图通过消费来体现自我的价值感和存在感，意在建构能“被表达出来”的主体活动；而消费文化所宣扬的身份认同是在知识和权力操控下的“被生产”过程，是知识和权力构筑的“他者”凝视下的“被塑造”的过程。这就使得消费一方面契合了个体对自我个性化和自我实现的需要，另一方面凸显出技术理性下个体差异性的丧失，使现代社会消费的动力更多来源于“希望”，而不是“欲望”，人们通过购买行为所要实现的是自己的“理想”或“幻想”。价值体系和价值观念以文化的形式深深内化在人们的消费意识当中，使人们对某种文化秩序由强制性地、被动地接受变为自觉地服从，并且自我身份得以确立和认同的手段不是来源于“他者”，而是变为了“自我”。

然而某些大众文化产品大量借用后现代主义的反讽、拼贴、恶搞等表现手法，过度强调娱乐精神，甚至将历史史实重新进行整合拼贴、对英雄人物进行恶搞戏说，从而陷入历史虚无主义的泥潭，这在一定程度上造成对主流价值观的消解和解构，丧失文化应有的崇高精神，导致人们价值方向的迷失和精神信仰的缺失，最终为消费文化所制造的各种虚无的欲望、符号、快感深深围困，使大众不再追问深度

---

① ［美］乔纳森·弗里德曼：《文化认同与全球性过程》，郭建如译，商务印书馆2003年版，第227页。

② 王宁：《消费与认同——对消费社会学的一个分析框架的探索》，《社会学研究》2001年第1期。

的价值，而沉湎于个体的狂欢，造成当前社会大众文化的平面化、娱乐化和快餐化的现状，也就是说通过消费所建构起来的认同是碎片化的、非连续性的、不统一的、表面化的认同，它割裂了文化体系的连续性和一致性，消费中的自我认同不是在某一相对稳定的文化系统中完成的，而是受控于消费品及消费符号的制造者，只是在资本逻辑与商业文化共同作用下的认同。在流动的消费和时尚中，大学生容易沦落为感官主义者和视觉中心主义者，导致自我价值异化、自我矮化，并走向虚无主义，这使大学生的消费认同危机主要表现为虚假的、功利的、物质的和工具性的认同。

主流价值观是与国家、社会发展方向相一致的价值观念，是对真善美的追求和对积极进步的精神面貌的倡导，我国当前社会的主流价值观就是社会主义核心价值观。社会主义核心价值观是对中华优秀传统文化和中国特色社会主义先进文化的锤炼和积淀，因此是历史传统与现实关怀相统一的价值表达，对社会主义核心价值观的认同也是对中华民族和中国特色社会主义文化的价值认同。社会主义核心价值观是社会文化软实力的代表，它对整个社会文化结构和意识形态起到主导、支配和引领的作用，决定文化发展和社会进步的走向。而消费文化的平面化和碎片化会导致人们价值选择的迷茫和价值判断的困惑，人们对于社会信任体系和道德伦理规范失去信心，只以市场和金钱为手段确立人与人之间冷漠的、赤裸裸的利害关系，对于物质的过度追求导致精神上的焦虑不安和紧张状态，把娱乐作为释放和宣泄压力的手段，从而导致价值观的混乱无序，最终消解人们对核心价值观的理性认同，导致认同危机的普遍蔓延。正如有学者所言："失却了审美精神与人文理想制衡的文化是可怕的，文化陷入经济单边主义和商业实用主义是危险的；这种可怕的背后是非人化与物化，这种危险的内里隐藏着自我的失落和意义的虚无。"①

① 傅守祥：《欢乐之诱与悲剧之思——消费时代大众文化的审美之维刍议》，《哲学研究》2006 年第 2 期。

第三节 大众文化的逻辑悖论与认识误区

随着我国消费社会特征的日益凸显以及大众媒介、科技手段的不断发展，当前我国大众文化的发展呈现出过度娱乐化、消费化和平面化的趋势，其根源在于资本逻辑、技术逻辑和消费逻辑三者的共同作用。

一 资本逻辑的悖论：文化商品化

大众文化是一种商品，这意味着大众文化一经产生就被纳入资本运行的轨道，受商业逻辑和市场原则的支配与控制，大众文化的生产、传播、消费都以获取经济利益为目的，这使现代社会的文化与资本更加紧密融合，导致文化商品化和消费主义的出现。

（一）资本逻辑的运作机制

马克思从唯物史观和社会现实角度出发，将资本看作能够生产并获得剩余价值的社会经济关系的总和："资本的价值增殖表现为完全取决于资本作为对象化劳动同活劳动的关系，即资本同雇佣劳动的关系。"[①] 因而"资本发展成为一种强制关系，迫使工人阶级超出自身生活需要的狭隘范围而从事更多的劳动"[②]。资本逻辑并不是指资本的所有特性，而是指资本能够实现自我增殖、追求利润最大化、唯利是图并不断扩张的自由本性。也就是说资本在本质上属于基于自身本性的一种矛盾运动过程及其发展规律，体现为以追求剩余价值为目的而不断进行的资本扩张运动。因此，马克思指出："资本只有一种生活本能，这就是增殖自身，创造剩余价值，用自己的不变部分即生产资料吮吸尽可能多的剩余劳动。"[③]

---

① 《马克思恩格斯全集》第 30 卷，人民出版社 1995 年版，第 383 页。

② 《马克思恩格斯选集》第 2 卷，人民出版社 2012 年版，第 198 页。

③ 《马克思恩格斯全集》第 42 卷，人民出版社 2016 年版，第 228 页。

生产和消费是资本运动过程中的两个关键环节，二者之间具有相互依存、相互依赖的关系：消费以生产为条件，生产以消费为前提；没有生产就没有消费，没有消费也就没有生产。在这个意义上，消费就是生产，生产就是消费。然而资本只有最大限度地获取剩余价值和利润才能为扩大再生产提供物质保证，资本的扩张本性使其要将现实生活中的一切事物和社会成员都纳入自己的增殖体系，并对其进行资本化，因而其打破了国家和地域的限制，导致了世界市场的形成以及生产、消费的世界化，由此造就了一个以资本为纽带的总体性世界。这就造成了资本逻辑的二律背反：即生产过程与交换过程经常处于脱节状态，或者说是生产与消费之间的脱节。具体来说，资本运动的生产过程就是资本增殖的过程，但是资本增殖的实现必须依赖于市场交换而进行；同时资本的本性决定资本家会想尽办法压低工人的工资以获取剩余价值的最大化，这就使工人的消费欲望得到了一定的抑制，但是资本的扩张又要求消费的增长，这就是资本逻辑的二律背反：以限制消费为前提的资本扩张导致消费规模的扩大，从而破坏了资本再生产的条件，违背了资本增殖的本性。

随着资本在日常生活领域的不断扩张，资本积累的主要途径也逐渐由生产资料的生产变为生活资料的生产，如何扩大日常生活性消费成为扩大再生产的基本条件。福特主义和后福特主义的生产方式就是为这个问题的解决而相继出现，但是随着工人工资的不断提高，如果工人原有的节俭消费观念和消费价值观得不到及时有效的更新，那么消费欲望就会跟不上工人工资提高的速度，因此，必须培养工人即时消费、享乐的消费观念。因此，资本要想通过大众消费欲望的增强以及消费模式的改变来实现自身的增殖，就只能依赖于大众文化发挥引领和指导作用，从而更新大众的消费价值观念，获得自身存在的合法性并获取利益的最大化。

（二）大众文化与资本逻辑的内在关联

大众文化主要是以获取利润最大化为主要目标，采用商品化和市场化的运作方式进行大规模批量化生产、流通和消费的一种文化样式，文化产业是它在现代社会的主要表现形式。可见，大众文化的本性在于必须在市场交易中才能得以生存和发展，这就决定了大众文化从产生之日起就被纳入资本逻辑的运行轨道中，必须受资本逻辑的支配与控制。资本定义了大众文化，并决定大众文化的存在、运行和发展。在这个层面上，大众文化就是资本逻辑在文化上的一种表现方式，其本质属性就是资本属性，因此，可以将大众文化视为一种文化商品。消费社会中的大众文化成为帮助资本实现资本扩张和资本增殖的最得力的助手，资本与文化并不是互不相干的并存要素，而是相互融合推动现代消费社会发展的一股合力，它们之间相辅相成的关系主要表现在两个方面：资本的文化化和文化的资本化。一方面，大众文化重新塑造了人们的生活方式和生活态度，刺激了人们的消费欲望，为资本逻辑的实现提供发展空间和精神动力，并成为资本扩张及资本增殖的工具和手段；另一方面，大众文化必须以资本为依托才能不断发展，否则将会停滞不前。

资本作为一种“普照的光”和“特殊的以太”改变了当代大众文化的性质，它深深嵌入大众文化的生产、传播、消费过程，并出于自我增殖的需要对大众文化不断进行样态革新和换代升级，从而形成了大众文化产业链。资本介入下的大众文化具有鲜明的意识形态性质，它通过对感官的刺激和对物的符号价值的渲染，为大众营造一种虚幻的幸福生活和想象的心理满足，从而塑造了人们对现实社会的肯定性认同，消解了人们对现实的反思和批判精神，营造出“逃避现实也是一种快乐”的氛围，从而帮助人们实现所谓的“自由”“幸福”“平等”的美好生活模式，最终通过“重复”或“趋同”的工业模式实现对人的操控与控制。因此，在资本逻辑驱使下，大众文化在本质上是一种以资本为基础，以市场和消费为核心，以文化形式表现出来的生存方式和行为准则。它是文化资本化和资本文化化的一种表现形式，是一种为利润而生的隐形资本，是现代资本逻辑与文化逻辑共生融合的产物：一方面，资本必须借助文化的形式不断刺激人们的消费欲望才能实现资本增殖，从而实现自身的合法化；另一方面，大众文化必须借力资本提供强势推动，才能不断向前发展。资本的介入使大众文化的发展趋于相对肤浅化、表面化和娱乐化，导致其本身的抵抗性与批判性被商业文化消解，人文精神和自由精神缺失，最终沦为资本的附庸。

（三）资本逻辑下对大众文化的认识偏离

资本逻辑主宰下的大众文化建构主要表现在以消费主义文化来控制大众的精神和心灵的过程。美国著名环境保护主义理论家麦克基本曾这样形容消费主义："消费主义是到目前为止最强有力的意识形态——现在，地球上已经没有任何一个地方能够逃脱我们的良好生活愿望的魔法。"[①] 汤林森也曾经指出："资本主义文化的扩散，实质就是消费主义文化的张扬，而这样一种文化，会使所有文化体验都卷入到商品化的旋涡之中。"[②] 消费主义所宣扬的生活方式和消费方式对大众文化的性质、内容、生产和传播都产生了重要的影响，这导致大众文化本应具有的人文精神和艺术精神消失，取而代之的是高度同质化、机械化和复制化的文化工业产品，其唯一目的就是为了赚取利润，这使普通大众将物质商品消费与文化商品消费混杂在一起，"文化资本和文化产业，就是资本逻辑创新的当代出场形态"[③]。大众文化是面向大众消费的，其生产出来的文化产品以娱乐消遣为主要目的，提供给大众的是一种快餐式的文化产品，因而不可避免地带有一定低俗化、平庸化和媚俗化的色彩和痕迹，它将原先崇高的宏大叙事变为渗透在人们日常生活角角落落的微观叙事，以世俗娱乐取代严肃说教，这导致人们的日常生活被完全资本化，人格被资本完全异化，也就是弗洛姆所说的"单向度的社会"和"单向度的人"。

"消费即文化，文化即消费。"[④] 当代大众文化的一个重要特征就

---

① ［美］比尔·麦克基本：《自然的终结》，孙晓春、马树林译，吉林人民出版社2000年版，第15页。

② ［英］汤林森：《文化帝国主义》，冯建三译，上海人民出版社1999年版，第6页。

③ 任平：《文化的资本逻辑与资本的文化逻辑：资本创新场景的辩证批判》，《江海学刊》2013年第1期。

④ 尹世杰：《消费文化学》，湖北人民出版社2002年版，第33页。

是引导人们尽情地、享受地消费，在符号消费中获取价值认同感和社会归属感。可见，消费社会中的文化因素成为渗透一切的主导因素，只有大众对商品符号所蕴含的生活方式、生活态度和文化意义接受并认同，才会选择对这一商品进行消费，并且试图通过消费来宣泄情感、彰显个性、张扬风格，从而实现自我认同和社会认同。资本逻辑利用文化法则和文化逻辑制造大众的需要，改变人们的思想观念和价值理念，从而改变人们的消费理念和消费方式，使人们不断产生对商品的新的需要，创造一种享乐主义和快乐主义的理想生活方式。它把"及时行乐""人生得意须尽欢""游戏人生"等作为现代生活的基本原则和最高信条，告诫人们要纵容自己、追求感官刺激和物质满足，努力享受日常生活中的快乐；只有不断追逐时尚才能获得社会和他人的尊重与认可，才能获得自由、平等和幸福；消费得越多，获得的幸福就越多。当前我国相当一部分大众文化产品也日益沦为资本的附庸，面临人文精神丧失和教化功能衰退的危机。习近平总书记也曾指出，我国在文艺创作方面"存在着有数量缺质量、有'高原'缺'高峰'的现象，存在着抄袭模仿、千篇一律的问题，存在着机械化生产、快餐式消费的问题"①，究其原因，是大众文化的资本逻辑驾驭了其价值逻辑。

二　消费逻辑的悖论：消费符号化

消费主义文化使人们不再以"需求"为目的，而是以"欲求"为导向建构自身的消费行为，这使商品的符号价值和象征意义更为凸显，甚至引导人们将消费视为人生的理想目标与终极意义，以至于人的主体性、能动性和超越性丧失，人为消费所奴役。

（一）消费逻辑的运作机制

现代社会的正常运转离不开消费逻辑的运作，它是一种"不是为了实际生存需要的满足，而是追求被文化形式不断制造出来的消费欲

① 习近平：《在文艺工作座谈会上的讲话》，《人民日报》2015年10月15日第2版。

望的生活理念和生活方式。它表现为把占有更多的物质财富和消费更多的高档商品作为人生成功的标志”①。消费主义文化使大众的消费观念和消费模式发生了深刻的改变，人们不再以“需求”为导向被动进行消费，而是以“欲望”为逻辑主动建构消费，大众消费也不再以物质商品为主，而更多倾向于对符号象征意义的消费。它极力鼓吹并倡导人们进行炫耀性、奢侈性消费，追求无节制的物质享受，崇尚感官刺激，奉行享乐主义和物质至上的价值理念，将消遣娱乐看作人生价值与生活目标，忽视人的精神目标和全面发展，是一种有悖于实现人的本质的消极文化形态。消费主义文化实质上是通过建构一种全新的生活方式，借助大众媒介和商业广告对所谓理想生活方式和美好幸福生活进行渲染，使大众追求一种全新的生活体验从而更好地享受个性化、时尚化的自我生活，创造一种通过生活方式的改变就可以提升生活品质的美好幻象。因而，人们不断追求时尚，追求商品符号所代表的理想生活方式，从而复制和维护消费社会中社会关系的再生产。

当前大众消费已经不再局限于单一的实在物品，而更多集中在人们的精神消费和心理消费领域，人们对商品的消费不再仅仅为了满足自身的生活必需，也不再单纯为了获取商品的使用价值和交换价值，而是通过消费寻求情感宣泄和心理满足，获得商品的符号价值，即商品所蕴含的形象、象征与意义，这些符号意义和信息包括社会身份、地位、权力、文化趣味、修养、个性、价值观念和信仰等。正如鲍德里亚所言：“消费不只是联系人与物品的桥梁，而是一种在某种基础上建立关系的模式，消费主要是反映人与世界之间的关系；消费是一种我们可以建立文化体系的系统性的模式，是一种整体性的回应。”②这表明，现代社会的大众消费兼具文化与意识形态双重属性，并且具有较为浓厚的感性色彩，人们只是为了消费而消费，消费既是手段又

---

① 鲍金：《揭开消费主义的意识形态面纱》，《马克思主义研究》2013 年第 11 期。

② ［法］让·波德里亚：《消费社会》，刘成富、全志刚译，南京大学出版社 2000 年版，第 222 页。

是目的，消费成为人们衡量自身社会地位的重要标尺以及彰显金钱财富、审美品位的重要手段，这导致现代社会中人与他人、社会和自然之间的关系也被打上了消费和商品的烙印。消费主义是一种“操纵符号的系统性行为”，而这种行为的根本目的就在于制造差异，“时尚”就是对差异的最好诠释，“消费的社会逻辑根本不是对服务和商品的使用价值的占用……它不是一种满足的逻辑。它是社会能指的生产和操控的逻辑”①。

（二）大众文化与消费逻辑的内在关联

消费逻辑与大众文化之间的关系，主要表现为消费主义与文化工业二者“联姻”，并形成了消费主义文化，它是当前社会大众文化最为普遍的一种表现形式，也是推广与传播消费主义思想最为有效的一种运作机制。消费文化的广泛传播使“今天的人已经被他能购买更多更好，尤其是更新的商品的能力所迷惑了，他成了消费狂。购买和消费的行为已经变成了一种被迫的、非理性的目标，因为消费就是目标，而不是人们从这些物品中获得的使用价值和快乐”②。对于消费主义文化的含义，具体来说可以从经济、社会和心理三个层面进行理解和认识：从经济层面看，消费主义文化是资本主义扩大再生产和资本增殖的产物；从社会层面看，消费主义文化是一种非理性的消费观念和消费模式向整个社会逐步渗透而形成的一种生活方式、价值理念和文化态度；从心理层面看，消费主义文化是通过消费来获得物欲的满足，将感官享受作为价值追求和人生目的，从而表征自身社会地位和金钱财富的一种世俗化、功利化的社会心理表现形式。

在消费主义文化影响下，消费成为人们日常生活的核心。现代社会中的人们为了消费而生活，人们生活的全部目的和意义也仅仅是占有商品并享受生活。消费社会使某些商品不再是贵族特权的专有，某

---

① 成伯清：《走出现代性——当代西方社会学理论的重新定向》，社会科学文献出版社2006年版，第137页。

② ［美］弗洛姆：《健全的社会》，蒋重跃译，国际文化出版公司2003年版，第117页。

些原先是奢侈品的商品成了大众消费品，成为社会结构中进行排序的标准和符号，成为人们生活态度、价值取向和社会地位的代表。但是"如果工人和他的老板享受同样的电视节目并漫游同样的游乐胜地，如果打字员打扮得同他雇主的女儿一样漂亮，如果黑人也拥有凯迪拉克牌高级轿车，如果他们阅读同样的报纸，这种相似并不表明阶级的消失，而是表明现存制度下的各种人在多大程度上分享着用以维持这种制度的需要和满足"①。工业社会通过消费主义文化将对消费主体的异化深入到思想情感与人的本能行为当中，使人按照工业社会的标准和范式进行思考与行动，致使人们丧失了对事物内在价值的判断性、选择性、批判性、自主性和创造性，从而实现对人的全面支配与控制，"人的精神被放逐后，就会陷于物欲之中，而越是陷于对外在物质的追逐，就越会失去人的精神家园，这已成了人类片面追求物欲的一种'谶语'。人在物欲追逐中会遗忘或迷失人生意义和人格的尊严，最终会失去生活理想目标而沦落于'无意义感'"②。致使人沦为工业社会和机器的奴隶，沉迷于消费主义文化制造的美好幻想世界而暂时忘却现实生活的忧伤与不快。"现代资本主义社会，把人贬斥到成为机器的附件，被它的节奏与需求所统治。它把人变成消费的机器，变成彻底的消费者，它唯一的目标就是拥有更多的东西，使用更多的东西"③，最终使人与商品的关系发生改变，人成为"单向度的人"，社会成为"单向度的社会"。

（三）消费逻辑下对大众文化的认识偏差

在消费主义文化模式下，消费已经不再仅仅是一种纯粹的经济行为，而更多呈现为一种大众文化行为，具体表现为符号消费行为，它不断引导着人们通过消费寻求价值认同感和社会归属感，并成为消费

① ［美］赫伯特·马尔库塞：《单向度的人——发达工业社会意识形态研究》，刘继译，上海译文出版社 1989 年版，第 8 页。

② 葛晨虹：《后现代主义思潮及对社会价值观的影响》，《教学与研究》2013 年第 5 期。

③ ［美］马尔库塞、弗洛姆：《痛苦中的安乐——马尔库塞、弗洛姆论消费主义》，陈学明、吴松、远东编，云南人民出版社 1998 年版，第 117 页。

社会中公认的意识形态。作为一种异化了的消费行为，它凸显出现代社会消费逻辑的内在悖论。

一般意义上说，任何消费都应是商品消费价值衰退以致消失的过程。前消费社会中商品的价值衰减主要表现为“客观衰减”，即商品作为使用价值的客观承载者的自然结构发生了破坏。当商品的使用价值消失后，其消费价值也随之消失，不以人的意志为转移，只要商品具有使用价值，它就具有消费价值。而在消费社会中，消费发生了价值的转换，即消费发生了人的“需要”与商品使用价值的背离，人们消费的目的不是为了获取使用价值，而是为了获取“时尚价值”。衡量一个商品符号价值的主要标准是“时尚”，虽然一个商品仍然存在使用价值，但是由于时尚潮流的改变其消费价值就会随之衰减甚至完全消失。而“时尚”不具有客观性，它是人们主观创造的结果，因此，消费社会中商品的消费具有一定的主观性，这就凸显出符号价值对使用价值的遮蔽、主观价值对客观价值的背离。

符号消费用符号意义的差异来表现物的差异，从而隐喻人与人之间的差异，因此，符号消费的实质就是一种文化消费，它使人的真实价值与虚假价值、消费目的与消费手段相背离。鲍德里亚曾指出，“消费世纪既然是资本符号下整个加速了生产力进程的历史结果，那么它也是彻底异化的世纪。商品的逻辑得到了普及，如今不仅支配着劳动的进程和物质产品，而且支配着整个文化、性欲、人际关系，以及个体的幻想和冲动。一切都由这一逻辑决定着”①。可见，符号逻辑支配着人们的消费行为，导致人们不是为了满足实际需要而消费，而是为了被消费文化刺激的欲望而消费，甚至为了消费而消费，这导致消费不是人生存的手段，而变为生存的目的。马克思认为人的本质是一切社会关系的总和。人是一种能够实现自由自觉和超越的存在，

① ［法］让·波德里亚：《消费社会》，刘成富、全志刚译，南京大学出版社2000年版，第225页。

但是消费主义将一切存在都功利化和物质化，将人变为金钱和物质的奴隶，人的一切感觉都变为对物质财富的占有，这使人丧失了本身的自主性、能动性和创造性，人的本质本应该通过自由自觉的实践劳动来实现和体现，但是在消费主义文化的渲染和熏陶下，劳动只是获取消费资料的手段和渠道，致使人对物的依赖程度大大增强，并沦为了物的附庸，使人的主体性、批判性和超越性逐渐丧失，最终导致人的生命本质的丧失。

三　技术逻辑的悖论：消费视觉化

大众文化的发展离不开科学技术的进步，最为突出的一个表征就是视觉文化对印刷文化的取代。大众文化借助各种现代技术手段，为人们营造一个超越现实的虚拟世界和美好生活景观，通过视觉图像的渲染传递象征意义与快感，从而刺激并引导人们的消费欲望，使人们沉迷于大众文化制造的视觉盛宴中，而沦为单向度的人。

（一）技术逻辑的运作机制

马尔库塞在《单向度的人》中指出，工业社会凭借高度发达的科学技术和自动化设备实现批量生产和高消费，通过商业广告刺激大众的“虚假需要”，将需要的满足等同于无休止的消费，导致大众最终沉迷于物质消费。这种被技术手段刺激出来的“需要”，并非人的内在自发的真正需求，而是被外部强加在个人身上的“欲求”，是资产阶级意识形态借助技术手段、以消费的形式从外面强加于人的。资本为了实现增殖，消费社会为了更好地生存与发展，必须通过各种科学技术手段刺激并制造虚假需要。

现代科学技术具有双重功能：一方面，它与生产紧密结合从而提高了劳动生产率，使社会产品极大丰富，因而科学技术成为“第一生产力”；另一方面，科学技术成为人们在生产、生活、经济、文化等领域的评价标准和最高权威，因而其具有意识形态属性，并成为一种无形的控制力量。技术逻辑的普遍运用使技术规则决定一切，支配整个社会和文化的发展，这导致当代社会意识形态的存在方式发生了转向，即由显性的政治意识形态逐步过渡到隐性的技术意识形态，正如马尔库塞所言："把思想意识吸收到现实之中，并不表明'思想意识的终结'。相反，在特定意义上，发达的工业文化较之它的前身是更为意识形态性的，因为今天的意识形态就包含在生产过程本身之中"①。

现代科学技术的发展，已经开始介入大众日常生活的各个领域，并日益成为人们的生活方式和存在方式，成为衡量生活的重要标准和参考体系。现代科技正在支配和改变着人们的思维方式、生产方式和生活方式，人对科技的依赖程度也在逐步增大，其自主性、超越性和批判性逐渐丧失，以致整个世界被科学技术所控制和操纵，最终沦为马尔库塞所言的"单向度"的人及社会，导致了科技异化现象的出现。科技发展的同时还会造成科技理性与价值理性的失衡、科学文化与人文文化的断裂，以至于人与他人、自然、社会的关系都要遵循技术逻辑而重新确立。科学技术已经成为个人得以存在发展的原因，并潜移默化地支配和控制着整个社会的文化发展和价值取向，科学技术成为探索人与世界关系的主导思维方式，成为统治整个世界的逻辑和评断事物的唯一标准，甚至成为人们所秉持的一种世界观和价值观，也就是哈贝马斯所说的"被技术殖民化的生活世界"。"技术包含了某些它本来意义上的后果，表现出某种特定的结构和要求引起人和社会做特定的调整，这种调整是强加于我们的，而不管我们是否喜欢，技术循着自身的踪迹走向特定的方向"②，这是工具理性本身所包含的二律背反。

（二）大众文化与技术逻辑的内在关联

大众文化是一种与科学技术紧密相连的文化，如果没有科技的发展和进步，就不会出现现代大众传媒，也不会有文化工业生产以及大众文化产品。技术不仅影响了文化，还制造了文化。现代大众文化是

---

① ［美］赫伯特·马尔库塞：《单向度的人——发达工业社会意识形态研究》，刘继译，上海译文出版社1989年版，第10页。

② 郝凤霞、陈忠：《论技术与社会之间的张力》，《中国科技论坛》2004年第6期。

在科学技术的支持下，依托大众媒介发展起来的，电影、电视、广告无一例外都是技术进步的结果，其中最为鲜明的一个例子就是视觉文化的兴盛。视觉文化是与视觉相关的一种文化形态，是当代大众文化发展的新趋势。随着大众媒介、互联网络以及数字技术的不断发展进步，现代社会的日常生活日益为各种视觉符号所充斥，并且形成对文字的不断挤压和排挤，视觉传播逐渐成为人类信息传播的主要方式，给人们日常生活的方方面面都带来了巨大而深刻的变革。视觉文化时代的到来，不仅标志着当代文化形态的转型及新的文化形式的形成，同时也意味着一种新的传播理念的形成，更意味着人类认知模式和思维范式的转换。[①] 视觉文化已然成为大众文化发展的主导性力量，并且成为社会大众，尤其是青年大学生群体的一种必不可少的日常生活方式，它在日常人际交往中发挥着重要的作用。因此，视觉文化不再仅仅是我们认知模式和文化制度的一个标杆，还是影响我们思维模式和行为模式的重要因子。

新媒体的普遍使用，制造出一幅图像可以决定经济发展、左右人的认知程度、确立个体认同和集体认同的超越现实的虚拟想象世界。这使追求视觉享受和感官刺激成为大众的一种日常生活方式和价值取向，以至于社会经济的发展也要依赖图像的渲染从而刺激人们的消费欲望，人与人、人与自然、人与社会之间关系的确立也需要依赖虚幻的视觉图像才能实现，这在一定程度上造成当代社会视觉图像霸权地位的获得和视觉中心主义的形成。

各种技术手段的广泛运用导致人们的欲望被一系列编码而成的符号物控制，通过消费虚幻的视觉符号来获取心理满足。视觉图像成为大众构建身份认同的新的标识，对不同视觉图像的消费代表了不同的身份、地位及生活方式，并且它不断制造和刺激着新的消费欲望。视觉文化的叙事方式与话语体系构成独特的风格符号系统，它通过各种

---

① 孟建：《视觉文化传播：对一种文化形态和传播理念的诠释》，《现代传播》2002年第3期。

图像的堆积和累加，为人们提供了欢乐、自由与平等的虚拟现实，借助视觉叙事的文化法则制造出一幅虚幻的美好生活景观，使人们的兴趣点和注意力集中于其提供的各类文本，造成对主流意识形态和价值观的消解。

（三）技术逻辑下对大众文化的认识误区

如前文所述，伴随科学技术发展兴盛起来的视觉文化使视觉形象成为一种火热的商品和产业方式，最为引人关注的就是“眼球经济”“注意力经济”“网红经济”的兴起。正如丹尼尔·贝尔所言：科技带来的社会生活变革包括“美学感觉”的变化，即技术形成了一种新的空间感和时间感。[①] 这导致商品与形象的结缘，引发人们对于商品包装和个人形象的高度关注。“形象”被大规模地进行生产与流通，并且这些形象商品塑造着消费者的角色和审美，促进了当代社会和文化的审美化趋势，加快了大众审美观念的变革，并引起了当代消费观念的变化，即消费就是一种审美体验，人们对商品的消费就是对功能与审美的综合性选择。现代社会越来越重视对形象的生产、传播与消费，人们的消费行为也倾向于以视觉为导向，形象不断推动和促进着人们的消费行为，消费行为也越来越依赖于形象。在对于形象的消费中，“看”与“被看”的行为本身已然构成了一种消费行为，并成为人们建构社会关系的新的手段与中介。但是人们的观看方式却不断趋于平面化和碎片化，人们只是注重“看”的过程和方式，而并不关注“看”的结果。也正因此，王尔德认为“看”和“看见”是两种完全不同的视觉活动。

视觉消费从本质上说，属于体验性消费活动。在这种消费活动中重要的不是商品的使用价值，而是通过消费获得心理上的满足，那么视觉消费就是一种视觉快感的获取和满足，意在通过视觉消费获得自我认同确立的满足感以及社会意义实现的愉悦感。信息化时代的视觉

---

① ［美］詹明信：《晚期资本主义的文化逻辑：詹明信批评理论文选》，陈清侨等译，生活·读书·新知三联书店 1997 年版，第 293 页。

消费是建立在数字化基础上的图像表意的文化结果，这一时期的视觉消费，既消费视觉化的文艺作品，也消费商品化的其他图像文化产品，图像化和影像化已经成为视觉消费的主要准则。视觉消费同时也助推和激活了大众文化的发展，使日常生活的审美化和审美的日常生活化紧密结合，这使大众文化发展拥有更为广阔的空间，文化资本也找到实现利润最大化的市场资源。韦里斯指出："在发达的消费社会中，消费行为并不需要涉及经济上的交换。我们是用自己的眼睛来消费，每当我们推着购物小车在超市过道里穿行时，或每当我们看电视，或驾车开过广告林立的高速公路时，就是在接触商品了。"① 消费社会中的一切物品必须转化为具体的形象才能够成为商品，图像通过技术不断完善商品的形象，培养人们的消费意识、生活理念和审美观念，从而激发人们的消费欲望，致使人们的现实生活越发凸显"影像胜过实物、副本胜过原本、表象胜过现实、外貌胜过本质"② 的特征。因此，现代科学技术正在以视觉的方式塑造我们的现实生活和大众文化，也在无形中改变着我们与文化的关系，改变着我们对世界的看法。

本章小结

当代大学生是社会中的一个特殊群体，他们具有强烈的好奇心、求知欲和表现力，而大众文化的文化特征、象征意义、青春气质与大学生群体具有天然的一致性，因而当代大学生的大众文化消费行为具有深刻的内在意蕴：它使消费成为确立认同的资源与符码，使大学生的日常审美转向身体与休闲，使大学生群体成为时尚的先锋与引领者。

由于对以人为本的误读、娱乐霸权的地位以及消费认同的二律背反，致使当前大众文化消费面临一定的困境，具体表现为大众文化人

① Jonathon E. Schroeder, *Visual Consumption*, London: Routledge, 2002, p. 4.

② ［德］费尔巴哈：《基督教的本质》，荣震华译，商务印书馆1984年版，第20页。

文精神的缺失与虚无、娱乐精神的凸显与泛化、认同手段的物质化与功利化。其根源在于大众文化与资本逻辑、消费逻辑和技术逻辑具有一定的内在关联，并且在三者的共同作用下，大众文化呈现出文化商品化、消费符号化和消费视觉化三个方面的逻辑悖论，导致了人们对大众文化的认识误区，即将消费主义文化等同于大众文化。

第五章　当代大学生大众文化消费行为的引导

随着社会开放性和包容性的不断增强，大众文化正在以前所未有的姿态参与社会文化体系的建设，大学生建构和消费大众文化的热情也在持续高涨。当代大学生大众文化消费行为既能充分发挥大学生的积极性、主动性、能动性，体现大学生的创新意识、主体意识、参与意识，但是同时又存在人文缺失、娱乐泛化、认同危机等现实困境。因此，必须对大学生大众文化消费行为进行积极引导。这就要求我们在马克思主义理论的指导下，坚持以主流文化的前进方向引领大众文化发展，坚持以社会主义核心价值观引导大学生文化认同，同时不断提升大学生大众文化消费的人文精神和文化内涵，使大众文化发展符合中国国情和现实，从而更好地发挥其教化育人功能，使其成为主流文化传播的重要载体，并不断满足人们日益增长的美好生活需要。

第一节　以主流文化的前进方向引领大众文化发展

大众文化在本质上是一种文化消费品，其与生俱来的消费性、娱乐性和逐利性导致在大众文化生产过程中为了追逐经济利益并博得受众眼球，而制作一些低俗、庸俗和媚俗的文化产品，忽视或扭曲历史事实，从而产生价值偏失和娱乐泛化现象，为社会文化的发展以及人们的思想观念带来了一定的影响和冲击。因此，必须在尊重大众文化商品属性的前提下，以主流文化的前进方向引领大众文化的发展，才能有效处理大众文化发展中经济效益与社会效益之间的关系，摆正大众文化在我国社会主义文化体系中的位置和作用，充分发挥大众文化的社会效益和教化功能。

一　在“共生互构”中规范和引导大众文化发展

我国经济的发展推动了文化建设高潮的到来，社会经济的全球化、信息化和市场化发展，促进了不同文化之间的交流与碰撞，既给我国社会主义主流文化的发展与创新带来了生机和活力，又在一定程度上对主流文化产生了一定的冲击与消解。因此，必须在承认大众文化发展具有积极性的前提下，给予大众文化发展尊重、包容的环境，同时规范和引导大众文化的健康发展。

（一）大众文化在社会文化体系中的地位和作用

当前我国社会文化呈现出多元、多样的发展态势和格局，这是信息化、网络化、市场化三者共同发展作用的必然结果，也是今后我国文化体系发展的必然趋势。中国特色社会主义现代化建设，促进了我国社会的进步和文化的繁荣；大众媒介的发展、互联网络的普及以及全球化进程的不断加快，打破了过去社会文化相对固化单一的状态，转变为当前开放多元的格局。这使当前我国的社会文化体系中包含了主流文化、精英文化、大众文化、传统文化以及外来文化等多种文化形式和文化样态。其中大众文化是丰富社会主义文化体系、满足人民群众不同精神文化需要的重要形式，是消费者最多、影响广泛的一种文化形式。

第一，大众文化能够满足人民群众各个层次的文化需求。改革开放以来，我国经济发展取得了巨大成就，国家综合实力有了大幅度提升，人们的物质生活水平得到了极大提高，人们对实现美好生活的愿望更加迫切，精神文化需求不断增加。但是不同家庭背景、经济状况和教育程度的人对精神文化的需求也存在一定的差异，而大众文化本身所具有的通俗易懂和日常生活的属性，能够反映大众的精神状态和审美趣味，体现各个阶层人们的文化需要，使人们在大众文化消费过程中获得精神上的愉悦、心理上的慰藉和道德上的认同，因而受到大众的普遍接受和认可。因此，在现阶段必须大力发展文化产业，不断增加大众文化产品的生产与供给，这是我们建设和发展社会主义文化体系的必然选择。

第二，大众文化的发展能够提高国家的文化软实力，增强中华文化在国际上的竞争力。大众文化从本质上说，是一种意识形态和价值理念，承载着一个国家的文化理念、文化追求和文化价值。随着全球化和信息化浪潮的不断深化，发达资本主义国家通过制作各种含有资本主义意识形态的大众文化产品，向我国大众推行其价值理念和意识形态，实行隐性的文化渗透，美国好莱坞的各种大片就是鲜明的例子：在各种场面宏大的战争、人类的生存危机面前，最后整个世界的救世主一定是美国的平民英雄。阿拉伯学者萨义德指出，这种文化输出和文化渗透的本质是帝国主义殖民扩张的最新形式，是一种文化霸权和文化侵略，这就对我们国家的文化安全和意识形态安全问题提出了严峻的挑战，也使我国大众文化的发展具有特殊的意义和作用。

第三，大众文化的发展能够适应经济发展转型的需要。当前中国社会进入了全面转型时期，社会经济发展呈现出一些前所未有的新特点，例如：经济发展速度由高速增长向中高速增长转变；经济结构不断优化升级，城乡发展差距逐渐缩小；经济发展由投资、要素驱动转向创新驱动等。无论在投资需求、生产能力、产业组织方式，还是市场经济特点、资源环境约束条件以及经济风险积累和化解等方面，均发生了较大的变化，传统的以生产要素为核心的粗放型经济增长方式难以为继。而文化产业作为第三产业的重要部门，是21世纪的朝阳产业，其核心和关键要素在于信息、技术、教育和文化等隐性资源，覆盖面广泛，并且随着科学技术的发展，文化内容在各类新兴产业中的比重也在不断增大，这为当代中国大众文化的持续发展提供了更为有利的条件。

（二）大众文化与主流文化的关系

我国著名社会学家郑杭生先生曾经指出，当今社会是一个“互构的时代”，用来指代现代社会生活过程是多元社会主体的行动关联，并互为主客体的“互构谐变”过程，同时也是以社会行动者之间的“交互性建塑和型构”为基础的转型变迁过程。那么当代中国大众文化和社会主流文化共同作为社会主义文化体系的重要组成部分，二者之间也是相互影响、互构共生的关系与状态，并且一起组成一个共生的空间，即“互构域”，在这个场域中二者的要素、结构、规范发生一定的调适、修正和改造，最终实现一定的协同性转化并得到一定的升华，这是我们研究主流文化与大众文化关系的一个重要的理论视角。

第一，大众文化与主流文化共存共生。当代中国大众文化能够深入人们日常生活的方方面面，以通俗浅显的话语风格和斑斓多样的表现形式博得大众的关注，并在一定程度上体现大众的参与性、能动性和创造性，因而受到大众的极力追捧。并且任何文化都是意识形态的体现，当代大众文化作品也不可避免地带有鲜明的意识形态色彩，这使人们在大众文化消费过程中也能够潜移默化地接受其所隐含的价值理念和意识形态。主流文化，是一个社会中占据主导地位、发挥主导作用的文化形式。我国的主流文化是以马克思主义为指导的中国特色社会主义文化，它既吸收了我国优秀传统文化的精髓，又吸纳了其他一切文明的先进成果，是一种兼容并蓄、开放包容的文化形式。我国主流文化的发展始终高举中国特色社会主义伟大旗帜，它不仅是我国文化建设的最基本的文化生态语境，也是我国当前社会多样文化格局的核心，对大众文化、精英文化、青年亚文化等其他非主流文化形式发挥规范和引领作用。

第二，大众文化与主流文化相互交融。大众文化产品是市场经济和资本运作的产物，其逐利性、消费性、商业性使其价值取向和发展方向，与主流文化的价值取向和内在要求必然存在一定的矛盾和冲突。一些大众文化作品过分追求观众流量数据并为谋取经济暴利，出现了内容导向和审美旨趣上的过度世俗化、庸俗化、物质化和娱乐化倾向，甚至还有一些作品包含有扭曲篡改历史史实、恶搞嘲讽英雄领袖的成分，将严肃崇高变为世俗平庸，对人们的理想信仰、道德观念和价值判断都产生了一定的冲击和影响，给主流文化的发展制造了“噪音”和“杂声”。这就要求我们必须以主流文化引导大众文化发展，并唤起大众文化的自觉自省，从而保证大众文化的健康发展；而我国当前主流文化的发展与创新也要积极关注根植于人们日常生活的大众文化，充分借鉴并吸收大众文化的表现形式修辞手法和传播方式，改变过去枯燥单一的说教方法，以大众文化的形式来传播主流文化的价值观念，加快大众文化与主流文化的有机融合，从而推进主流文化的大众化、日常化、生活化，提高主流文化的传播力、影响力和渗透力，引导人们接受和认同主流文化。

（三）“互构共存”是主流文化引导大众文化发展的基本原则

当前我国文化体系已由“金字塔”式结构向“扁平化”结构发展，文化之间的“等级”逐渐消失，单一文化主体的格局被打破，各种文化在文化结构中的身份逐渐趋于平等，多元主体之间相互构建与塑造，各种亚文化在竞争中均有自己的生长空间，而文化冲突的本质是价值观念的冲突。我们应把尊重融合其他价值观念和价值取向、建构多元文化生存空间作为当前主流意识形态传播与发展的着力点，在允许、承认文化差异并避免文化冲突的前提下，鼓励不同文化间的对话、交流与融合，从而形成当前多样文化的“包容共生”状态。在社会主义主流文化的引领和主导下，不同文化形式之间能够相互接纳并吸收各自的有益部分，在保持异质文化相互糅合的前提下，将大众文化中的进步因素和有益成分，作为当前社会主流文化集合的有效补充，使主流文化更具青春因子和活泼要素，更加乐于为当代青年所接受。同时，必须坚持以主流文化的前进方向引领大众文化发展，以合作的姿态进行沟通、交流与对话，多元融合并建构不同文化形态和价值观念，使主流文化最大限度地包容和尊重大众文化的存在，建构主流文化与大众文化和谐共生、良性互构的文化生态和价值生态。

大众文化是市场经济发展的必然结果，我们必须正视它的发展，不能将其视为洪水猛兽，而应抱以开放宽容的态度，给予大众文化更大的发展空间和更多的自由。虽然大众文化的文化特征、利益诉求与主流文化之间存在着部分疏离乃至拒斥的可能，但是大众文化与主流文化之间的界限并非泾渭分明、水火不容。大众文化以其自身独特的姿态、话语体系、表达方式和修辞手法吸引当代青年和社会公众于无意识中，让他们接受其所倡导的新的文化符号系统和新的价值理念，向社会源源不断地输送一些“再生性”的新的文化符号，为马克思主义话语体系和传播体系的时代建构提供动力。在大众媒介传播语境下。大众文化使文化原有的意义得到新的阐释和理解，这充分弥补了主流文化在传播等方面的不足，并且更易于青年思想意识的表达、价值理念的宣扬和自我认同的确立，有益于满足当代青年“精神开放”的诉求。多重文化之间的融合和互补状态，逐渐成为当前我国社会转型期社会文化发展的“新常态”，并不断推动主流文化创新发展。

二　发挥主流文化对大众文化发展的价值引领作用

美国文化人类学家克罗伯和科拉克洪在《文化：一个概念定义的考评》中曾指出，文化存在于各种内隐的与外显的模式之中，借助符号的运用得以学习和传播……文化的基本要素是传统思想观念和价值，其中尤以价值观最为重要。文化本身就是一种价值观念体系，但是文化价值观念并不是一个既定不变的、共识性的东西，而是既包括价值融合，又包括价值冲突，甚至包括价值之间的相互否定。尤其是当社会文化结构体系失衡时，往往会出现较为激烈的价值冲突，可能出现对主流文化价值全盘否定的主张，甚至出现文化保守主义、文化复古主义等相对极端的立场和态度。中国现阶段的大众文化发展在一定程度上处于价值失序状态，出现诸如去主流意识形态化、极端功利化、道德相对化、审美低俗化，以及娱乐消遣功能凸显而教化育人功能弱化等差和价值问题。因此，必须发挥主流文化对大众文化价值引领作用。

（一）主流文化对大众文化的政治价值引领

当代中国大众文化作为社会主义文化体系的重要组成部分，本应该自觉按照社会主流文化的前进方向发展，但是某些大众文化作品在生产制作过程中却出现对现实和历史的背离对法律制度、道德文化和政治底线的逾越，背离了社会主流文化的理想追求和价值取向，偏离了社会主义意识形态，造成人们理想信仰的缺失、价值选择的困惑和人生道路的迷茫。

尼尔·波兹曼曾说："有两种方法可以让文化精神枯萎，一种是奥威尔式的——文化成为一个监狱，另一种是赫胥黎式的——文化成为一场滑稽戏。"① 大众文化以其去意识形态化、消费化、商业化误导人们树立"及时行乐""娱乐至上"和"游戏人生"的错误价值观，导致大众文化原有的教化育人功能衰退，而娱乐消遣功能过度凸显，以及人们对政治文化和历史现实的疏离、漠视，以及金钱至上的功利主义价值观和追求感官刺激的享乐主义价值观的蔓延。

针对大众文化发展中隐含的虚无主义、功利主义和享乐主义的倾向，必须加强对大众文化的政治价值引领和意识形态引导，才能保证大众文化发展的社会主义方向。这就要求社会主流文化要以马克思主义理论为指导，不断提升自己的文化品位，以较高层次的"位差"和"位能"提高对处于相对"低位"的大众文化的影响力、感染力及引领力；不断提升对各种社会思潮和思想文化的整合能力，丰富主流意识形态的传播方式和传播载体，提升自身的吸引力和认同度；加强对人民群众日常生活和切身利益的现实关怀，切实提高大众文化作品的精神价值和文化内涵，使大众文化作品真正做到既能带给人们轻松愉悦的感受，又能寓教于乐，使人们获得知识的增长和文化修养的提高。

（二）主流文化对大众文化的道德价值引领

道德在本质上是一种对价值理性"应然"的表达，它回答了关于人与人、人与自然、人与社会之间关系的一系列问题。道德价值中既

---

① ［美］尼尔·波兹曼：《娱乐至死》，章艳译，广西师范大学出版社 2004 年版，第 201 页。

包括社会共同的价值，又包括个体人格价值，其中社会共同价值是整个社会所要共同遵守的道德规范、行为准则和伦理关系，而个体人格价值是社会总体伦理道德关系在个人身上的具体体现。由此可见，道德价值是整个社会价值体系的核心要素，它预设了整个社会的价值取向和理想目标，引领着整个社会前进发展的方向，并且将这些善和合理的价值目标渗透在大众日常生活的方方面面。同时，文化与道德也是密不可分的，任何一种文化的核心价值都在于对道德价值的体现，道德是文化的核心与灵魂。那么，大众文化作为一种用于消费的产品，其消费行为也必然蕴含一定的道德意蕴和伦理价值，但是在商业逻辑的本性下，其伦理道德价值发生了一定的偏失。

当代中国大众文化的发展倡导多元共生的民主精神，唤醒了人们自身的主体意识、参与意识和平等意识，因此，大众文化是一种多元价值取向并存的共同体，它在满足大众对快乐、幸福、个性追求的同时，也会在逐利本性的驱使下，生产片面迎合大众口味的文化作品，过度追求大众文化的娱乐功能，最终导致大众文化的肤浅化、表面化和庸俗化，严重淡化、虚无了其本身蕴含的道德内涵和伦理价值，摒弃了其道德教化功能和道德理想追求，导致大众道德理性的缺失和道德文明的失序，削弱了大众的社会责任意识和集体主义观念，从而消解社会共同价值；同时，大众文化躲避崇高、放弃理想、活在当下的价值理念，致使青年不再追问人生意义和人生价值，放弃了对个人、社会、家庭的责任，最终导致个体人格价值的丧失。

因此，必须加强主流文化对大众文化的道德价值引领，对大众文化中存在的道德相对化和道德虚无化的倾向给予严肃批判和抵制。这就要求我们充分借鉴大众文化生动活泼的传播形式宣传、弘扬社会主流文化，摆脱以往僵化的思维方式和枯燥的表现形式创作弘扬主旋律的大众文化作品，真正做到深入人心、融入生活、喜闻乐见，唯有如此才能得到大众的情感认同和价值认同，从而牢牢掌握文化话语权和领导权。同时，以社会主义核心价值观引导大众文化作品创作，使大众文化作品能够承载社会主义核心价值观，体现民族精神、时代精神和中国精神，将社会主义核心价值观转化为自身的价值诉求。

（三）主流文化对大众文化的审美价值引领

陶冶人的审美情操是文化的主要功能之一，人类也一直是在不断追求“真”“善”“美”的过程中来对整个世界进行认知和把握。所谓审美是指“主体对美的感受、欣赏和创造的能动的情感关照活动，有时也泛指一切美的存在形式”①。审美即是对“美”的价值审视与情感关照，其主要功能和作用在于陶冶性情，带给人以情感的快乐和心理的愉悦。但是审美活动绝非单纯对美的享受，而总是蕴含着一定的道德功能，审美的过程在一定意义上也是道德教育的过程，也正因此，朱光潜先生说“美育是德育的基础”，也就是通过审美活动可以培养主体的情感意志和道德品性，并且可以以审美为载体传导美德、表现德行，以审美为导向激发、引导人们对道德行为的正确判断和选择。

文化的根本目的在于教化育人，大众文化将日常生活审美化，使大众能够发挥审美的主动性、创造性和能动性，但是其导向偏离了审美本应具有的道德教化和道德育人功能，而指向过度的世俗化、庸俗化和低俗化，又掺杂了一定的色情、暴力、媚俗、审丑、拜物等要素，来满足大众的窥私探奇心理，刺激大众的感官享受、物质欲望和消费欲望。人们在大众文化审美中不是受到美的感染和熏陶而得到审美的升华，而是在强烈的感官刺激与享乐中走向审美沉沦和肉体欢愉，甚至出现“以丑为美”“以丑为乐”“嗜丑成瘾”等审美价值的错位化和病态化倾向，以及道德滑坡、价值虚无等精神顽疾的出现。

针对当前大众文化发展中的审美乱象，更应发挥主流文化的审美价值引领作用。社会主义主流文化以促进人的全面发展，实现人的本质为主要目的，能够在最大程度上真正发挥人的主体性。因此，社会主义主流文化要不断推出蕴含马克思主义价值取向并具有丰富精神营养价值的高雅文化作品，积极介入各种大众文化新兴业态所出现的价

① 罗能生：《审美道德功能探析》，《湖南师范大学社会科学学报》2005 年第 2 期。

值“真空”和监管缺位的“空白”地带，加强对大众文化作品内容的监督管理，引导大众文化作品坚守道德底线、勇于承担社会责任，从而达成对主流文化的价值共识，将社会效益放在自身发展的首位，走出“三俗文化”“快餐文化”的发展误区。

三　加强文化产业体制改革与法律监管

发展文化产业是繁荣社会主义文化，满足人民的美好生活需要，提升国家文化软实力的重要途径和手段。但是当前我国文化产业发展中还存在一定程度的发展失序失衡问题，以及一些道德法律的“真空地带”，因此我们必须加快文化产业体制改革，同时加强对文化产业的法律监管，从而保证文化产业的正确发展方向和价值定位。

（一）加快文化产业体制改革

联合国教科文组织认为，文化产业就是按照工业标准生产、再生产、储存以及分配文化产品和服务的一系列活动。我国文化产业的发展集中表现为当代大众文化的发展，二者在概念和内涵上是相互交叉甚至重合的，从某种意义上可以说，文化产业就是大众文化的同义词。据统计，我国文化产业发展平均指数从 2010 年的 69.12 上升为 2016 年的 73.71，呈正向上升趋势，年平均增长速度保持在 1.29%，成为我国 GDP 增长和国民经济增长的主要动力和支柱性产业，并且文化产业已经成为国家治理现代化的主要标志和重要手段，党的十九大报告也强调指出：“满足人民过上美好生活的新期待，必须提供丰富的精神食粮。”因此，必须加强文化产业体制改革，为大众文化发展提供基础保证。

第一，制定行之有效的文化产业发展相关政策。文化产业体制改革的根本目的在于实现文化企业的市场化运营，使文化单位真正成为市场主体，这是文化产业体制改革的市场维度；同时，必须加强技术维度的体制改革，推动各类网络文化产业新兴业态的产生，加快产业融合，推动优秀传统文化内容运作模式的创新升级。因此，为了适应市场和网络发展的需要，必须进行文化产业结构调整，制定各项有利于文化产业发展的政策，优化文化发展外部环境，使文化产业发展能够得到有效保障和充分激励。

第二，创新文化发展思想理念，进行文化产业资源整合，形成立体化、全方位的文化发展模式和运作机制，实现文化产业链条的全方位开发与运营，实现产业价值的最大化。在注重大众文化产品经济效益的同时，精心打造属于自己的文化产业品牌，在横向和纵向上同时实现文化产业的业态延伸，衍生出相关产业链条的文化产品；同时，将大众文化与现代科技紧密结合，注重文化产业的高新科技发展建设，提高文化产品的科技含量，增强文化产业的核心竞争力和自主创新能力，构建产学研相结合的文化创新技术体系。

第三，加强文化人才建设，为文化产业发展提供人才保障和智力支持。在知识经济和信息经济的时代背景下，文化产业发展的核心要素和关键要素是人才，因此，必须坚持以人为本，将人才作为最具潜力的优势和最具战略性的资源来看待。具体来说，必须以人才建设推动文化建设，拓宽人才培训、培养的层次和渠道，不断完善人才的激励机制和流动机制，打造文化产业创业平台，优化人才队伍和组织结构。

（二）加强对文化产业的法律监管

针对文化产业发展过程中出现的各种对政治、法律和道德底线的逾越现象，在发挥主流文化价值引领作用的同时，必须给予法律制度的监管。这就要求我们必须加强文化产业的法律法规建设。

第一，加强文化产业管理部门的法治化建设，明确相关政府管理部门的法律职责与责任。文化产业兼有经济效益和社会效益的双重属性，因此，加强文化产业相关管理部门的法治化和规范化建设，是对我国文化产业进行法律监管的基础和前提。这就要求针对不同管理部门的不同职责出台相应的具体法律，并将这些具体的法律法规作为行政管理部门执法的法律依据，严格规范行政管理的法律程序。

第二，加强文化立法，将党和国家的各项文化政策上升为法律法规。加强文化法制化建设和管理体系建设，通过法律条文的形式进一步明确市场经营主体所必须遵循的指导思想，引导经营主体的市场行为，从而规约我国文化产业发展的社会主义意识形态属性。将国家层面的立法与地方性法规相结合，建构相对系统化、整体化和规范化的文化产业立法体系，不断完善法律结构，提高法律规范的适用性；通过法律条款明确市场主体监管的责任和义务，使市场经营主体能够增强主体意识和责任意识，适应文化市场由政策性管理模式向法制化管理模式的转向；文化产业的核心是文化创意和创新思维，因此，必须加强知识产权立法，保护知识产权主体的合法权益，建立一套保护知识产权和文化产业安全的法律制度。

第三，加强信息监管，建立健全虚拟网络审查机制和法律规范。针对网络化和信息化的发展，设立网络文化经营主体的市场准入机制，根据各种网络新兴文化产业业态，如网络直播、网络游戏等行业对其内容进行严格审查；对已经制定的各项网络文化产业法律法规根据网络发展的情况不断做出相应的调整，对制作、传播不良信息的行为进行惩处；加强网络监管机构工作人员的媒介素养和法律素养，对隐含有非法信息的内容能够进行有效甄别判断，从源头上遏制不良文化的生产与传播，并且做到严格执法，彻底清除文化垃圾，坚决打击网络文化犯罪行为；同时借助各种社会力量进行舆论监督，充分调动各个社会团体和公众的力量，发挥社会媒体的舆论监督作用，建立信息化的公众监督平台，推进监督奖励机制的不断完善。

（三）主流文化引领下大众文化的发展方向

大众文化发展具有双重性：它既给我国社会文化的发展带来了机遇，同时又带来了一定的挑战。因此，我们必须在社会主义主流文化指导下，引导大众文化的发展方向和价值定位。

第一，我国大众文化的发展必须符合中国语境。大众文化研究从西方传入我国，它以西方社会高度发展的市场化、城市化、文化产业化、信息技术化为历史背景。而我国社会发展处于传统、现代、后现代三者交织交融发展的特殊历史时期，农业、工业和信息社会的特征并存，并且我国文化产业发展也处于刚刚起步的状态，这是我国社会发展的现实语境。近年来，我国信息技术和大众媒介的高速发展，使文化消费比重大幅增加，加之文化产业的空前发展都使我国具备了大众文化发展的基本条件。因此，我国大众文化的发展既不能直接套用西方大众文化理论，又不能脱离中国社会的现实语境，我们必须以此为前提和基础，构建具有中国特色的、符合中国国情的大众文化理论。

第二，加强对中华优秀传统文化的吸收整合。中华优秀传统文化是中华民族几千年来积淀下来的具有相对稳定性的民族性格、民族心理和民族习惯，是中华民族的优秀文化基因。优秀传统文化中蕴含的忠孝仁义、寓教于乐、以人为本等丰富的价值理念和德育元素，都在无形中规训和引导着中国大众的文化归属、历史记忆与价值认同，都可以成为我国大众文化产业内容生产的重要资源。因此，我们必须在以先进科学技术为支撑的同时，高度重视挖掘中华传统文化的文化价值和时代内涵，对其进行创造性转化和创新性发展，使大众文化产品既能体现当代中国的时代精神、中华民族的价值认同，又能体现文化传承与创新的过程，来充实和丰富自身的人文价值及精神内涵，使我国大众文化产品兼具文化经济价值和精神价值。比如近年来的综艺节目《中国汉字听写大会》《中国诗词大会》《见字如面》《朗读者》《国家宝藏》《经典咏流传》等都是将传统文化与现代价值相结合的具体体现，同时也是对中华优秀传统文化记忆的唤醒与加深。

第三，实现大众文化发展逻辑和发展思路的时代转换。随着互联网、大众媒介的迅猛发展以及大数据技术的普遍使用，大众文化的发展也越来越凸显其科技含量和创意，因而文化产业 IP 成为近年来文化产业发展的关键词汇。所谓 IP 是“intellectual property”的缩写，译作“知识产权”或“智慧财产权”。IP 的表现形式丰富多样：一个概念、一则金句甚至一类形象都可以被称为 IP，它涉及音乐、影视、游戏、文学等各个领域，拥有庞大而固定的粉丝群体。这就要求我们必须适应当前文化的发展现状，将互联网思维和大数据意识贯穿大众文化发展过程始终，不断实现以文化创意为推动的全产业链条式新型发展模式和新兴产业业态；实现文化产业 IP 发展的逻辑转换，将商业维度的价值转换与价值维度的商业转换相结合，实现传统与时尚、社会效益与经济效益的有机结合和内在统一。

第二节　以社会主义核心价值观引领大学生文化认同

文化与认同是相互对应的两个基本概念，文化的多元性同时也意味着认同的多重性。

一　文化认同的含义及结构

文化的核心与实质是价值问题，文化认同的过程也是价值选择和价值判断的过程，不同文化形式之间的竞争就是意识形态和价值理念的角逐，因此，当今世界各个国家都高度重视文化自主性和文化主导权，以增进文化认同、达成价值共识，而我国文化认同的核心与关键在于社会主义核心价值观。

（一）文化认同的内涵及特点

文化认同是人们对文化的主观印象，意味着人们因受到语言文字、大众媒介和历史叙述等社会文化机制和文化符号要素的共同影响，而对一整套社会特定的生活方式、思维方式和行为模式的接受，以及归属感、安全感和平等感的获得。弗里德曼曾这样定义文化认同："如果'文化认同'是一个种属概念，指的是给定人群的一组有特征的属性，我们就能说，体验到的由个人携带在血液中的文化认同，可以说是众所周知的族群性。"① 同时他又说："文化认同是个体

① ［美］乔纳森·弗里德曼：《文化认同与全球性过程》，郭建如译，商务印书馆 2003 年版，第 48 页。

拥有的东西，它是特定种类的社会认同的基础，但是，这样的认同从来就不是社会制度的内容。”① 由此可见，文化认同既是固有文化模式对个人的文化教化和文化强制的结果，又是个人自主学习和选择的过程；既是自发地、自觉地对原有文化模式的继承和传承，又是对原有文化模式的更新、改正和超越；既是个体价值、群体价值和社会价值之间的相互转化与渗透，也是传统文化与现代文化、外来文化与本土文化之间的冲突、借鉴与创新。

文化认同是一种建立在分化、差异（甚至对立）基础上的选择过程，因此这种认同不是对单纯的或只有单一色调的形象的叙述，而是对复杂的或各种颜色相互浸染的图景的叙述。② 也就是说文化认同是一个多因素相互作用的复杂过程，它的目的在于寻找不同文化形式之间的一致性或同一性，但是由于不同文化形式之间存在的差异、流变和断裂，因而其认同进程、形态和内容都是复杂而多重的。这种复杂多重从根本上说是由当代中国社会的文化结构转型，以及由此带来的社会文化生活经验的解构、调整与重组所决定的，但是在这个多重文化认同中，有些是核心性的认同，有些是外围性的认同，其中核心性的认同是最持久、最稳固的部分。文化认同过程同时也是一个价值选择的过程，是带有一定价值倾向和价值判断的过程，它往往与民族、国家、观念等要素联系在一起，并以某种符号象征为其价值观的外在表征。

文化认同内在隐含着对利益的选择，任何文化认同的背后都是对一定的权力、利益、欲望的反映，不同的文化认同也形成了不同的文化形态，并被赋予不同的文化属性和文化本性。个人、民族、国家在不同历史时期和不同场合有不同的利益追求，因此文化认同也会呈现出多元的表现形式和话语体系。在全球化发展的今天，不同文化价值

---

① ［美］乔纳森·弗里德曼：《文化认同与全球性过程》，郭建如译，商务印书馆2003 年版，第 49 页。

② 韩震：《全球化时代的文化认同与国家认同》，北京师范大学出版社 2013 年版，第37—38 页。

之间的竞争和冲突也是对文化主导权和文化自主性的争夺。从某种意义上说，文化认同是当今世界意识形态发展的一种新的控制形式，而各个国家、民族和地区之间的文化竞争本质上就是意识形态竞争的表现。新时代条件下我国的文化认同会对中国特色社会主义的发展产生重要影响，因此，我们必须增强中华民族文化当中的核心文化特性，从而保持自身文化生成的自主性和创造性。

（二）文化认同的实质是价值认同

文化体系是一种价值体系，文化与价值之间具有不可分割的联系。文化从本质上说是一种文化观念和价值理念，是规范社会行为的有效方式和手段。一方面，文化具有共性，能够被各种存在明显差异的群体所普遍接受和认可；另一方面，文化具有多样性，能够以各种各样的形式满足大众多样化的需求。文化具有鲜明的价值性和建构性，它最核心的要素是价值观念和价值取向，因此，在一定意义上说，文化的差异在本质上就是价值观的差异；而对价值观来说，任何一种价值观都必须以一定的文化形式、生活方式和行为规范体现出来，并且一定的文化现象都是对一定的价值观念进行整合、规范和调整的结果。因此，价值作为文化的重要组成部分，规约着文化的发展方向和进程。

文化认同是在文化机制基础上的价值选择与意义建构过程，具有丰富的内容和多样的形式，但是它的核心在于对所选择文化中蕴含的价值理念和理想信念的接受与认同，它影响着个人的自我认同和社会认同，体现着人们认知图式中的文化自觉程度，是人们在社会生活中的价值定位，这是文化价值规定性的体现。并且这种价值规定性又决定了文化认同在本质上是一种价值认同，决定了价值认同是文化认同的最终目标。而价值认同是指价值主体通过自觉的、主动的文化选择行为并在互动中所达成的价值共识，是能被个人与社会所共同认可的价值观念的总和。可见，文化认同是价值认同的基础，价值认同是文化认同的归属；只有实现了价值认同，才能真正实现文化认同。社会转型期间，多元文化并存必然会导致多种价值观念之间的交融、冲突甚至对立，致使多元文化陷入价值相对主义的泥潭。也就是说文化认同危机的核心并不在于不同文化外在形式之间的差异，而是在于不同价值取向和价值观念之间的交锋、冲突及角力，在这个意义上说，文化认同危机也就是价值认同危机。

个体对文化行为的选择取决于其所拥有的文化观念，因而从本质上来看，文化选择的过程就是价值选择的过程，文化认同与价值认同之间是相互依赖、相互制约的关系。人的需要与文化价值具有密不可分的关系，文化价值在一定程度上是对人的需要与客观对象之间关系的反映，而人的需要的多样性决定了文化价值选择的多重性。人们的文化选择并不是既定不变的，任何文化形式都处于不断变化、发展、创新的过程当中，那么价值观念也就是一个不断发展、更新与嬗变的过程。并且人们的文化认同过程同时也是文化选择的过程，可以对文化理念、思想观念、生活方式和行为模式进行选择，但是这些思想、观念、方式和模式中常常存在与社会价值目标相左甚至冲突的地方，因而带有一定的盲目性和片面性，这会对社会的凝聚力和向心力造成一定的消解，因此，必须由核心价值观对其进行引导。

（三）社会主义核心价值观是当代中国文化认同的核心

现代社会的文化、政治与权力总是纠缠在一起，这导致任何一种文化形式都具有意识形态属性和功能，任何一种文化形式本身也蕴含着各种“诉求”“导向”和“判断”，这都会在无意识中对人们的生活方式和价值观念起到十分显著的意识形态引导、渗透作用，在潜移默化中改变大众日常生活的经验图式，并深刻影响人们的思维方式和行为模式。因此，从这个意义上说，文化是意识形态的工具和载体，意识形态与文化具有一定的统一性和契合性。也正因此，当今意识形态“文化化”是其发展的整体趋势，并且文化的发展和选择关系到价值观的传递与认同，关乎着国家文化安全与意识形态安全，成为意识形态领域斗争的主要战场和前沿阵地。

任何一个社会的稳定发展，都需要有一个由社会主流意识形态主导的、能够为社会各个阶层所广泛认同的价值体系，使其成为社会全体成员所共同遵守的道德规范和行为准则。而任何一种文化形式也都有一套在社会体系当中占据支配地位并为自身所特有的价值系统，这就是核心价值体系，这种价值体系和价值观念是一个民族和国家精神追求的体现，也是一个社会进行是非曲直评判的价值标准。我国文化发展的日益多样化越来越使人们认识到，必须有一个主流文化对人们的思想观念和行为方式进行指导。社会主义核心价值观是当代中国精神的集中体现，是我国文化认同的主线，它能够引领我国文化认同的方向、丰富我国文化认同的内容并体现文化认同主体的价值诉求。

社会主义核心价值观既是中华民族几千年来积淀下来的文明成果，又是对一切人类文明成果的兼容并收，还是立足于中国现实并面向未来的价值体系，体现了传统与现代、历史与现实、继承与发展的统一，代表了中国先进文化的前进方向，是中国特色社会主义文化发展的核心与关键。因此，社会主义核心价值观为中国当代文化认同既提供了价值保障，又提供了发展方向，能够引领和整合多样化的文化内容和形式，推动多元文化价值观念和文化价值规范的自我反思与更新，不断发挥文化自身所具有的自觉性、反思性和超越性，增进不同文化形式之间的相互融合、互动与合作，在共同价值目标下承认并鼓励个人文化选择的多样性和相对独立性，从而减少文化冲突、增进文化认同、达成价值共识、避免社会动荡，使社会文化系统能够朝着有序的方向发展。

二　社会主义核心价值观与当代大学生文化认同

青年是社会发展的希望和未来，当代大学生作为青年群体的中坚力量，其文化认同具有独特的内在结构和发展动力。社会主义核心价值观对大学生文化认同的有效引导必须以此为出发点，探寻与当代大学生文化认同之间的契合点。

（一）当代大学生文化认同的基本特点

我国社会正处于全面转型时期，传统、现代、后现代社会特点交织交融，这使当代大学生生活在一个多样文化环境中；同时当代大学生本身具有自由开放、叛逆质疑和辩证反思的发展特点，对一些错误的价值导向辨别力差并容易被其迷惑，使当代大学生的文化认同呈现出以下特点。

第一，当代大学生文化认同具有强烈的时代性。大学生群体是最富有朝气、创造性和生命力的群体，他们对新鲜事物的接受能力最强，思想最为敏锐，并且最乐于改革创新进取，因而他们的文化认同也与时代的发展变迁最为适应，表现出强烈的时代性与变动性，并且能够体现当代大学生强烈的参与意识、自主意识，在文化选择过程中表现出鲜明的批判精神、超越精神。现代社会的竞争观念、主体意识、创新精神等在当代大学生群体思想观念和行为模式中都有鲜明的体现，这使当代大学生的文化心理和文化视野打破了原有的封闭传统心态而具有一定的开放性和开阔性，同时也反映出当代大学生群体文化认同的与时俱进性。

第二，当代大学生文化认同具有一定的自觉性。文化自觉是人的主体意识和主体观念的觉醒，要求人们能够在对文化有基本了解和认知的基础上，正确判断文化的基本规律和发展方向。当代大学生总体来说逐渐趋于理性，能够辩证地看待任何一种文化形式，能够在多元文化选择中对本民族文化进行认知和反思，能够对国外的文化进行批判与借鉴，能够在开放包容的基础上看待传统文化、主流文化、西方文化和大众文化，形成在理解中沟通、在沟通中选择，在选择中调试、在调试中融合的文化认同机制，因而当代大学生的文化心理和文化选择具有一定的自觉性。

第三，当代大学生的文化认同具有鲜明的创造性与先锋性。当代大学生文化认同的起点，是文化对于个体生存和发展的意义，能够被大学生选择和认同的文化，必定是能够深刻反映大学生的思想观念、利益诉求、价值主张和个性风格的文化形式，各类青年亚文化的轮番登场就是最鲜活的体现。青年亚文化具有鲜明的创造性与先锋性，它是青年群体对各种外在多元文化价值的一种自觉的、内在的创新，也是基于自身生存状况、社会地位和角色定位的一种理性思考和主动建构，因而青年亚文化能够在一定程度上折射特定时期青年群体的文化心理和文化心态，能够体现社会发展的变迁与时代的进步，因而其内部体现出鲜明的连续更新的发展机制，使其能够成为青年亚文化不断发展的外在动力。

（二）当代大学生文化认同的内在动力

大学生文化认同是一个主观选择和个体建构的过程。并不是所有的文化价值都是符合社会发展的，这就需要社会制度、学校家庭、大众媒介等共同发挥作用，对大学生的文化认同和价值认同进行引导和调试，而这种引导和调试功能发挥的前提，就是要求我们必须对大学生文化认同的结构和动力做出正确的分析与评价。大学生群体是一个特殊的群体，其主观认知结构、文化内在需求和文化价值观念也具有一定的独特性。因此，当代大学生文化认同的选择和建构也相应地具有自身独特的结构及动力。

第一，青年社会化时期获得身份认同的需要。大学生群体正处于青年社会化时期，这一阶段的“同一性”问题是他们面临的一个重要问题。在个体与他人、社会的互动过程中，大学生个体生理上的逐渐成熟以及社会现实的各个因素，都要求他们必须正确审视自己在社会中所处的位置、扮演的角色，以及他人对自己的看法，探究“我是谁”“我属于谁”的问题，从而通过物品使用、语言风格、穿着打扮、行为方式等途径构建自我认同与群体归属，最终建立与他人相互区别的独特风格与意义，区分出“我们”与“他们”，而这种风格与意义的实现主要就是通过文化的象征属性，即建构文化认同来实现。

第二，文化品位和趣味爱好的选择形式。大学生群体对文化品位和兴趣爱好的选择既是文化传承和文化习得的结果，同时也是自身文化偏好和审美偏好的体现，隐含着他们的价值判断和价值选择，但是这种选择和判断可能并非是理性化选择的结果，而是往往更多地带有感性化的色彩。并且大学生群体的年龄特征和文化心理也决定了他们对任何新鲜的、新奇的事物会特别感兴趣，这使他们的文化观念呈现开放性的特征，所接受的文化形式也相对多元化，因此他们的文化趣味也体现出多元化的特点：既有浅表化、生活化、消费化的文化趣味，又有精神性、民族性的文化品位。因而，能够满足大学生发展需要、使大学生获得情感体验并彰显个性品位的大众文化最易获得大学生群体的青睐。

第三，对未来发展的价值追问。人的需要及文化的价值处于不断发展和生成的过程中，并且具有多元性、历史性和开放性的特点，也正因此，大学生在社会化过程中才能以文化认同形式来不断满足对精神世界意义的价值追问。大学生群体的文化认同和文化选择过程，不仅是为了寻求自我认同的确立，还体现出大学生对文化本身蕴含价值的判断。也就是说大学生的文化认同始于该种文化对大学生个体生存和未来发展的价值，大学生对任何一种文化形式的选择和消费过程都隐含着一定的社会意义和价值追问，并且体现出大学生的文化自觉过程。

（三）社会主义核心价值观与当代大学生文化认同的契合点

党的十九大报告提出要“建设具有强大凝聚力和引领力的社会主义意识形态”，“把社会主义核心价值观融入社会发展各方面，转化为人们的情感认同和行为习惯”。这就要求社会主义核心价值观教育必须与大众日常生活相结合，努力探寻大众文化与社会主义核心价值观之间的契合点，并以此为基础引领大众文化向社会主义核心价值观靠拢，从而更好地在日常生活中发挥教化育人功能。

“一种意识形态之所以能持续存在，可能要归功于某种文化的推动力，而这种文化起初可能并无显著作用。”① 那么，社会主义核心价值观要想获得大众的认同，必须寻找到一种文化形式作为二者的链接和中介。大众媒体的出现使大众文化成为最普遍性的文化形式和文化范式，并且成为当前文化发展的中心，人们在对大众文化进行消费

① ［美］迈克尔·H. 亨特：《意识形态与美国外交政策》，褚律元译，世界知识出版社 1999 年版，第 4 页。

时会在潜移默化中接受它所倡导的思想观念和行为规范，社会主义核心价值观要想获得大学生群体的普遍接受和广泛认同，必须借助大众文化的力量。这就要求社会主义核心价值观要借助商品化的形式，转化为“文化商品”，在大学生选择和消费这些“文化产品”时潜移默化地建构和引导他们的思想意识，从而实现个体价值观与社会主义核心价值观的契合。

社会主义核心价值观向“文化商品”的转化，必须要寻找到一个恰当的附着点，然而“任何基本的身份和归属都有复杂的、盘根错节的历史渊源和社会背景，它们有相当的稳定性和巨大的心理能量和政治能量”①，这些历史渊源和社会背景暗含着对人们的文化民族心理和文化价值意识的建构，它们来源于人们在中国传统文化教育背景下所产生的历史感和身份归属感，那么，这个附着点就必须建立在这个基础之上。同时马克思曾指出：“人们为之奋斗的一切，都同他们的利益有关”②，“‘思想’一旦离开‘利益’，就一定会使自己出丑”③。这就要求我们必须在实现人民群众根本利益基础上，不断汲取中华优秀传统文化资源，比如传统文化中的“俭以养德”“黜奢崇俭”“勤俭节约”等蕴含丰富人文关怀和道德修养的文化元素，将其与今天的科技手段相结合，创造出集传统性与现代性于一体的、具有鲜明中国特色的大众文化作品，从而不断提升大众文化作品的质量，增强大众文化的积极影响力。

三　实现社会主义核心价值观在大众文化中的转换

大众文化是影响当代大学生文化认同的重要文化形式，社会主义核心价值观对大学生文化认同的引导必须高度重视大众文化的作用，实现社会主义核心价值观在大众文化中的转换，这就要求我们从教育

---

① 张旭东：《全球化时代的文化认同：西方普遍主义话语的历史批判》，北京大学出版社 2005 年版，第 14 页。

② 《马克思恩格斯全集》第 1 卷，人民出版社 1995 年版，第 187 页。

③ 《马克思恩格斯文集》第 1 卷，人民出版社 2009 年版，第 286 页。

内容、话语体系和传播平台三个方面着手，改变传统的宣传模式和传播手段，实现社会主义核心价值观与大众文化的有机结合，推进社会主义核心价值观的青年化、大众化和日常化。

（一）丰富社会主义核心价值观的教育内容

社会主义核心价值观教育是根据一定的社会要求，针对大学生群体的思想实际，有目的、有计划地输送给大学生的一切信息。而“人们的观念、观点和概念，一句话，人们的意识，随着人们的生活条件、人们的社会关系、人们的社会存在的改变而改变。”① 大学生思想活跃，思维敏捷，对各种新生事物和新奇文化的接受和包容能力强，能够引领并带动社会时尚潮流的发展，同时其思想观念和情感情绪的变动性也往往很强烈。因此，社会主义核心价值观的教育内容必须紧扣时代发展变化特点，准确把握大学生的成长发展和思想变化规律，不断与时俱进，凸显时代性和现实性。而青年亚文化是对青年思想动态、审美倾向、思维模式和价值准则最为鲜明、鲜活的体现，社会主义核心价值观教育应紧密结合青年亚文化的内容和主题，以大学生所感兴趣的文化范式和表达手法对其进行重新加工、制作，不断为社会主义核心价值观教育注入青春因子和时代元素，增添感性内容，使其更具青春感、亲和力和感召力，能够与大学生建立强烈的情感共鸣和思想共振，并与大学生的精神结构和文化需求保持一定的同构性。

社会主义核心价值观教育工作的有效开展，必须利用先进的科技手段占领线上线下双重阵地，充分利用现代技术手段制作各种蕴含主流意识形态的、通俗易懂、生动活泼的微视频、微电影、网络直播等视觉化、形象化、感性化的教育形式，通过官方微博、官方微信公众号、抖音、微博等渠道实现大学生社会主义核心价值观教育的全线互动、全面渗透和全程融入。同时，社会主义核心价值观传播的内容要凸显时代感、体现青年化、增强辐射力，要密切关注

① 《马克思恩格斯选集》第1卷，人民出版社2012年版，第419—420页。

青年大学生的日常生活和思想动态，将各类青年亚文化形式纳入核心价值观教育的素材库。比如近年来青年中广为流行的各种涂鸦表情包、网络流行语等都可以作为核心价值观传播的鲜活形式，再如微漫画《我们是谁》《友谊的小船》、视频《马克思靠谱》、歌曲《马克思是个 90 后》、动漫《领冈者》等，都是以新的理念、新的手段和新的元素形成传播马克思主义的新的力量，使教育内容与时代发展产生了共振，契合了大学生求知、求新、求乐的心理需要，因而获得了青年大学生的关注，使青年大学生在娱乐之中轻松愉快地认识、了解并认同马克思主义理论。这都是社会主义核心价值观教育关照大学生日常生活现实、契合大学生认知习惯、审美需求和经验图式的重要体现。

（二）优化社会主义核心价值观的话语体系

当前大众文化文本中裹挟着许多西方资本主义意识形态的因子，这是当代资本主义进行意识形态渗透与控制的主要手段。正如杰姆逊所言："在过去的时代，人们的思想、哲学观点也许很重要，但在今天的商品消费时代里，只要你需要消费，那么你有什么样的意识形态都无关宏旨了。我们现在已经没有旧式的意识形态，只有商品消费，而商品消费同时就是其自身的意识形态。"① 大众文化是意识形态的重要载体，在大学生日常生活中不断渗透与扩张，大学生在大众文化消费过程中可能会沉浸在符号意义的虚拟世界中，并不断通过消费来建构自己的认同感、归属感和幸福感，这对社会主义核心价值观的宣传教育和思想政治教育工作的有效开展形成消解之势，这就要求我们必须注重社会主义核心价值观的传播，而传播离不开叙事话语。现实生活中核心价值观教育和传播必须借助叙事话语和叙事方式来说服人、教育人和感染人。法国叙事学家热奈特阐述了"叙事"的内涵："首先，指讲述一个事件或一系列事件的口头或书面的话语，即叙事

① ［美］杰姆逊：《后现代主义与文化理论》，唐小兵译，北京大学出版社 2005 年版，第 26 页。

话语；其次，指叙事话语中讲述的真实或虚构的事件（故事）；再次，指某人讲述某事的行为。”① 具体来说，叙事主要包括文本叙事和图像叙事两个部分。社会主义核心价值观的叙事就是以语言文字和图形图像为中介，在某种程度上对自身内容进行建构和叙事，从而潜移默化地传递价值观以维护主流意识形态，并引导大学生树立正确的世界观、人生观和价值观。

社会主义核心价值观从本质上来说属于一种文化政治形态和文化教育形态，这就要求其叙事模式要积极吸收大众文化的有益方面，及时转换叙事方法、叙事风格、叙事语言和叙事体系，才能更好地建构社会主义核心价值观的叙事话语。当前大众文化发展进入了视觉文化时代和媒介信息时代，社会大众的生活趋于碎片化、即时化和去中心化，并且网络上充斥着各色各样、鱼目混杂、参差不齐的信息和文本，而大学生是网络的主要使用群体，他们更习惯于浅层化、碎片化、快餐式的阅读方式，多采用视觉化的看图读图方式来认识和理解新鲜事物，这就要求社会主义核心价值观教育必须从大学生日常生活的碎片化、微观化和零散化入手，适应大学生了解和接受信息方式的改变，并在核心价值观内容中加入大量的、新颖的图像来获得大学生的关注。同时必须把马克思主义的话语体系与当代青年的流行话语体系相结合，积极借鉴青年喜爱的表达方式和修辞习惯，增强社会主义核心价值观叙事话语的青年化和日常化，变宏大、单一、程式化的话语体系为平等、互动、以人为本式的话语方式，使社会主义核心价值观的传播更为贴近青年学生的学习和生活。

（三）完善社会主义核心价值观的传播体系

大众媒介是大众文化传播的载体和中介，也是现代社会思想观念和价值理念产生、传播、交流、认同和接受的平台。新媒体的开放性、平等性、交互性和匿名性为意识形态和价值观念的传播提供了新

① ［法］热拉尔·热纳特：《叙事话语》，王文融译，中国社会科学出版社 1990 年版，第 11 页。

的空间和平台，使过去单一的、自上而下的、线式的信息传播渠道变为全方位、交互式的信息传播体系，这就为人们自由发表思想观点、张扬个性风格和表达利益诉求提供了便利并且安全的空间，也造就了今天“人人都有麦克风、人人都是通讯社”的网络狂欢盛景。而大学生是各类自媒体的主要用户群体，大学生之间的社会交往、思想交流和文化传播更是离不开大众媒介的桥梁作用，以至于各种媒体文化和大众文化消费成为大学生日常生活的主宰，成为人们进行社会交往和社会实践的无所不在的社会背景，潜移默化地影响和制约着人们的思想、语言和行为。正是由于大众媒介具有通过娱乐表达和传播意识形态的特性，我们必须充分利用大众媒介进行社会主义核心价值观教育。

新媒体的出现为大学生提供了一个可以自由平等表达真实想法和情感的渠道，有利于思想政治教育工作者更加全面地掌握并了解大学生的思想动态和情感诉求，以及更加准确地找到深入大学生日常生活的切入点。当前大众文化对大学生的思想观念和行为实践发挥着重要的导向作用，这就要求我们改变以往单一的自上而下的教育方式和教育渠道，充分发挥大众文化的意识形态功能，建构一个立体化、全方位、多向路的思想政治教育平台。尤其要培养一批具有坚定理想信念并在青年学生中有影响力和号召力的大学生意见领袖和网络大 V，使之成为高校思想政治教育的传声器和发音筒，发挥其在社会主义核心价值观传播过程中的朋辈引领和导向示范作用。并且建立完善网络信息传播反馈机制，及时了解和掌握青年接受、认同社会主义核心价值观的动态，从而不断调整传播方式。新媒体时代社会主义核心价值观的传播是一个多向、多重的交互体系：既有高校思想政治教育的传统渠道，如课堂、校报、社团活动等，又有各类自媒体，还有粉丝众多的网络红人、微博大 V 等，这些都可以成为主流意识形态传播的重要力量。这就使社会主义核心价值观教育形成了一个立体交互式的传播体系，传播方法由单向灌输转向多向互动、由消极被动转为积极主动、由显性到隐性，从而获得良好的传播效果。

第三节　提升大学生大众文化消费的人文精神内涵

大众文化作为一种当代文化形式，天然具有一定的人文精神和教化功能，对人们的思想观念、价值理念和行为方式具有一定的引导教育作用。只是在商业逻辑和利益驱动下，过度强调了大众文化的娱乐消遣功能，而忽视了其本应发挥的教化育人作用，因而必须提升大学生大众文化消费的人文精神内涵。

一　加强大学生审美教育

审美文化几乎以无所不在的形式呈现在大众日常生活的方方面面，构成大学生文化生活的现实语境，大学生在大众文化消费中也体现着自身的审美价值和审美追求。但是在市场和商业裹挟下的大众文化，不可避免地带有一定的娱乐化、世俗化和庸俗化的色彩，消解着其本该具有的人文精神，造成大学生审美价值观的错位和混乱，给大学生的精神世界带来许多负面影响。因此，必须加强大学生的审美教育，提高大学生的审美品位和审美趣味。

（一）大学生审美教育的内涵及特点

审美教育，简称为美育，最初是由席勒在1795年《美育书简》一书中提出来的，发展到现代已经成为教化育人、价值建构和人格养成的重要手段和途径。它是指以艺术美为中心，同时兼顾文化美和生活美，借助美的感性形象、情感感染和超越功利的特点，培养美感并提高审美能力，树立正确的审美价值观，促进人思想和道德品行的健康发展，从而完善人的心理结构，塑造健全的人格，最终使人实现自由而全面发展的一种教育手段和教育方法。审美教育的主要目的在于培养审美主体的一种主观意识和能力，这种意识和能力主要包括个体的审美情感、审美趣味、审美理想、审美观念、审美能力、审美经验和审美价值等。大学生的审美教育就是引导大学生在探索新知识、新观念和新思维的过程中去发现美、认识美、接受美、体验美和创造美的社会行为与实践活动，以及通过这一过程提高大学生的审美素养，培养大学生审美能力的教育手段。

大学生审美教育是价值观教育的重要组成部分，并且是最贴近大学生日常生活的教育活动，其将文化艺术与日常生活紧密结合，将教育的社会化与美学的意识形态联系在一起，从而适应大学生文化消费的现状以及社会文化的发展趋势。当代大学生的审美教育具有一定的特殊性，即阶段转变的规律性、培育路径的多样性和价值取向的科学性。[①] 具体来说，大学生的审美素质是一个不断提高的过程，这是由大学生的生理和心理是一个日臻成熟的过程所决定的，因此大学生审美能力的提高和审美素养的培育，也是一个由感性逐渐走向理性的过程，而这一过程的顺利转化就需要审美教育对其进行引导；并且大学生审美教育的培育路径是一个多样化的过程，主要包括高校审美教育、校园文化活动及自我培育与提升三个途径，其中高校审美教育是最主要的形式；同时大学生审美教育是一种科学性的引导教育，意在培育大学生的审美态度和审美动机，规约大学生的审美品位和审美诉求，从而使大学生能够自觉对其审美价值进行自我反思和自我调试，使其审美实践活动由自发性的活动变为自觉的、有目的的活动。

（二）大学生审美教育的功能

审美教育是大学生价值观教育的一个重要环节，大学生审美素质的提高是促进大学生全面发展，塑造大学生理想人格的重要保障。审美教育是一种健全的人格教育、全面发展的素质教育、心理健康的情感教育，审美教育的本质是人性的教育。[②] 具体来说，大学生的审美教育有以下几个主要功能。

第一，“全人”教育功能。以往的教育更多重视对知识、技能、创业、生存等素质的培养，而忽视对人的理想信念、人文精神和创新

① 金昕：《当代高校美育新探》，商务印书馆 2013 年版，第 100—101 页。

② 王敏、曾繁仁：《高校大美育体系的现代化构建》，《中国高等教育》2017 年第 7 期。

意识的培养。而高等教育的真正目的在于促进人的全面发展，将个体视为感性与理性的统一体，在培养人的理性的同时，也尊重和承认人的感性存在；在进行职业教育的同时，也要关注每个人的身心状况和生存状态。而个体感性的培养主要就是通过大众日常生活中的审美教育来实现的。因此，审美教育是大学生全人教育不可或缺的一个重要环节，这也正是审美教育在全人教育中意义和作用的体现。只有蕴含了审美精神的教育，才是真正实现个体自由全面发展的教育，才能使个体得到更加完整、完善和本真的教育。

第二，塑造理想人格功能。大学生的理想人格是自由全面发展、自我修养素质高尚，真正实现自我价值、社会价值与人生价值的完美统一。理想人格是对社会价值规范和道德理想的内化，是对人的生存价值和精神追求的体现，是人文精神与终极关怀的统一，体现了人的本质特性。而理想人格塑造与养成的关键在于培育和提升大学生的审美素养，通过审美教育陶冶大学生的道德情操，升华道德情感与行为操守；审美教育是德育、体育和智育的中介，对以上三者都具有一定的协调渗透作用，是三者的情感驱动力和协调力，也是培养大学生想象力和创造力的重要途径。因此，高校审美教育是人文与科学、感性与理性、思维与形象的统一，是一种更为具体形象、生动丰富、全面立体的塑造大学生人格的方法。

第三，价值建构功能。审美教育最为突出和强调的是人文精神，意在培养大学生的审美价值观，养成大学生的文化认同和协调情感，不仅能够提升大学生的审美素质，还能潜移默化地影响人的情感、气质和精神。审美教育的价值建构功能能够将抽象、理性、空洞的价值观念，以具体、形象、直观、非强制约束的形式表现出来，并在无意识中以情感渗透和感官愉悦的方式，影响人们的价值选择和价值判断，使人们在审美活动中对其蕴含的价值观念和意识形态欣然接受，从而唤醒人的主体意识、培育人的情感、张扬人的个性，充分发挥以美育人、以美化人的独特功能。

（三）大学生大众文化审美素养的提高

当代大学生的日常生活中充斥着各色各样的大众文化，大学生通过对各种大众文化的消费来体现自己的审美趣味和审美选择，张扬自身的个性风格，宣泄自己的情感情绪，形成自身独有的审美文化。而大众消费时代的审美文化越来越趋向于多样化、时尚化和实用化，加之大学生本身处于向“社会人”角色转换与身份确认的关键时期，其求新求乐的心理特点与情感需求使他们极易接受并亲近大众文化，他们急于通过大众文化的多重风格符号来实现自我价值、获得自我肯定，最终导致当代大学生审美态度和审美标准逐渐功利化、世俗化和物质化。因此，必须加强大学生大众文化消费审美教育，提高大学生大众文化审美趣味和审美品位。

第一，促进大学生大众文化审美素养的自觉提高。大众文化消费是大学生进行审美文化表达的一个重要途径。大众文化主要有“自上而下”和“自下而上”两种不同的文本创作方式，大众文化的意识形态功能主要是通过人与人、人与社会之间的双向互动选择来完成的，因而大众文化既具有显著的自上而下的灌输与控制功能，又具有自下而上的意识形态认同功能。大学生对大众文化的审美活动不仅体现了大学生的个性风格和审美品位，还是对其日常生活实践的一种创造与生产，他们能够在消费大众文化的同时，借助大众文化不断提升自己的审美能力。因而，对大学生群体来说，审美的过程也是对其创造性和超越性的体现，这就要求我们要不断促进大学生审美素养的自觉提高。

第二，将大众文化审美教育贯穿于高校思想政治教育工作中，加快德育美育一体化进程。在高校德育过程中注入美育内容和审美思维，增强高校思想政治教育的实效性和针对性，使高校德育更有感染力、说服力和吸引力，这也是高校德育工作坚持“以人为本”原则的重要体现。高校德育工作实践具有主体性、渗透性、情感性和日常性等特点，这就要求高校德育工作的顺利开展必须借助一些感性化、具象化的中介来实现。大众文化审美既能给大学生带来快乐的感官体验，又能使大学生在娱乐消遣中得到教育引导，为大学生创造一种寓教于乐的文化氛围，使大学生在无意识中提升自身的文化素质和道德修养，因此，必须将大众文化审美教育，特别是对大学生群体的感性关怀渗透在高校德育工作中。

第三，提升大众文化的人文精神与人文内涵。当代审美文化出现了审美泛化的趋势，即日常生活审美化，大众文化审美就是最为典型的例子。当前大众文化审美出现了诸如身体写作、消费主义、娱乐至上等世俗化、消费化和商品化的发展趋势，更加容易淡化大众文化的人文精神和文化底蕴，而凸显其个体化、具体化和物质化的话语特征。并且大众文化消费过程不是单纯享受美的过程，而且还是接受意识形态教化的过程，如果缺乏一定的审美品位就会导致庸俗、低俗现象的出现。大众文化带给人们的所谓身体解放和快乐神话，不过是在透支娱乐基础上的精神空虚，是用感官和欲望的满足取代了文化的价值追问，其最终结果必然是走向审美疲劳。因此，必须加强大众文化的人文精神与人文内涵，提升大学生的审美品位。

二　加强大学生媒介素养教育

大众文化借助大众媒介的力量而呈现蓬勃发展之势。在市场经济条件下，大众媒介始终处于社会效益与经济效益的博弈中，其在发展过程中出现了低俗化、世俗化和过度娱乐化等问题，致使网络上充斥着鱼目混杂的信息，要加强对低俗不良媒介文化的辨别与抵制能力，就需要提高大学生的媒介素养，加强对大学生媒介知识和媒介技能的教育和培养。

（一）媒介素养教育的概念及意义

“媒介素养”这一概念是由汤普森在1933年出版的《文化与环境：批判意识的培养》一书中最先提出来的，他指出在学校教育中应该加入媒介素养教育的内容，从而保护本国传统文化、语言、价值取向和民族精神，使学生避免受到媒介传播的不良文化的冲击与影响。在此之后，西方各个地区和国家相继给予媒介素养教育以高度重视，并将媒介素养教育纳入学校教育大纲。媒介素养主要是指人们能够科学地认识媒介，理性地选择与接触媒介，并能够正确有效地理解媒介内容，积极主动地面对、分析、判断和传播各类媒介信息的能力，它是信息时代每个公民都应该具备的基本能力之一，是公民素养的重要组成部分。[①] 当代媒介素养教育就是引导大学生能够正确理解并建设性地使用大众媒介信息所提供的文化资源，目的在于使大学生能够逐步培养媒介信息的识别、解读和运用能力，并且不断运用媒介信息充实和完善自我，从而提高自身媒介行为的合理性与科学性，参与社会发展并完成自我社会化的过程。具体来说，当代媒介素养教育是一种知识和能力的培养模式，是对繁杂信息进行选择、理解、质疑、评估、表达和思辨性应变，以及创造和制作媒介信息的能力。因此，积极发展大学生媒介素养教育有利于建构并提升大众文化的人文精神，提升大众文化的层次与品位，丰富大众文化的内涵。

当前大众媒介已经深深融入人的日常生活中，我们每个人每天都在接触各种大众媒介，通过它获得各种需要的知识、经验和信息，但是在我国目前的高校教育体系中，媒介素养教育还没有被提升到素质教育的高度。大众媒介虽然被誉为“第四权力”和“社会公器”，对于普通大众来说，大众媒介意味着知识、信息、主流文化甚至权力，由于其本质上还是按照商业逻辑和市场经济规律进行运作，因此很容易沦为商业逐利的手段和工具，这导致大众媒介所传播的大众文化总是隐含着一定的意识形态和价值取向。而大学生每天都身处大量媒介信息的包围中，而且其中绝大多数人都是被动地接受各种媒介信息，相对缺乏对于媒介信息的区分、辨别、批判和运用能力，难以分辨大众媒介信息中的真实与虚假、媒介信息与社会现实。大众文化也恰恰是借助各种大众媒介进行信息的传播和思想的宣传，并且逐渐开始主导大学生的价值取向、审美情趣和意识形态，这导致很多大学生在无意识中受到媒介信息的影响而改变自己的思维方式、价值观念和行为方式。因此，媒介素养是当前信息化社会的一项必备技能与基本素质，要加强媒介素养教育，提高大学生的媒介素养。

---

① 吴玉兰：《媒介素养十四讲》，北京大学出版社 2014 年版，第 4 页。

（二）媒介素养教育的主要内容和功能

媒介素养教育在本质上来说是一种以媒介素养为核心培养人的教育，那么对于个体的培养就不能仅仅限于对人的基本能力和基本素养的培养，还应该包含对人的生存方式、生活方式和生活态度的积极引导。媒介素养教育是一项系统化和理论化的教育实践活动，包括以下几个方面的具体内容。

第一，大众媒介使用素养。媒介知识是媒介使用素养的核心，媒介使用知识结构是一个包括认知、情感、审美和道德在内的内涵丰富的概念。这里的媒介使用素养不仅包括使用技术层面，还包括大学生对媒介的道德认知和道德规范层面。也就是说媒介素养教育的根本目的不仅仅在于促使人们更多地使用媒介并掌握媒介的相关操作技术与方法，更在于引导人们积极地、批判性地理解和使用大众媒介，正确地对大众媒介所提供信息内容的真伪与价值进行辨别和评价，并与自身需求有效地连接起来，从而更有效、更充分地利用媒介资源。

第二，大众媒介信息消费素养。传统媒介时代人们接受信息主要是通过报纸、电视、广播等渠道，其信息内容会经过层层筛选与把关，并且已经将不利于学生成长的信息过滤掉。但是新媒体时代，人人都有麦克风，信息的传播面和受众面尤为广泛，信息的生产与传播速度也更快，信息传播呈现出“去中心化”“碎片化”的态势，网络上生产和传播的信息呈现鱼目混杂和参差不齐的状态，尤其一些打着大众文化幌子的虚假信息，对于相对缺乏分析解读、辨别批判能力的大学生来说，具有极大的迷惑性。这就要求大学生在消费网络大众文化时，要增强对信息的辨别分析和批判解读能力。

第三，大众媒介信息生产制作素养。大众媒介时代，媒介即讯息，大众媒介已经深度融入当代大学生的日常生活中，成为他们的一种生活方式，媒介融合时代的到来，也使个人在信息生产和传播过程中的地位愈益突出；大学生群体既是信息的消费者，也是信息的生产者，这就要求大学生群体要相应地提高自己生产信息的素质，加强网络道德和法律意识。具体来说，就是要增强制作、传播媒介信息时的道德意识和自律能力，不断扩充新闻出版、网络安全和知识产权等方面的政策法规知识。

（三）大学生媒介素养提高的途径

为了使大学生尽快适应新媒体时代，大众文化生产和传播的特点，必须积极探索提高大学生媒介素养的途径与方法。

第一，转变教育观念，加强对媒介素养教育的重视。媒介素养教育是新媒体时代高校思想政治教育必须高度重视的一项工作，是高校思想政治教育的有效补充，因此，必须突破传统的教育教学思路和模式，将媒介素养教育纳入高校思想政治教育体系中来，加快媒介素养教育与其他知识教育、思想政治教育的有机融合，充分利用网络资源，扩宽网络思想政治教育的渠道。同时开设媒介素养教育的相关课程，给大学生提供将日常生活与网络文化相结合的平台，引导大学生适度参加网络互动，加强大学生的自我管理和自我控制能力，以及自如驾驭网络媒介的能力。

第二，加强思想政治教育工作队伍建设，加强对思想政治教育工作者的技术培训。大学生媒介素养水平的提高，需要高校思想政治教育工作者的教育和引导，这就要求我们必须建构一支马克思主义理论修养高、网络媒介素养强、了解当代大学生群体特点，既掌握思想政治教育工作规律，又熟悉网络文化特点以及网络操作技术，从而能高效开展网络思想政治教育工作的人才队伍。这就需要对现有思想政治教育工作队伍开展系统化和规范化的培训，提高他们的业务能力和媒介素质，使其能够真正理解和掌握主流文化的内涵，能够对网络文化信息进行准确有效的识别、判断与管理，从而减少不良网络文化对大学生的精神污染。

第三，加强对大学生的实践锻炼。大学生媒介素养的提高，一方面是思想政治教育工作者理论传授的结果，另一方面也是大学生群体自身实践锻炼的结果。只有真正发挥大学生的自觉性与主动性，加强大学生媒介素养教育的自主性和能动性，将良好的媒介素养变为学生的内在品质，内化为学生的认知方式、思维逻辑与行为习惯，使学生真正成为媒介活动中的实践主体，调动广大大学生参与媒介的积极性，才能真正提高大学生的媒介素养。

三　汲取优秀传统文化资源提升大众文化质量

中华优秀传统文化是一种历史、文化记忆资源，它以文化为载体进行历史记载和文化传承，是中华民族最独特的文化标识，为人们的文化自信和身份认同提供心理基础与文化滋养，从而推动大众文化认同的达成和身份认同的确立。大众文化具有极强的渗透性、持久性和日常性，它以潜移默化的方式渗透在人们日常生活的方方面面，影响着整个社会的发展进步以及人们的思想意识，也是影响人们“记忆之场”的重要文化要素。因此，我国大众文化的生长与发展必须根植于中华民族优秀传统文化，不断提升自身的人文精神与文化质量，为确立文化认同与文化归属提供现实路径。

（一）传统文化与文化记忆

“文化记忆”这一概念最初是在20世纪90年代由德国学者扬·阿斯曼夫妇提出来的，他们认为，所谓文化记忆是每个社会和每个时代所特有的重复使用的全部文字材料、图片和礼仪仪式等的总和，通过对它们的“呵护”，每个社会和每个时代巩固和传达着自己的自我形象。[①] 他们强调文化记忆主要是一个民族经过长期的历史积淀而不断传承并延续的，进而能够通过文化形式和文化符号方式展现出来、能够彰显一个民族特质的共同记忆，并且这种记忆不仅包括以文字印刷和书面形式所记载下来的知识，还包括风俗习惯、礼仪仪式等在大众日常生活中所体现出来的人们的各种生产方式和生活方式，这使文化记忆不仅是一种保持知识信息的方法，还是维持和建构身份认同的重要手段。

中华民族具有非常丰富的传统文化资源和历史积淀，中华民族优

① 王建：《从文化记忆理论谈起——试析文论的传播与移植》，《学习与探索》2012年第11期。

秀传统文化中蕴含着民族发展的核心理念、思想基因和文化记忆，积淀着中华民族最深厚的精神追求，潜移默化地影响着中国人的思维方式和行为方式，构成我们当前文化记忆和身份认同的强大场域，发挥着巨大的情感维系和价值整合功能，在中华优秀文化的熏陶下，我们形成对中华民族的深刻认同与高度自觉。因此，必须对中华优秀传统文化资源进行深层次的挖掘，不断增强传统文化的号召力和影响力，在当代中国大众文化中注入传统文化的因子与元素，为大众文化发展提供深厚的历史底蕴和崭新的文化经验，同时以当代大学生日常生活为切入点，在微观实践中以具体生动的叙事方式彰显中国主流文化的价值理念与建构力量。

（二）大众文化与文化自信、文化自觉

所谓文化自信，是指一个国家、一个民族、一个政党对自己的理想、信念、学说以及优秀文化传统有一种发自内心的尊敬、信任和珍惜，对当代核心价值体系的威望与魅力有一种充满依赖感的尊奉、坚守和虔诚。[①] 党的十九大报告指出，文化自信是一个国家、一个民族发展中更基本、更深沉、更持久的力量。文化自信是一个国家文化软实力的主要表现，是对本民族文化的价值认同和身份认同的重要体现。文化自信的树立有利于为我国文化软实力的提高奠定坚实的心理基础，为传承和强化民族文化记忆提供理论依据，中华优秀传统文化的当代转化必须与中国大众文化相结合，借助大众文化的表现方式、传播载体和叙事手段进行创造性的转化及创新性的发展，从而使之容易被大众所接受和认可。

费孝通先生指出，文化自觉是指“生活在一定文化中的人对其文化有‘自知之明’，明白它的来历，形成过程，所具有的特色和它发展的趋向，不带任何‘文化回归’的意思”[②]。大众文化是我国近几十年来才出现的一种文化现象和文化形式，这导致中国大众文化还处

---

① 刘芳：《文化自觉和文化自信的战略考量》，《理论学刊》2012 年第 1 期。

② 费孝通：《文化与文化自觉》，群言出版社 2010 年版，第 195 页。

于不断走向成熟的发展阶段，其发展过程中不可避免地存在一些问题。这就要求中国大众文化的发展必须发挥文化自觉，在借鉴西方大众文化经验的同时，立足中国国情积极发展我国大众文化的民族特色。

当代中国大众文化在本质上是一种以人民群众的根本利益、现实需要为基本出发点和最终落脚点的文化形态，它的发展并非是对中华民族传统文化的割裂与中断，而是对优秀传统文化的传承、发展与弘扬。如果离开了优秀传统文化的滋养，大众文化的发展就会缺乏文化内核而沦为无源之水，无本之木，导致人们精神上的困顿与价值上的迷茫；而优秀传统文化如果脱离了与大众日常生活紧密相关的大众文化，就会因为缺乏现代性依托而失去认同感与归属感，最终不利于文化自信、自觉的确立。因此，当代中国大众文化的发展、优秀传统文化的弘扬以及文化自觉、文化自信的确立是一个相互依存、相互依赖的过程。

（三）深度挖掘优秀传统文化资源提升大众文化质量

当前我国大众文化发展中的一个最为显著的问题就是内容缺失和价值迷失，影响着人们文化共识和价值共识的达成，破坏人们对主流意识形态和主流文化的认同。这就要求我们在以社会主义核心价值体系为思想引领和价值引领的前提下，深度挖掘中华民族优秀传统文化中所蕴含的时代价值和民族特色，实现优秀传统文化的当代传承、转化与发展，并将这一过程与大众文化的发展有机结合。大众文化与优秀传统文化的结合使大众文化的发展既是对传统的返本开新，又能顺应时代潮流发展。具体来说，对传统文化资源的汲取需要注意以下几个方面。

第一，对传统文化资源进行全面认识与整合。传统文化资源是在我国历史发展过程中由广大劳动人民创造和使用的，能够进行科学合理的开发利用或创新转化的各种物质文化资源和精神文化资源的总和，其中既包括一些实质性的物质存在，又包括一些虚拟性的文化形态。必须立足于中国特色社会主义进入新时代以及广大人民群众对美好生活的迫切需求的现实基础，对我国传统文化资源进行整理、提炼和整合，并进行全面的分析与研究，汲取其积极文化因子，将其蕴含的中国精神、道德规范、审美品位和人文关怀等文化基因和文化要素，注入大众文化产品的创作过程中去，将历史文化与社会大众的日常生活相结合，生产出传统性与现代性相融合的高质量的大众文化作品。

第二，探寻传统文化与大众文化的契合点，加强优秀传统文化教育。优秀传统文化能够发挥一定的意识形态软化功能，并且这种功能的发挥主要是通过人们的“集体无意识”以及意识形态的“询唤”功能来实现。“集体无意识”是由于文化传统、民族习惯和社会心理等因素共同作用而长期积淀形成的民族社会深层的思想感情和思维习惯，建构着大众的民族文化心理和文化价值，能够形成强大的民族凝聚力和向心力。而传统节日仪式和优秀经典文化构成中华民族集体文化记忆的载体和集体无意识的源泉，在中华文化内在关联性和文化持续再生产中发挥重要作用，不断询唤着人们的文化认同与价值选择。因此，当代中国大众文化发展必须寻找与中华优秀传统文化的契合点与连接点，充分发挥中华优秀传统文化的现代价值。

第三，将传统文化与大众文化有机结合，实现二者的对接。对于中华传统文化的利用必须坚持马克思主义的基本立场，摒弃文化虚无主义、文化复古主义及文化保守主义的错误倾向，对中华优秀传统文化进行创新性发展和创造性转化，不断为传统文化注入时代因子和现代元素，赋予其新时代的内涵、现代化的表达和当代大众喜闻乐见的新形式，使传统文化基因与现代大众文化相适应、与现代社会相协调；同时使其能够关注大众文化生活，契合大众的审美需求与文化品位，使用大众化、通俗化的语言范式、思维逻辑和表达手法，并将其深度融入学校教育、社会教育和家风教育等过程中，使其适应人们阅读、视听及理解的需要，从而填补大众文化的真空地带，使其能够得以不断升华、生长和创新。

本章小结

大众文化与主导文化、精英文化、传统文化、外来文化一起构成当代中国总体的文化格局和文化体系，对人们的思想观念、道德伦理、价值取向、审美标准都发挥着强大的影响力和渗透力。面对如火如荼发展的大众文化，主流文化必须给予正面积极的回应，不能将其视为洪水猛兽，而是应该抱以开放宽容的态度，在科学引导下给予其宽松的生存发展空间。大众文化自身的文化特征和实践意义能够激起全社会文化的创新活力。大众文化的多样性和多元性，丰富了社会文化体系的内容形式，成为主流文化的有益补充。

在市场经济和商业资本驱动下的大众文化在发展过程中出现的娱乐化、世俗化、去政治化等问题，对社会主流文化、价值观念、道德传统起到一定的消解和解构作用。因此，必须以互构共生为原则，发挥主流文化对大众文化政治价值、道德价值和审美价值的引领作用，加强文化产业的体制改革和法律监管，使大众文化发展能够符合中国语境，实现发展逻辑和发展思路的转换；社会主义核心价值观是当代中国文化认同的核心与关键，在引导大学生确立文化认同的过程中，必须根据大学生群体的特点，探寻社会主义核心价值观与当代大学生文化认同的契合点，使社会主义核心价值观的内容、话语和传播体系向大学生所喜闻乐见的大众文化形式转换；要加强大学生的审美教育和媒介素养教育，汲取中华优秀传统文化资源提升大众文化的人文内涵和文化质量，从而增强文化自觉与文化自信。

结　　语

当前意识形态领域的焦点问题在文化领域越来越凸显并突出表现在价值取向上。文化的本质和核心是价值问题，任何一种文化都有自身独特的价值系统，并形成一定的价值取向，大众文化自然也不例外。当代中国大众文化借助于受经济利益驱动而不断蓬勃发展的大众媒介的东风如火如荼地生长，在中国文化坐标体系中占据了重要位置，悄无声息地渗透在人们日常生活的方方面面，它以一种相对日常化、隐蔽化的形式深刻影响着人们的思维模式、认知图式、生活态度和行为方式。现代社会的大众文化不再是阿多诺所言的“社会水泥”，而更“像是横向的力将社会拉平，使每个人都有掌控自我和环境的感觉”[①]，这使人们虽然无法控制和左右社会的经济结构，但是可以通过大众文化消费得到一种可以控制的仪式感、获得感和归属感，正如费斯克所说的那样：“在大多数人的生活中，来自他们所消费物品的自觉选择的意义比来自他们所生产物品的要多得多。”[②] 由于消费承载着人们的价值、伦理、意义和生活关系体系，是现代日常生活最重要的内容之一，它不仅已经成为当代大众生活的主导方式，而且在文化实践层面也以消费作为主要取向，这使消费原初的自然属性在现代社会开始消退，消费逐渐成为符号建

---

① ［美］约翰·菲斯克：《解读大众文化》，杨全强译，南京大学出版社 2006 年版，第 2 页。

② ［美］约翰·费斯克：《理解大众文化》，王晓珏、宋伟杰译，中央编译出版社 2006 年版，第 20 页。

构支配下的文化选择。[1] 在这个意义上，现代社会的消费行为具有鲜明的意识形态属性，并成为日常生活意识形态作用的主要场域和重要手段。

青年兴，则国家兴；青年强，则国家强。大学生群体的特征决定了他们是文化争夺和价值塑造的首选对象，当代大学生的消费变化同时也是对中国社会发展、经济变迁和社会心态的真实折射与现实写照。中国大众文化的后发性造就了其与生俱来的社会整合功能和意识形态功能，导致了当代中国大众文化功能的发挥必须通过消费的途径来实现，而当代大学生群体的特殊性恰恰与大众文化嵌入并扎根于大众日常生活的特征，因而大众文化主要通过大学生消费来展现自身的意识形态和价值导向功能，引导大学生的思想观念、价值取向及行为方式。

现代社会互联网络和大众媒介的发展使当代大学生成为“网络原住民”，这导致现实的大众文化形式在网络上得以延伸，并给予人们全新的文化体验，并借助于数字技术将生活本身展现为庞大的景观符号的堆积，造就了各色各样、百态万千的大众文化形式，衍生出一场“你方唱罢我登场”的大众文化的狂欢盛宴。人们已经“深深陷入一个飞速发展而不可知的世界里，人们在铺天盖地的信息面前，已不能完全厘清和接受所有信息，已经很难对真正的精神价值做出判断”[2]。然而网络和大众媒介在成就大众文化蓬勃发展之势的同时，也深刻调整了人们的思想观念和行为方式，逐渐改变了大学生的文化心理和文化性格，形成了身份认同的个体建构过程，它使大学生群体开始转向通过大众文化消费来获得身份认同。

在这一现实背景下，当代大学生的消费俨然不再是仅仅为了满足物质生存的需要，而是意在通过消费来表达自己的思想观点、价值诉求和个性风格，以求建构身份认同和群体归属，承载着一定的文化认

---

① 苏国勋、张旅平、夏光：《全球化：文化冲突与共生》，社会科学文献出版社 2006 年版，第 43 页。

② ［法］居伊・德波：《景观社会》，王昭风译，南京大学出版社 2006 年版，第 3 页。

同和价值判断意义。当代大学生的文化趣味和审美偏好更加倾向于感性化、世俗化、表演化，“好看”“好听”“有趣”成为他们文化消费选择的直接标准。而大众文化的平面化、逐利性和消费性也使其发展带有一定的逻辑悖论并产生了一定的认识误区，由以往理性、人生价值、历史意义、终极关怀等深度的价值取向，转向“活在当下”“游戏人生”“娱乐至死”等浅表化的价值取向。为了迎合大学生的消费心理和消费需求，博得大学生的关注，在商业逻辑、技术逻辑和消费逻辑的共同作用下，大众文化被工具化而走向庸俗化、媚俗化、低俗化，成为“快餐文化”和“感官文化”，致使大学生陷入犬儒主义、虚无主义、功利主义和消费主义的泥潭而无法自拔，极易导致大学生群体的认同危机、娱乐泛化以及人文精神的缺失。

思想政治教育具有主体建构和价值导向功能。高校思想政治教育就是要以理想信念教育为核心，深入进行正确世界观、人生观和价值观的教育。当代大学生具有强烈的参与精神、创新精神、主体意识和独立意识，他们思想敏锐、乐于革新，是极富创造性和生命力的群体，这就要求高校思想政治教育在开展过程中充分关注大学生的个性发展和多样需求。立足于大学生大众文化消费行为，高校思想政治教育一方面要充分利用大众文化的意识形态功能，以大学生喜闻乐见的大众文化表现形式、话语体系和传播载体实现社会主义意识形态在日常生活中的渗透，使社会主义意识形态成为大学生日常生活中的一种集体无意识，从而增强社会主流文化的感染力和影响力；另一方面，要以社会主义核心价值观为引领，提升大众文化和大学生大众文化消费的人文精神内涵。

参考文献

一　著作类

《马克思恩格斯选集》第 1 卷，人民出版社 2012 年版。

《马克思恩格斯选集》第 2 卷，人民出版社 2012 年版。

《马克思恩格斯文集》第 1 卷，人民出版社 2009 年版。

《马克思恩格斯文集》第 5 卷，人民出版社 2009 年版。

《马克思恩格斯全集》第 1 卷，人民出版社 1995 年版。

《马克思恩格斯全集》第 30 卷，人民出版社 1995 年版。

陈昕：《救赎与消费：当代中国日常生活中的消费主义》，江苏人民出版社 2003 年版。

成伯清：《走出现代性——当代西方社会学性论的重新定向》，社会科学文献出版社 2006 年版。

陈灵强：《多维视野中的大众文化》，浙江大学出版社 2007 年版。

董秀成：《动漫文化对我国青少年社会性发展的影响》，武汉大学出版社 2013 年版。

费孝通：《文化与文化自觉》，群言出版社 2010 年版。

傅守祥：《文化正义：消费时代的文化生态与审美伦理研究》，上海人民出版社 2013 年版。

高宣扬：《流行文化社会学》，中国人民大学出版社 2006 年版。

扈海鹂：《解读大众文化——在社会学的视野中》，上海人民出版社 2003 年版。

黄卫星:《审美价值观的传播与建构——当代美育中的对话与交往》,人民出版社 2012 年版。
胡疆锋:《伯明翰学派青年亚文化理论研究》,中国社会科学出版社 2012 年版。
韩震:《全球化时代的文化认同与国家认同》,北京师范大学出版社 2013 年版。
金民卿:《大众文化论——当代中国大众文化分析》,中共中央党校出版社 2002 年版。
贾明:《现代性语境中的大众文化》,上海人民出版社 2007 年版。
金昕:《当代高校美育新探》,商务印书馆 2013 年版。
罗钢、王中忱:《消费文化读本》,中国社会科学出版社 2003 年版。
陆玉林:《当代中国青年文化研究》,人民出版社 2009 年版。
李江涛:《当代文化发展新趋势研究》,中央编译出版社 2009 年版。
李西建:《消费时代审美问题研究》,商务印书馆 2013 年版。
陆扬、王毅:《文化研究导论》,复旦大学出版社 2015 年版。
孟鸣岐:《大众文化与自我认同》,江西教育出版社 2005 年版。
莫茜:《大众文化与网络文化》,北京邮电大学出版社 2009 年版。
钱中文:《文学理论:走向交往对话的时代》,北京大学出版社 1999 年版。
陶东风:《粉丝文化读本》,北京大学出版社 2009 年版。
苏国勋、张旅平、夏光:《全球化:文化冲突与共生》,社会科学文献出版社 2006 年版。
王宁:《消费社会学——一个分析的视角》,社会科学文献出版社 2001 年版。
王宁:《消费的欲望:中国城市消费文化的社会学解读》,南方日报出版社 2005 年版。
伍庆:《消费社会与消费认同》,社会科学文献出版社 2009 年版。
吴玉兰:《媒介素养十四讲》,北京大学出版社 2014 年版。
王迎新:《大众文化的意识形态功能研究》,南开大学出版社 2014 年版。
徐海波:《意识形态与大众文化》,人民出版社 2009 年版。

尹世杰：《消费文化学》，湖北人民出版社 2002 年版。

杨魁、董雅丽：《消费文化：从现代到后现代》，中国社会科学出版社 2003 年版。

衣俊卿：《现代化与文化阻滞力》，人民出版社 2005 年版。

姚建平：《消费认同》，社会科学文献出版社 2006 年版。

闫方洁：《西方新马克思主义的消费社会理论研究》，上海人民出版社 2012 年版。

叶开：《粉丝经济：传统企业转型互联网的突破口》，中国华侨出版社 2014 年版。

朱效梅：《大众文化研究——一个文化与经济互动发展的视角》，清华大学出版社 2003 年版。

张旭东：《全球化时代的文化认同：西方普遍主义话语的历史批判》，北京大学出版社 2005 年版。

张一兵：《文本的深度耕犁——西方马克思主义经典文本解读》第一卷，中国人民大学出版社 2004 年版。

郑祥福、叶晖、陈来仪等：《大众文化时代的消费问题研究》，中国社会科学出版社 2008 年版。

周志强：《大众文化理论与批评》，高等教育出版社 2009 年版。

周笑冰：《消费文化及其当代重构》，人民出版社 2010 年版。

郑杭生、杨敏：《社会互构论：世界眼光下的中国特色社会学理论的新探索——当代中国“个人与社会关系研究”》，中国人民大学出版社 2010 年版。

赵勇：《透视大众文化》，中国书籍出版社 2013 年版。

周宪：《文化表征与文化研究》，上海人民出版社 2015 年版。

张家卫：《小众崛起》，清华大学出版社 2016 年版。

二 译著类

[英] 安东尼·吉登斯：《现代性与自我认同：现代晚期的自我与社

会》，赵旭东、方文译，生活·读书·新知三联出版社 1998 年版。

［美］艾伦·杜宁：《多少算够——消费社会与地球的未来》，毕聿译，吉林人民出版社 1997 年版。

［英］阿兰·德波顿：《身份的焦虑》，陈广兴、南治国译，上海译文出版社 2009 年版。

［英］安迪·班尼特、基思·哈恩－哈里斯：《亚文化之后：对于当代青年文化的批判研究》，中国青年政治学院青年文化译介小组译，中国青年出版社 2012 年版。

［法］让·波德里亚：《消费社会》，刘成富、全志钢译，南京大学出版社 2000 年版。

［美］比尔·麦克基本：《自然的终结》，孙晓春、马树林译，吉林人民出版社 2000 年版。

［法］让·鲍德里亚：《符号政治经济学批判》，夏莹译，南京大学出版社 2015 年版。

［加］查尔斯·泰勒：《现代性之隐忧》，程炼译，中央编译出版社 2001 年版。

［美］丹尼尔·贝尔：《资本主义文化矛盾》，赵一凡、蒲隆、任晓晋译，生活·读书·新知三联出版社 1989 年版。

［美］丹尼尔·贝尔：《意识形态的终结》，张国清译，江苏人民出版社 2001 年版。

［美］大卫·理斯曼等：《孤独的人群》，王崑、朱虹译，南京大学出版社 2002 年版。

［英］戴维·钱尼：《文化转向：当代文化史概览》，戴从容译，江苏人民出版社 2004 年版。

［美］道格拉斯·凯尔纳：《媒体文化——介于现代与后现代之间的文化研究、认同性与政治》，丁宁译，商务印书馆 2004 年版。

［英］迪克·赫伯迪格：《亚文化：风格的意义》，陆道夫、胡疆锋译，北京大学出版社 2009 年版。

［德］埃里希·弗罗姆：《逃避自由》，陈学明译，工人出版社 1987 年版。

［德］马克斯·霍克海默、阿道尔诺：《启蒙辩证法——哲学断片》，渠敬东、曹卫东译，上海人民出版社 2003 年版。

［德］弗兰克·施尔马赫：《网络至死》，邱袁炜译，龙门书局 2011 年版。

［法］古斯塔夫·庞勒：《乌合之众：如何在喧嚣的互联网时代重获我们的创造力和思维力》，戴光年译，新世界出版社 2011 年版。

［美］詹明信：《晚期资本主义的文化逻辑：詹明信批评理论文集》，陈清侨等译，生活·读书·新知三联书店 1997 年版。

［美］杰姆逊：《后现代主义与文化理论》，唐小兵译，北京大学出版社 2005 年版。

［法］居伊·德波：《景观社会》，王昭风译，南京大学出版社 2006 年版。

［丹麦］罗尔夫·詹森：《梦想社会：第五种社会形态》，王茵茵译，东北财经大学出版社 1999 年版。

［美］赫伯特·马尔库塞：《单向度的人——发达工业社会意识形态研究》，刘继译，上海译文出版社 1989 年版。

［美］马尔库塞、弗洛姆：《痛苦中的安乐——马尔库塞·弗洛姆论消费主义》，陈学明、吴松、远东编译，云南人民出版社 1998 年版。

［英］迈克·费瑟斯通：《消费文化与后现代主义》，刘精明译，译林出版社 2000 年版。

［美］尼尔·波兹曼：《娱乐至死》，章艳译，广西师范大学出版社 2004 年版。

［美］欧文·戈夫曼：《日常生活中的自我呈现》，黄爱华、冯钢译，浙江人民出版社 1989 年版。

［美］丹尼尔·杰·切特罗姆：《传播媒介与美国人的思想——从莫尔斯到麦克卢汉》，曹静生、黄艾禾译，中国广播电视出版社 1991 年版。

［德］齐奥尔格·西美尔：《时尚的哲学》，费勇、吴曦译，文化艺术出版社 2001 年版。

[英] 齐格蒙·鲍曼：《后现代性及其缺憾》，郇建立、李静韬译，学林出版社 2002 年版。

[美] 乔纳森·弗里德曼：《文化认同与全球性过程》，郭建如译，商务印书馆 2003 年版。

[英] 齐格蒙特·鲍曼：《全球化——人类的后果》，郭国良、徐建华译，商务印书馆 2004 年版。

[美] 乔纳森·特纳、简·斯戴兹：《情感社会学》，孙俊才、文军译，上海人民出版社 2007 年版。

[法] 尚·布希亚：《物体系》，林志明译，上海人民出版社 2001 年版。

[英] 汤林森：《文化帝国主义》，冯建三译，上海人民出版社 1999 年版。

[德] 沃尔夫冈·韦尔施：《重构美学》，陆扬、张岩冰译，上海译文出版社 2002 年版。

[德] 卡尔·雅斯贝尔斯：《现时代的人》，周晓亮、宋祖良译，社会科学文献出版社 1992 年版。

[美] 约翰·费斯克等：《关键概念：传播与文化研究辞典》，李彬译，新华出版社 2004 年版。

[美] 约翰·菲斯克：《电视文化》，祁阿红、张鲲译，商务印书馆 2005 年版。

[美] 约翰·费斯克：《解读大众文化》杨全强译，南京大学出版社 2006 年版。

[美] 约翰·费斯克：《理解大众文化》，王晓珏、宋伟杰译，中央编译出版社 2006 年版。

[美] 詹姆斯·哈金：《小众行为学：为什么主流的不再受市场喜爱》，张家卫译，北京时代华文书局 2015 年版。

三 期刊类

鲍金：《揭开消费主义的意识形态面纱》，《马克思主义研究》2013 年第 11 期。

蔡骐：《社会化网络时代的粉丝经济模式》，《中国青年研究》2015年第11期。

程诚：《大学生消费的同群效应》，《青年研究》2015年第2期。

程毅、赵菡：《大学生的消费与认同构建——基于家庭收入差异的比较分析》，《云南民族大学学报》（哲学社会科学版）2015年第1期。

陈帅、林滨：《论消费文化视域下个体身份认同的异化》，《福建论坛》（人文社会科学版）2017年第5期。

董小玉、严亚：《生产与合谋：当代青年的视觉文本转换》，《南京社会科学》2014年第10期。

付晓丽：《大学生消费行为的社会学研究》，《中国青年研究》2009年第9期。

郭建锋、卢新明：《消费社会形态下的大学生消费行为研究》，《思想政治教育研究》2011年第4期。

葛晨虹：《后现代主义思潮及对社会价值观的影响》，《教学与研究》2013年第5期。

孔明安：《从物的消费到符号消费——鲍德里亚的消费文化理论研究》，《哲学研究》2002年第11期。

黄汀：《从价值冲突到价值整合——当代中国青年亚文化现象解读》，《湘潭大学学报》（哲学社会科学版）2011年第5期。

胡疆锋：《中国青年文化的当代版图——从“青年文化消失论”说起》，《文艺争鸣》2011年第1期。

扈海鹂：《“新消费空间”下青年个体社会化——一种消费文化视角的分析》，《社会科学》2012年第12期。

胡谱忠：《小镇青年、粉丝文化——当下文化消费中的焦点问题》，《文艺理论与批评》2016年第4期。

韩升、刘晓慧：《当前网络大众文化的犬儒主义批判》，《新疆社会科学》2016年第2期。

蒋建国：《马克思主义消费文化理论及其当代意蕴》，《马克思主义研究》2007 年第 3 期。

靖鸣、方芳、袁志红：《微信“晒客”行为及其自我认知研究》，《武汉大学学报》（人文科学版）2016 年第 6 期。

姜正君、邹智贤：《当代中国大众文化的逻辑悖论与价值引领》，《伦理学研究》2017 年第 4 期。

罗能生：《审美道德功能探析》，《湖南师范大学社会科学学报》2005 年第 2 期。

李小豹、肖凌云：《流行文化与当代青年文化群体的文化困境》，《中国青年研究》2011 年第 6 期。

刘芳：《文化自觉和文化自信的战略考量》，《理论学刊》2012 年第 1 期。

刘喜怀：《当代大学生消费行为特征及市场开发》，《学术交流》2013 年第 3 期。

林梅、琚迎：《“90 后”大学生消费结构的调查分析》，《思想理论》2014 年第 2 期。

梁维科：《粉丝亚文化对青年消费价值观的影响——以“果粉”VS“米粉”为例》，《当代青年研究》2015 年第 1 期。

李西建：《当代中国消费意识形态的构建——对消费文化理论的思考》，《福建论坛》（人文社会科学版）2016 年第 4 期。

李康化：《粉丝消费与粉丝经济的建构》，《河南社会科学》2016 年第 7 期。

马中红：《商业逻辑与青年亚文化》，《青年研究》2010 年第 2 期。

马中红：《新媒介与青年亚文化转向》，《文艺研究》2010 年第 12 期。

孟蕾：《境遇与态度：社会转型进程中的当代青年》，《青年研究》2012 年第 5 期。

孟静雅：《消费文化场域中大学生消费行为的道德反思与重建》，《道德与文明》2014 年第 5 期。

欧阳谦：《历史唯物主义与当代文化问题》，《教学与研究》2017 年第 1 期。

欧阳友权：《新媒体的技术审美与视觉消费》，《中州学刊》2013 年第 2 期。

裴萱：《网络游戏的主体认同与审美体验》，《中南大学学报》（社会科学版）2013 年第 3 期。

庞弘：《论草根传媒文化中的情感与形象》，《天津社会科学》2016 年第 3 期。

任平：《文化的资本逻辑与资本的文化逻辑：资本创新场景的辩证批判》，《江海学刊》2013 年第 1 期。

帅庆：《新发展理念下城市女性情感消费研究》，《江西社会科学》2016 年第 9 期。

孙春晨：《犬儒主义病态道德文化剖析》，《伦理学研究》2017 年第 1 期。

孙丽芳：《当代青年“迷文化”的表征、异化及引导》，《学习与实践》2017 年第 1 期。

谭佳英：《动漫亚文化的文化体系》，《广西民族大学学报》（哲学社会科学版）2008 年第 1 期。

童强：《形象：商品对当代视觉文化的塑形》，《文学评论》2014 年第 1 期。

谭雪芳：《弹幕、场景和社会角色的改变》，《福建论坛》（人文社会科学版）2015 年第 12 期。

王宁：《消费与认同——对消费社会学的一个分析框架的探索》，《社会学研究》2001 年第 1 期。

王宁：《情感消费与情感产业——消费社会学研究系列之一》，《中山大学学报》（社会科学版）2000 年第 6 期。

徐海波、王萍：《论消费文化的意识形态功能》，《马克思主义与现实》2008 年第 3 期。

吴翠萍：《改革开放 30 年与青年消费观念的变迁》，《中国青年研究》2008 年第 1 期。

吴小玲：《网络游戏：一种大众文化的兴起》，《天府新论》2009 年第 3 期。

王广振、曹晋彰：《文化产业的多维分析》，《东岳论丛》2010 年第 11 期。

王建：《从文化记忆理论谈起——试析文论的传播与移植》，《学习与探索》2012 年第 11 期。

王璐：《11 月 11 日：从文化建构到商业收编——对“光棍节”和“网购狂欢节”的分析》，《青年研究》2014 年第 3 期。

万江：《现代性、日常生活与动漫亚文化的社会学考察》，《艺术百家》2014 年第 5 期。

王亚南：《消费主义视域中大学生认同危机分析》，《思想理论教育研究》2014 年第 8 期。

魏星：《校园新媒体在大学生消费观教育中的作用探究》，《思想教育研究》2016 年第 4 期。

魏传光、胡旖旎：《道德教育视野下现代犬儒主义的批判与重构》，《中国教育学刊》2016 年第 9 期。

王蕾、许慧文：《网络亚文化传播符码的风格与转型——以哔哩哔哩网站为例》，《当代传播》2017 年第 4 期。

王鑫：《微时代小众审美趣味问题研究》，《中州学刊》2017 年第 4 期。

王翔、鲍海波：《大众媒介逐利逻辑对新生代大学生消费异化的影响研究》，《人文杂志》2017 年第 5 期。

王敏、曾繁仁：《高校大美育体系的现代化构建》，《中国高等教育》2017 年第 7 期。

谢梅、何炬、冯宇乐：《大众传播游戏理论视角下的弹幕视频研究》，《新闻界》2014 年第 2 期。

肖伟胜：《焦虑：当代社会转型期的文化症候》，《西南大学学报》（社会科学版）2014 年第 5 期。

徐瑞鸿、戴钢书：《文化主体性的提升：社会主义核心价值观教育过程的本质》，《学术论坛》2015 年第 7 期。

肖小平：《移动消费平台对大学生消费意愿的影响》，《当代青年研究》2016 年第 5 期。

肖峰、窦畅宇：《青年的信息消费主义及信息文明引导》，《中国青年研究》2016 年第 12 期。

闫翠萍、蔡骐：《网络虚拟社区中的圈子文化》，《湖南社会科学》2013 年第 4 期。

于雪丽：《消费行为与文化选择》，《北方论丛》2008 年第 4 期。

杨生平、谢玉亮：《全球化时代的文化身份与中国文化主体性建构》，《马克思主义与现实》2015 年第 2 期。

闫方洁：《自媒体语境下的“晒文化”与当代青年自我认同的新范式》，《中国青年研究》2015 年第 6 期。

闫方洁：《“视觉文化”“奇观体验”及其背后的意识形态图式——魔幻剧风靡青少年群体的原因与启示》，《中国青年研究》2016 年第 10 期。

闫方洁：《媒介文化研究视角下“弹幕”的生成机制及其亚文化意义》，《思想理论教育》2017 年第 10 期。

杨丽雯：《情感消费视角下网络剧“圈地”青年群体现象研究》，《中国青年研究》2016 年第 2 期。

周穗明：《“后现代”的选择：西方兴起后物质主义价值观》，《马克思主义与现实》1999 年第 1 期。

周宪：《视觉文化的转向》，《学术研究》2004 年第 2 期。

张永胜：《大学生精神文化消费现状及对策研究》，《河南师范大学学报》（哲学社会科学版）2009 年第 4 期。

周德清：《社会转型时期文化失范的效应分析——以马克思的道德尺度和历史尺度相结合的原则为评价标准》，《云南社会科学》2011 年第 4 期。

张玉华：《“90 后”大学生消费行为误区及其疏导路径探析》，《中州学刊》2012 年第 3 期。

征鹏：《网络青年文化的“自我空间”论》，《当代青年研究》2014 年第 2 期。

张一、罗理章：《大众文化视域下大学生主流意识形态教育有效路径探析》，《学术探索》2014 年第 3 期。

朱迪：《大学生消费不平等的实证研究：从消费文化的维度》，《兰州大学学报》（社会科学版）2014 年第 6 期。

张艳涛：《新常态境遇下中国消费文化建设路径探析》，《山东社会科学》2016 年第 1 期。

赵菡、程毅：《家庭经济、文化资本与大学生消费分层——基于上海四所高校的实证分析》，《云南民族大学学报》（哲学社会科学版）2016 年第 1 期。

周凤梅：《青年文化在消费主义时代的嬗变与当代建构》，《江淮论坛》2016 年第 2 期。

张欢：《消费主义、历史语境与当代青年文化思潮》，《学术界》2016 年第 2 期。

张学敏、陈星：《教育：为何与消费疏离》，《教育研究》2016 年第 5 期。

郑姝莉：《由“光棍节”至“购物节”：“双十一”在中国的文化传记》，《中国青年研究》2017 年第 5 期。

Inglehart R, “New Perspectives on Value Change Response to Lafferty and Knutsen, Savage”, *Comparative Political Studies*, Vol. 17, No. 4, 1985.

四 报刊文献

习近平：《青年要自觉践行社会主义核心价值观》，《人民日报》2014 年 5 月 5 日第 2 版。

习近平：《在文艺工作座谈会上的讲话》，《人民日报》2015 年 10 月 15 日第 2 版。

习近平：《决胜全面建成小康社会 夺取新时代中国特色社会主义伟大胜利》，《人民日报》2017 年 10 月 28 日第 1 版。

范雷:《当前青年价值观变迁主要特点》,《中国青年报》2017 年 4 月 17 日第 2 版。
吴晋娜:《“二次元”文化，从小众走向大众》,《光明日报》2017 年 6 月 27 日第 8 版。

附　录

大学生消费行为调查问卷

亲爱的同学：

您好！

欢迎参加此次“大学生消费情况”问卷调查，您所填写的问卷仅用于科学研究，答案没有对错之分，请您根据自己的实际情况，认真填写每个问题，衷心感谢您的帮助！

第一部分　个人基本信息（请在符合你情况的一个选项上打“√”）

1　你的性别？①男　②女

2　你的年龄？①18 岁以下　②18—24 岁　③25—29 岁　④30 岁以上（含 30 岁）

3　你的家庭所在地？

①北上广等一线、省会城市　②非省会城市　③县级市、县城　④乡镇农村

4　你的年级？①大一　②大二　③大三　④大四　⑤硕士研究生　⑥博士研究生

5　你的专业类别？①文科　②理工科

6　你的政治面貌？①中共党员　②共青团员　③群众

7　你父亲的职业？①公务员　②企事业单位　③个体工商户　④工人　⑤农民　⑥其他

8 你母亲的职业？①公务员 ②企事业单位 ③个体工商户 ④工人 ⑤农民 ⑥其他

9 你父亲的受教育程度？①初中及以下 ②高中 ③大专 ④本科 ⑤硕士及以上

10 你母亲的受教育程度？①初中及以下 ②高中 ③大专 ④本科 ⑤硕士及以上

11 你家庭的月收入？①2000 元以下 ②2000—5000 元 ③5000—8000 元 ④9000—12000 元 ⑤12000 元以上

12 你每个月的花销费用是？①1000 元以下 ②1000—1500 元 ③1500—2000 元 ④2000—2500 元 ⑤2500—3000 元 ⑥3000 元以上

13 你每个月除基本伙食外的最大花销是？

①学习 ②服装 ③休闲娱乐 ④恋爱 ⑤交际 ⑥通讯 ⑦化妆品 ⑧其他食品

14 你使用过网络信贷形式（如蚂蚁花呗、京东白条等）进行过消费吗？

①用过 ②经常使用 ③听过但是从未用过 ④没听说过

15 你使用网络信贷进行消费的最主要原因？

①程序简便 ②还款额度低 ③满足超前消费需求 ④其他（请标明）

16 你进行网贷的最主要用途？

①数码产品 ②外出游玩 ③缴纳学费 ④服饰化妆品 ⑤零食 ⑥其他（请标明）

17 你使用的手机的价位？

①1000 元以下 ②1000—2000 元 ③2000—4000 元 ④4000—6000 元 ⑤6000 元以上

14 你购买手机的最主要影响因素是？

①性价比 ②国产品牌 ③耐用 ④只认苹果 ⑤用户体验 ⑥其他（请标明）

15　你的笔记本电脑的价位?

①2500 元以下　②2501—3500 元　③3501—4500 元　④4501 元以上　⑤没有笔记本电脑

16　你外出校园使用哪种交通工具?

①共享单车　②步行　③公交车、地铁　④出租车　⑤网约车　⑥其他（请标明）

17 除食堂外，你最常去的用餐场所?

1 快餐店　②路边摊　③外卖　④小餐馆　⑤中高档饭店　⑥其他（请标明）

第二部分　消费方式

序号	题目	符合程度				
		完全不符合	基本不符合	不确定	基本符合	完全符合
1	我会使用信用卡或分期付款方式购买心仪商品	1	2	3	4	5
2	我对网贷的还款利率等信息非常了解	1	2	3	4	5
3	我会使用网络信贷方式购买商品	1	2	3	4	5
4	我只在我购买能力范围内消费	1	2	3	4	5
5	我目前的消费与实际消费需求是相符合的	1	2	3	4	5
6	我会对比几家后才进行消费	1	2	3	4	5
7	在消费过程中，我曾有过超前消费行为	1	2	3	4	5
8	当生活费不够但是遇到自己心仪的东西，会通过借贷的方式先买了再说	1	2	3	4	5

续表

序号	题目	符合程度				
		完全不符合	基本不符合	不确定	基本符合	完全符合
9	当生活费不够但是遇到自己心仪的东西，会管家里要钱或管朋友借钱	1	2	3	4	5
10	我经常冲动消费	1	2	3	4	5
11	每个月的生活费我都会花光用光，甚至经常需要借贷消费	1	2	3	4	5
12	我有理财意识	1	2	3	4	5
13	我购买过互联网金融产品（如余额宝、基金等）	1	2	3	4	5
14	存钱才是硬道理	1	2	3	4	5
15	不借钱不欠债就是最好的理财	1	2	3	4	5

第三部分　消费态度

序号	题目	符合程度				
		完全不符合	基本不符合	不确定	基本符合	完全符合
1	在消费上我以量入为出原则	1	2	3	4	5
2	我都会做好计划再消费	1	2	3	4	5
3	消费要能省就省	1	2	3	4	5
4	我一般不会因为被低价、降价吸引而购买实用性不大的商品	1	2	3	4	5
5	消费要物有所值，价格高低并不重要	1	2	3	4	5

续表

序号	题目	符合程度				
		完全不符合	基本不符合	不确定	基本符合	完全符合
6	我是一个品牌消费者，有固定的消费品牌	1	2	3	4	5
7	即使品牌商品和普通商品性能和质量相同，我也会购买品牌商品	1	2	3	4	5
8	我只购买一些有知名度品牌的商品	1	2	3	4	5
9	我会购买一些高端品牌的商品	1	2	3	4	5
10	经常是很多东西还没有坏掉，但是我就把它换成新的了	1	2	3	4	5
11	超前消费是现代人的意识，花明天的钱作为今天的消费很正常	1	2	3	4	5
12	物质生活对我来说是非常重要的	1	2	3	4	5
13	如果我能买得起更多的东西，我将会十分开心	1	2	3	4	5
14	当我没有能力购买我喜欢的东西时，我会觉得非常沮丧和懊恼	1	2	3	4	5
15	对品牌时尚消费的越多越能体现自己的身份地位	1	2	3	4	5
16	如何消费是价值观的体现	1	2	3	4	5
17	怎么消费是个人的事情	1	2	3	4	5
18	会消费的人是会生活的人	1	2	3	4	5

续表

序号	题目	符合程度				
		完全不符合	基本不符合	不确定	基本符合	完全符合
19	消费要符合身份、地位	1	2	3	4	5
20	我认为购买的不只是商品，还包括商品当中蕴含的文化意义和人生价值	1	2	3	4	5

第四部分　消费认同

序号	题目	符合程度				
		完全不符合	基本不符合	不确定	基本符合	完全符合
1	高端品牌是身份、地位和品位的象征	1	2	3	4	5
2	我觉得使用名牌会更有面子	1	2	3	4	5
3	我经常会炫耀自己购买的物品，并同他人进行比较	1	2	3	4	5
4	使用名牌商品会使自己在同学和朋友当中更受欢迎	1	2	3	4	5
5	通过购买高端品牌商品能够提升自身价值以及在他人眼中自我的价值	1	2	3	4	5
6	名牌商品意味着财富	1	2	3	4	5
7	名牌商品是成功和声望的象征	1	2	3	4	5
8	我会追求商品的品质	1	2	3	4	5
9	一个人消费拥有的东西越多越幸福	1	2	3	4	5

续表

序号	题目	符合程度				
		完全不符合	基本不符合	不确定	基本符合	完全符合
10	对品牌时尚消费越多越能显示出自己的身份地位	1	2	3	4	5
11	购买品牌商品能够引起他人的注意并获得他人的尊重	1	2	3	4	5
12	心情抑郁时我经常通过消费来宣泄自己的情感和情绪	1	2	3	4	5
13	我在购物中感觉快乐和满足	1	2	3	4	5
14	我通过消费获得情感和视觉体验	1	2	3	4	5
15	别人拥有的东西我也想拥有	1	2	3	4	5
16	我之所以买一些东西是因为它能够体现我的生活质量，树立自信	1	2	3	4	5
17	我的消费符合我的个性和气质	1	2	3	4	5
18	我必须和同学、朋友使用同样品牌和同等价位的商品才会获得群体归属感	1	2	3	4	5
19	我的好朋友一般都有相同的消费品位和喜好，比如同一品牌的衣服、化妆品和手机等	1	2	3	4	5
20	我购买服装时喜欢标新立异，不喜欢与别人雷同	1	2	3	4	5

第五部分 影响要素

序号	题目	符合程度				
		完全不符合	基本不符合	不确定	基本符合	完全符合
1	为了购买和选择合适的品牌，我会经常询问和观察别人的购买和使用情况	1	2	3	4	5
2	我会参考自己同学和亲友的选择	1	2	3	4	5
3	我会考虑消费环境	1	2	3	4	5
4	我会购买广告宣传和明星代言的商品	1	2	3	4	5
5	我会受到打折促销的影响而购买非必需品	1	2	3	4	5
6	我会紧随时尚潮流购买商品	1	2	3	4	5
7	我非常注重商品的外形和设计	1	2	3	4	5
8	对于同一商品，我更倾向于喜欢购买国外品牌	1	2	3	4	5
9	购买商品时我主要看品牌是否够档次，而不是看价格高低	1	2	3	4	5
10	我购物时主要看商品的价格	1	2	3	4	5
11	购物时候我会考虑是否能够吸引别人的目光和注意	1	2	3	4	5
12	身边没有流行的东西，我会觉得自己很落伍	1	2	3	4	5
13	买东西实用最重要，外观和品牌并不重要	1	2	3	4	5
14	我比较喜欢大多数人购买的品牌或畅销品牌	1	2	3	4	5

续表

序号	题目	符合程度				
		完全不符合	基本不符合	不确定	基本符合	完全符合
15	大多数朋友同学都有的东西，而我没有，我会觉得很丢脸	1	2	3	4	5
16	我喜欢看时尚流行杂志并购买上面介绍的东西	1	2	3	4	5
17	我会模仿时尚界明星的穿着打扮	1	2	3	4	5
18	我的家庭成员的消费习惯对我影响较大	1	2	3	4	5
19	我会购买网红推荐的产品	1	2	3	4	5
20	我买东西主要看能否体现我的个性	1	2	3	4	5

后　记

本书是在博士学位论文的基础上补充、修改和完善而成。书稿完成之时，有一丝欣喜欢愉，但更多的是诚惶诚恐，因为对大学生文化消费问题的研究，在不同代际大学生身上会表现出巨大的差异，而大众文化的类型也在随着数字技术的发展和媒介手段的革新而变得日益多元包容，因此，本书也只能是对本人近几年研究和思考的梳理与总结，由于本人研究能力有限，只能算是隔靴搔痒、浅尝辄止。

本书的成稿还要感谢我的博士生导师平章起教授。平老师学识渊博、治学严谨、为人谦逊、和蔼可亲，在学习和生活上给予我无微不至的关怀；论文的顺利完成离不开平老师的悉心指导，面对我的愚笨浅薄与诸多不解时，他总是耐心细致地给予点拨，才使我得以茅塞顿开。

感谢国内外致力于大众文化理论和青年亚文化研究的学者们，正是因为有了你们丰硕的先期研究成果，才给予我颇多启迪与灵感！

感谢各位挚友，无论是三年前酷似煎熬的博士研究生学习生活，还是工作过程中每遇低沉、困惑、彷徨和焦虑，都提供给我可以倾诉、宣泄、支持的肩膀与怀抱，给予我不断奋斗和前进的动力，多年来与你们一起学习、工作、交流、奋斗的点点滴滴都将成为我人生中最难忘的经历！

感谢师门的各位兄弟姐妹，认识你们是人生中的一个小确幸，在平门的大家庭中，有了你们才让我感到如家般的温暖。也正是在组会内外的沟通交流中，激发了我对学术研究的热忱与兴趣，为我开启了每一次学术研究的大门，才使得我现在在面对巨大的教学和科研压力时，能多一份自信与从容！

感谢我的父母，我从17岁起离家求学，近20年来先后在四个城市学习、工作和生活，直到现在，还是远离父母，每次寒假回到家中，看到父母头上又增添的丝丝白发，都觉得自己愧对他们的养育之恩。

虽然此刻，这样一个带着颇多遗憾和缺陷的研究即将划上句号，但是学术研究的道路还漫漫无涯，此刻并不是终点而是起点。就像“爱因斯坦与凳子”故事中的那第一把凳子，虽然它显得拙笨不堪，但却是人生成长中的一个重要历程，尽管结果不那么尽如人意，但过程却因饱含体验、感悟和期许而显得弥足珍贵！而本书就像是我人生中的第一把“凳子”，在未来的学术征程中，我将继续保持对专业研究的热爱，不断夯实自己的理论基础，不忘初心，砥砺前行！

林　峰

2021年3月16日